PRE-SUASION
·　·　·
鋪 梗 力

影響力教父最新研究與技術，在開口前就說服對方

A REVOLUTIONARY WAY TO INFLUENCE
AND PERSUADE

Robert Cialdini

羅伯特・席爾迪尼 ———— 著

劉怡女 ———————— 譯

獻給海莉、道森與莉雅。
我向來不喜歡被上級使喚，直到我有了孫子，
他們讓我享受到俯首稱臣的樂趣。

CONTENTS

我很喜歡這本書科學性的回顧，並且提供很多實際建議，不僅可以給商業人士當作參考，對社會心理學研究有興趣的人，也可以把它當成科普書來閱讀。喜歡麥爾坎‧葛拉威爾（Malcolm Gladwell）《引爆趨勢》的人，一定也會喜歡這本書，讀來十分有趣。

——程威銓（海苔熊）/ 科普心理作家

疼痛專家陳建華醫師曾經跟我推薦《影響力》一書，這回，作者羅伯特‧席爾迪尼則寫了《鋪梗力》，一言以蔽之，就是透過事先鋪梗（Pre-suasion），達到成功說服（Persuation）。我舉個例子，家具店要賣床有兩種賣法，一種是在地上排滿三張不同品牌的床；另一種商家，它只放一張床，但旁邊擺設了床頭櫃、貴妃椅、遮日窗簾，以及床頭燈。床之外的東西，營造了舒適空間的氛圍，增加了成功銷售的機會，這，就是鋪梗力！

——楊斯棓 / 醫師、台灣菲斯特顧問

鋪梗，如同樂隊演奏時的過場，一段鼓聲、間奏與獨奏，對於歌手或整場演出有如畫龍點睛。掌握鋪梗力與有效說服的六大原則，讓您還沒開口，就贏得說服先機。

——謝文憲 / 知名講師、作家、主持人

沒有任何心理學家的研究，比羅伯特·席爾迪尼更常被引用、帶來更多成功，而他本人也實際撰寫關於影響力的書。如今他再度出馬，展現說服之前鋪梗時刻的力量。這是典型的席爾迪尼風格：權威、原創、切合實際。

——理查·塞勒 Richard H. Thaler / 諾貝爾經濟學獎得主、
芝加哥大學布斯商學院行為科學與經濟學教授，
《推出你的影響力》、《不當行為》作者

原來，說服最重要的驅力不在於當下話語內容，而是我們如何預先鋪梗，這使得本書讀起來格外有意思。羅伯特·席爾迪尼是影響力研究的世界級頂尖專家，將徹底改變你對影響力的看法。

——亞當·格蘭特 Adam Grant /
華頓商學院管理學與心理學教授，《給予》作者

讀起來既吸引人又實用。一出手便是經典。

——麥可·莫布新 Michael J. Mauboussin /
瑞士信貸全球金融策略經理，《魔球投資學》作者

了不起的社會心學家羅伯特・席爾迪尼，再度以影響力的心理學為主題，寫出了一本歷久彌新的重要著作，未來我勢必會年復一年地推薦這本書。

——艾美・柯蒂 Amy Cuddy ／
哈佛大學商學院企業管理副教授，《姿勢決定你是誰》作者

羅伯特・席爾迪尼的《影響力》是我最常推薦的一本書，而這本新書有更驚人的洞見。

——奇普・希思 Chip Heath ／
史丹佛大學商學院組織行為教授，《創意黏力學》共同作者

羅伯特・席爾迪尼是有效說服首屈一指的專家，他的新書建立在如此根基之上，主張最強的說服者不僅僅是善於言詞與立論的雄辯者，他也必須發揮創意，找出發動遊說的最佳方法……本書提供了林林總總的研究參考與技巧，而當中有許多涉及到行銷領域。

——《哈佛商業評論》（ *Harvard Business Review* ）

從多方面向拓展了說服的科學，任何人若有志於採用建立在科學之上的商業策略，本書都是不可或缺的工具。本書值得我們翹首期盼，而且勢必火速成為經典。商業領域中的每個人，架上都應該要有這本書，無論你是企業執行長或剛入行的銷售人員。

——《富比世》（ *Forbes* ）

席爾迪尼博士透過一貫的清晰與魅力，為學術界關切的議題做出最佳說明，例如在田野調查與實驗室環境，人為干預製造出來的想法改變，持續性與真實力度究竟有多少。他也透過許多掌故、逸事詳盡地闡述研究，讓本書十分有說服力。

——《華爾街日報》（*The Wall Street Journal*）

深度挖掘人類如何憑本能做決定，這向來是作者羅伯特·席爾迪尼的專長。《影響力》在 1984 年出版之後，他登上了銷售與行銷大師之位。這回的新書，他帶來了更多如何潛入人心、在其中鋪設新梗的訣竅。

——《紐約郵報》（*New York Post*）

本書必將成為社會心理學與行為經濟學領域的重要貢獻，內容詳實、可讀性高且引人入勝。它將啟發讀者思考，不帶任何偏頗的決定是否可能。

——《出版人週刊》（*Publishers Weekly*）

精彩呈現溝通說服的世界，這個世界比想像的更無處不在、瞬息萬變。

——《BizEd》

這年頭引用社會科學的書很多，談職場文化的書也很多，這本書則提醒了我們兩者之間的關連。倘若我們能恪守倫理原則，行為科學與社會心理學的見解可以帶來莫大收益。

——800-CEO-READ

AUTHOR'S NOTE
行為科學的黃金時代

　　詩人奧登（W. H. Auden）1946 年發表的一首詩中提出了嚴厲的建議：「你不應該與統計學家同席，也不應該輕信社會科學。」

　　過去很長一段時間，就連高層的決策者都同意並偏好依據直覺、個人經驗和零星事例來做決定。儘管隨著時代更迭，某些領域已易名，統計學改稱為數據分析，社會科學則稱為行為科學，然而，舊的決策方式已不再是主流，現在，我們相信「證據會說話」，尤其在幾個主要社會領域中，例如商業、教育、國防和體育運動。這個時代高度重視大數據分析與行為科學家提供的資訊，雖然在統計分析方面，我並沒有上述轉變如何發生的直接解釋，但我有幸能夠在身為社會心理學家的職業生涯中，見證了行為科學地位的提升。

　　《影響力》（Influence）一書在 1984 年首度問世之際，

行為科學還無足輕重。當時，這本書的銷售量差到出版社撤回了預定的廣告宣傳開銷，他們認為這無異於「把錢扔進水裡」，沒有多少讀者有興趣知道社會心理學家對於社會影響力有什麼看法。但事隔四、五年，情況逆轉，書的銷售量開始上揚，最後還成為暢銷書，然後就一直停留在暢銷排行榜上。

我想，我知道是什麼讓情況逆轉──時代。看證據來做決定的做法逐漸受到肯定，《影響力》一書則提供了重要證據，也就是將社會心理學的科學研究連結到成功說服的證據。另外還有兩個因素造就了社會心理學和《影響力》一書的流行，一是行為經濟學的崛起，這個領域試圖了解人類如何做出經濟上的選擇，研究成果挑戰、甚至在某些方面顛覆了傳統經濟學思維。此外，行為經濟學也整合了其他社會心理學面向（例如人類行為中常見的非理性部分）和方法學（隨機與控制實驗）。

有些同事覺得，行為經濟學家號稱獲得許多發現，卻刻意不提社會心理學早先就有的許多高度類似的研究發現，形同將功勞據為己有。我不贊同這種批評，雙方的研究發現縱然有些重疊之處，但大抵上涇渭分明，而且行為經濟學援引社會心理學的部分核心概念，成為決策者的權衡要素，也提升了社會心理學的地位。十年前，社會心理學家根本不會受邀至政府或經濟政策主題的國際會議，但這都是前塵往事了。

讓社會心理學獲得認可的另一個因素，是社會心理學家開始願意向普羅大眾發表自己的研究。我希望這是《影響力》帶來的轉變,在這本書出版之前,同事們對於寫書給一般民眾看頗有疑慮。如果把社會心理學看成一門生意,這就好比一家公司有強大的研發團隊,卻沒有物流部門,只發貨給一般讀者不太可能觸及的學術期刊。法律學者詹姆斯·博伊爾(James Boyle)的觀察指出了主要原因:「沒聽過學界人士怎麼說『通俗化』之前,不算見識過真正的高傲。」但現在情況不同了,社會心理學家與無數行為科學家,都透過部落格、專欄、影片和書籍著作,與廣大的群眾溝通。從這方面來看,行為科學可說是進入了黃金時代。

━━━

本書的目的,是在行為科學的知識之上,增加一般讀者會感興趣、也能運用在日常生活中的資訊。我會在書中指出,精於溝通的人在傳遞訊息之前,會先做些什麼讓訊息為對方所接受。新的發現是,這些人擅於掌握時機,能夠預先採取行動來確保後續成功。這本來就是古老智慧,中國兵學家孫子說過:「不戰而屈人之兵,善之善者也。」諮詢顧問被教導,他們得先成為「信賴的建議者」,才能讓客戶掏錢;戴爾·卡內基(Dale Carnegie)也告訴我們:「花兩年時間讓別人對自己感興趣,交到的朋友還少於花兩個月時間表現出對別人真心感興趣。」

這些都是明智的建言,只不過它們都有個問題,你得先花上幾天、幾星期或幾個月的時間。有沒有可能不用花這麼多時間，就能立即提升溝通效率？比如說，在傳遞訊息的前一刻？這不僅是可能的，也是確切可行的。只要溝通者知道，在提出請求之前，應該說些什麼或做些什麼就行了。公元前1世紀的羅馬雄辯家西賽羅（Marcus Tullius Cicero）早就體認到長期影響人類行為的要素，他稱頌：「喔，時代！喔，風俗！」本書將點出一個更直接、更容易掌握的影響力來源：「喔，時機！」

　　最後，我要趁此說明本書最後的附注，它不僅是相關學術研究的引證，也提供了額外的資訊，讓讀者將知識拓展到其他有趣的方向，讀者不妨將它視為比賽之外的「賽事評論」。1

PART 1

铺梗：掌握前端注意力

CHAPTER 1
本書導言

　　我曾經扮過密探，潛入好幾個以讓人點頭為目標的專業訓練課程。在長達近三年的時間裡，我記錄下這些激勵汽車業代、直效行銷人員、電視廣告代理商、現場經理、慈善機構募款人、公關專員，以及企業招聘部門的課程。我的目的是想找出哪些做法是真正經得起考驗，所以我會在這些訓練機構刊登廣告招募學員時主動報名，或是直接帶著筆記本前往教室，準備吸收這些以說服為業的行家提供的智慧精華。

　　在這些訓練課程中，資深的學員往往可以跟著某個行家，從旁觀察他在交易過程中如何施展說服技巧。每逢這種機會出現，我一定不會錯過，因為我不只想知道一般從業者要怎麼做，也想知道頂尖好手的致勝祕笈。我很快就發現了一個顛覆自己過去的假設。我一直以為，頂尖好手會花更多時間在說明的細節，例如強調清晰、邏輯、優勢等等，以扭轉顧客的想法。然而，事實並非如此。

鋪梗

　　事實上，頂尖高手花更多時間在提出交易請求之前的「鋪梗」，也就是在那之前應該說些什麼、做些什麼。他們達成任務的方式有如嫻熟的園丁，深明再好的種子也無法在貧瘠的土地發根，結出豐盛果實，所以，他們會投注許多時間，為發揮影響力營造一個友善的環境，以確保當他們提出交易請求時，已有利於交易的進行。當然了，他們也會關注當下應該提供怎樣的內容與條件，不過，相較於績效較差的同儕，他們並不仰賴商品本身的優勢來促成交易，因為他們體認到預先設定好心理架構同等重要，甚至更加有效。

　　除此之外，銷售員往往也沒立場自行調整商品內容或優惠條件，畢竟公司裡已經有其他人創造了商品、擬定了銷售策略，事後變更的空間通常很有限。銷售員的責任是以最有說服力的方式呈現這些商品，為了達成目標，頂尖高手會使出他們的獨門說服術 —— 在介紹商品之前，先設法讓聽者產生共鳴。

　　所有希望提升影響力的讀者們，都必須明白這個重要見解。頂尖說服者之所以技高一籌，用的方法正是透過事前的鋪梗，也就是讓受眾在接收訊息之前，就已經處於比較容易被打動的狀態。所以，如果我們想發揮最大影響力，便有必要把鋪梗工作做到最好。但這究竟該怎麼做呢？

部分答案涉及了一個至關重要、卻往往被忽略的普遍溝通原則：我們最初的呈現，會影響受眾對我們後續呈現的看法。試想下面這個例子，一個小小的程序變更，大幅提升了我一個同事的諮詢顧問公司收益。

　　多年以來，這家公司在競標大案子時總是會碰到客戶殺價，要求打個九折或八五折。他說這實在令人感到挫折，因為他並不想為了應付可能的殺價，故意先將報價抬高。假如他同意讓顧客殺價，利潤會薄到幾乎是賠本做生意；但如果他不願意讓價，後果可能是生意泡湯，惹毛公司其他合夥人。

　　後來，在一次提案會議中，他無意間按下了一勞永逸地解決這問題的機關。他並沒有逐步說明或澄清每一項服務的費用，而且他老早就放棄這種做法，因為這只會讓業主拿放大鏡來檢視帳單。這回，他做完例行的簡報之後，在提出 7 萬 5,000 美元的報價前，他先開了一個玩笑：「你應該看得出來，以上服務沒辦法讓我開出百萬美元價格。」原本埋首研究提案文件的客戶，聽了他的話之後抬頭說：「這一點我同意。」接下來的會議完全沒有隻字片語提到折扣，而且最後順利簽約成交。他說，刻意先提起一個不切實際的報價，並非屢試不爽的成交萬靈丹，畢竟還有許多其他影響因素涉入其中，但這招總是能多少降低客戶對報價的抗拒。

　　雖然我朋友純粹是誤打誤撞，但他絕非唯一一個體驗到，光是憑空生出一個較大的數字，就能見證到非凡效果的人。這數字會隨之深入人心。研究人員發現，一般人願意為晚餐支付的金額，在名為 Studio 97 的餐廳，會高於在名為 Studio 17 的餐廳。而個人願意為一盒比利時巧克力支付的價格，也會在他們在被要求寫下自己的社會安全號碼中兩個較大的數字時跟著提高。一份工作績效研究的參加者，在實驗名稱標為二十七號時，對自我努力與貢獻的預估高於實驗名稱標為九號時。觀察者對運動員表現的預估，同樣會因為球衣號碼數字較高而跟著提高。

能夠創造事前影響力的並不限於較大的數字，研究人員也指出，光是在紙上畫幾條長線，就能讓大學生對密西西比河的長度推測，比畫短線的受測者要來得長上許多。事實上，這種影響力也不限於數字，紅酒專賣店裡的顧客假如聽到店裡的音響播放德國歌曲，就比較可能會挑選德國年份酒；同樣道理，假如他們先聽到的是法國歌曲，他們也會傾向於挑選法國年份酒。[2]

所以說，引導後續行為的並不是某個特定經驗，影響因素可以是看見某個數字、長短不一的線條，或是一段音樂。我們會在本書後面的章節中看到，各種刻意挑選出來的心理概念皆可能激發短暫的注意力，而這份注意力就是引導後續行為的影響因素。由於本書旨在討論強化說服力有哪些要素，所以這些章節會特別著墨於最可能引導他人點頭的概念。但各位必須注意，我說的只是「可能」，畢竟我們面對的是現實世界中的人類行為，在這領域宣稱有十足把握只會貽笑大方。沒有任何說服方法是屢試不爽的，然而，確實有些方法能提高取得同意的可能性，這就已經足夠了。光是成功的機率變大，便已足以讓我們贏得決定性的致勝先機。

在家裡，這些方法能讓我們的心意更容易得到順從，就算是面對反抗心最強的那一群人：我們的小孩。在職場，這些方法也足以讓企業贏過對手、甚至產品服務水準不相上下的競爭者。對於那些希望自己在組織內成為績效更好、甚至是數一數二的人，這些方法亦提供了能夠他們達成目標的有利工具。

利用鋪梗，讓對方敞開大門

以吉姆（管他的，就用他的本名吧）這個績效最佳的員工為例。我為了做研究去參加他任職企業的訓練課程，這家公司生產昂貴的感熱式家用火災警報系統，而吉姆是旗下業績最好的銷售員。當然，吉姆並非總是彈無虛發，但他每個月的成交率都優於同儕。訓練課程進行到一個段落後，我的功課是在接下來的幾天跟隨幾名銷售人員，從旁學習他們如何運作銷售流程，這就得登門拜訪一戶已經預約進行產品展示的家庭。

有鑑於吉姆是明星級銷售員，我特別留意他採用的技巧，其中有一項技巧顯然是他成功的關鍵，他在開始推銷產品之前，會先和這家人建立信任的氛圍。假如你能在開始推銷之前先醞釀一些特定感覺，包括信任的感覺，就比較容易得到對方的首肯。儘管已經有堆積如山的科學報導和相關書籍提到這一點，也建議了贏得信任的種種方法，但吉姆倒是以我從未見過的方式成功達陣。他的辦法就是假裝自己是個迷糊蛋。

這家公司旗下所有銷售代表都被教導了一套業界標準銷售流程，首先是來點簡單寒暄拉近關係，然後給潛在顧客（通常是一對夫妻）限時十分鐘的防火安全筆試測驗，好讓對方明白他們對住家的火災危機有多麼無知。測驗完成之後，銷售人員才開始正式推銷產品，展示警報系統的運作，並陪著潛在顧客讀完厚厚的資料，透過這些資料讓顧客明白為什麼公司的產品優於其他品牌。其他銷售人員會從一開始就把這份資料帶進屋裡，並擱在手邊以便隨時派上用場，但吉姆沒這麼做。他會等屋主夫妻開始做筆試測驗時，才拍了拍額頭說：「我把一些很重要的資料忘在車子裡了，得趕快去拿。不過我不想耽誤你們做測驗，介不介意我自行進出你們家？」他得到的回答必然是「沒問題，去吧」這類反應，而這往往也表示屋主得把家門鑰匙交給吉姆。

我觀察了吉姆三次的銷售拜訪，他每次都在同樣的時間點、以同樣的方式表演「健忘」。當晚開車回公司時，我向他問起這件事，他兩次試圖打太極，對我逼著他吐露銷售祕訣感到惱怒，但我不依不饒，他才終於脫口而出：「想想看，你會讓什麼人自由進出你家？只有你信任的人，對吧？我想讓那些屋主把我跟信任聯想在一起。」

這招聰明極了，雖然不全然符合道德原則，但還是夠高明的，因為它體現了本書的核心主張之一：我們最初做的那些能發揮影響力的言行舉止，可以為我們的受眾「鋪梗」，讓受眾對我們接下來的言行舉止產生更有說服力的聯想。我將在本書第 7 章進一步討論，所有心智活動皆源自於龐大而複雜的神經網絡產生的聯想，所以，想要成功發揮影響力，改變人們的看法，就得先讓這些被觸發的聯想傾向於支持改變。

吉姆這套策略是個很好的示範，想成為頂尖銷售員，他不需要針對不同對象來調整這套警報系統的特色說明，也用不著在邏輯、遣詞用字或表達風格下工夫。他呈現產品的方式其實與業界標準做法大同小異，只需要在一開始把自己跟信任感連結起來，那麼接下來的言行與建議都會隨之得到由衷的信任。吉姆這套方法純粹停留在聯想層面，他並沒有自稱是潛在顧客的好朋友或一家人，可以自由進出別人的屋子，他只是設法讓潛在顧客以對待信任對象的方式來對待他。值得一提的是，在我的觀察紀錄中，這是吉姆與其他業績平平的同事唯一的不同之處。光是運用聯想，就能發揮如此強大的力量。

除了建立信任感，在進行說服之前預先提高聽眾接受度的事前工作不勝枚舉，而且形式不拘，所以行為科學家們也為這些步驟取了各種名字，例如框架、錨定、誘發、思維模式或第一印象。各位將在本書稍後看到這些名詞，但我總稱它們為「開啟工具」。它以兩種方式為影響力開啟大門，首先，它啟動了進程，提供了起始點，亦即有效說服的開端；此外，它也能移除既有壁壘，這才是打通任督二脈的法門。在這方面，它不但開啟了對方的心，以吉姆這類想晉身成功遊說者的人來說，也開啟了對方緊鎖的家門。[3]

找出有效說服的通用工具

要說服潛在顧客朝我們希望的方向前進究竟有多難，我聽過一則業界人士講述的笑話。那是一段行銷公司業務代表與潛在客戶之間的對話，後者打算為冷凍波菜推出新品牌。

客戶：你們有行銷新食品的相關經驗嗎？
業代：我們有不少經驗。
客戶：包括銷售冷凍食品的經驗？
業代：是的，沒錯。
客戶：冷凍蔬菜呢？
業代：這些年來我們推動過幾種冷凍蔬菜上市。
客戶：有菠菜嗎？
業務：有的，也包括菠菜。
客戶（身體前傾，充滿期待地壓著嗓子）：是整葉的，
　　　還是切碎的？

會議上，這則笑話引來在場同業們心照不宣的揶揄笑聲，當然，如果這笑話落到自己頭上，那就一點也不好笑了。他們

會失去合約或交易，只因為潛在客戶卡在一些支微末節的差異，完全沒看到業務代表們指出的大方向。然而，他們對這笑話的輕蔑態度總令我覺得納悶，因為我發現這些以遊說為業的人也表現出同樣的狹隘，這樣的狹隘並非出現在他們與客戶的會面，而是在他們之前接受的訓練課程。

在我開始扮密探潛入說服訓練課程，不久便發現了一件怪事，參加這些課程的學員總是被告知，每個行業的溝通說服方式因領域而異：要影響人心，廣告的做法不同於行銷；行銷的做法不同於基金募資；基金募資的做法不同於公關；公關的做法不同於政治遊說；政治遊說的做法不同於人力招募，諸如此類。即使在同樣的行業內，他們也會強調這項差異：推銷終身壽險不同於推銷定期保險；推銷卡車不同於推銷轎車；郵購或網購不同於實體店面銷售；販賣產品不同於販賣服務；向個人推銷不同於向企業推銷；批發銷售不同於零售銷售等等。

訓練講師的錯並不在於區分自己和相近行業的專業，而在於他們不斷指出所處領域的獨特性，這會導致幾個誤判。首先，他們經常糾結在一些無關緊要的差異；更糟的是，由於他們過分強調不同領域之間溝通說服方式的差異，造成他們忽略了另一個極有幫助的問題：「相同」之處是什麼？

這似乎是個嚴重的疏失，畢竟，如果學員們學到的說服方式是放諸四海皆準，便能夠幫助他們應付各種情境，無論是已經熟悉或未曾遇過的狀況。如果學員被教導、理解並活用這些可以為有效說服扎根的普遍性原則，一些預期要做的細節上的調整就根本不重要了。無論他們想要發揮影響力的領域是批發或零售、終身壽險或定期保險、整葉的菠菜或切碎的菠菜，他們都可以游刃有餘。4

　　我之所以仔細觀察這些商業訓練課程，目標是要發掘真正發揮影響力的高超專業做法中存在著哪些共同點，這段為期三年的觀察，有個問題不時驅策我找出答案：「究竟是哪些共同點，使這些做法運作得如此成功？」讓我驚訝的是，曾經浮現出來的答案原來只是冰山一角，過去我只從中辨識出六個常態性的心理原則：「互惠」、「好感」、「社會認同」、「權威」、「稀少性」和「一致性」，它們代表了說服的共同心理，並且在先前出版的《影響力》分別用一章的篇幅說明每條原則。

　　我會在本書再度引援這些心理原則，但切入的角度有一個重要轉變。前一本書的寫作目標，是要提點消費者如何抗拒不請自來、踰越尺度的說服企圖。而促成我寫這本書的起因，則是儘管《影響力》已經有許多版本問世，銷售量也超乎我的想像，卻顯少有消費者保護團體跟我做進一步接觸，反倒是另外兩種人讓我的電話成天響個不停：公司代表邀請我去做內部演說，以及部分個別讀者來請教，如何在與同事、朋友、鄰居、家人的日常互動中更有影響力。事實很明顯了，比起學習如何迴避或拒絕接受影響，更多人對於學習如何運用說服力極感興趣。

相對於《影響力》，本書旨在直接滿足上述的渴望，但尺度是有節制的。我的第一個考量在於倫理問題，有能力運用心理策略讓對方點頭，並不表示我們有權力這麼做，這些策略可以用於行善，也可能夠用來圖謀不軌，愚弄並進而剝削他人。但另一方面，它也能發揮提醒功能，增強大家的防衛能力。我會在本書第 13 章說明，為什麼任何組織都應該禁絕不道德的遊說，除了聲譽受損會造成經濟損失這個傳統理由，這類做法也會導致組織只吸引或留任那些認為欺詐是可行的員工，而這些員工最終會把同樣的技倆用於對付組織。

此外，本書還遵守另一條規範，雖然書中的材料來自個人的說明，但必須具備科學上的依據。要成功發揮影響力，有科學支持的方法提供了真正的幫助。傳統上來說，說服被視為一門難以掌握的藝術，只有少數人天生直覺靈敏，懂得如何巧妙措辭。然而，過去半個世紀以來的相關研究指出了截然不同的結論，讓其他人也能像那些天生高手一樣從中獲益良多。

針對哪些訊息能讓一般人退讓、順從、做出改變，研究人員採用了相當嚴謹的科學方法來尋找答案，他們記錄下以一般標準方式提出請求，以及用更明智的方式提出請求，兩者之間會有怎樣不同的影響。這些影響有時候甚至令人大為吃驚。除了刻意造成的影響，研究也指出另一個值得注意的結果：掌控說服過程的是心理法則，也就是說，在各式各樣的情況下，相似的流程都會產生相似的結果。

如果說，說服有一套法則，那它就是可以透過學習得到的能力，而不是什麼飄渺的藝術。無論你是否擁有施展影響力的天賦，無論你是否能說善道、具備真知灼見，任何人都有可能學會建立在科學根據上的技巧，讓自己變得更具影響力。[5]

———

　　本書與《影響力》的一個重要差異是，我不只引援科學證據來說明，我也將討論到，在進行說服的時候，最好應該說些「什麼」，以及「何時」是說這些話的最佳時機。我們可以從科學證據中學會辨識施展影響力的最佳時機何時會自然浮現，我們也可能學會（但道德風險較高）如何創造這些時機。無論你是要當時機的觀察者或創造者，懂得在適當時機提出請求、建議或提案，必然能表現得格外出色。

時機是關鍵

　　從某方面來說，這本書講的就是「時機」，而我寫作完成的時機卻遲了好幾年。我本來打算在向母校請假，拜訪一所知名商學院期間寫這本書，我預期那裡有多位知識淵博的同事可以協助我思考相關議題，再加上當時的行程寬鬆而規律，我可以有不少時間好好寫作。

在我前往該校的前一個月，我跟副院長協商了一些能讓這次拜訪更有收穫的條件，包括一間地點靠近商學院的辦公室、負責行政工作的助理、專線電話、停車位、使用圖書館的權利等等。然後他打來了一通改變命運的電話，剛開始聽起來挺棒的：「我有個好消息。我可以弄到你想要的辦公室，電腦性能比你要求的更好，不必擔心行政助理、圖書館、停車位、長途電話這些事，我們都會搞定。」我聽了大為感激，對他為我所做的一切表達謝意。他停頓了一下之後回答：「有件事你倒是可以幫我。我們需要有人來為企管碩士班學生上一門專門為他們設計的行銷課。我已經束手無策，如果你能來教，對我會是很大的幫忙。」

我知道，如果同意他的請求，預計在這次拜訪期間寫的書就沒有機會完成了。我從來沒在商學院教過課，這表示我得學一套全新的教學方法；我從來沒教過行銷學，這表示我得從頭設計整個課程，以及授課內容、閱讀材料、練習與測驗；我也從來沒教過企業管理碩士班，這表示我的職業生涯將首次把課堂以外的活動，大量投注於那些教學界公認最求知若渴的學生：一年級企業管理碩士生，應付他們無盡的提問、發表意見和各種需求。

然而我還是同意了。我看不出有其他更好的選擇，尤其在我已經衷心感謝這位時機創造者為我所做的一切。如果他早一天或晚一天提出，我都可以婉拒，解釋說手上有本書得在這次拜訪期間完成。但當下情況不同，他正處於有利的時機。

因為他幫過我，這時候我如果不點頭同意，從社會觀點來看說不過去（我只能慶幸他要的不是一顆腎），當下的情況要求我必然得同意。我特地為了寫這本書而請的假，到最後果然沒能成書，家人和幾位編輯感到失望，我也對自己感到失望。

　　不過這次事件還是帶來了兩個好處，首先，我指導的新研究仍然在說服科學的範疇內，我得以將累積的相關知識整合至本書中。其次，副院長極度有效的操作，完全體現了本書的另一個核心主張：在說服之前先鋪梗，打開了原本不輕易開啟的機會之窗。假如副院長是在那之後才另外提起開課這件事，我敢說自己一定能夠拿出婉拒的魄力。

　　在開始進行說服之前先鋪梗，只能讓接受者產生暫時性的遊說效果，所以，我接下來要介紹「特許時刻」（privileged moments）這個概念。「特許」的意思相當直白，指的是一種被抬高的特殊地位。「時刻」的解釋就比較複雜了，它可以有雙重意義，其一是指有限制的一段時間，從這個意義來說，機會之窗是隨著成功的鋪梗而打開，這時候提議者的影響力最為強大。但 moment 這個字在物理學指的是力矩，在此可以解釋為一種能夠創造前所未有動能的槓桿力量。特許時刻結合時間與物理學層面，可以在心理層面激發出莫大改變。本書接下來的各章將說明改變如何發生，以下先做個簡短的描述。[6]

PART 1——鋪梗：掌握前端注意力

第 2 章　特許時刻

本書第 2 章將詳盡解釋「特許時刻」的概念，即一個人對溝通訊息接受度特別高的時機，並佐證以下基本論點：最可能決定一個人在某個情境下做出選擇的，往往不是那些能夠提供最正確或最有用建議的因素，而是那些在做決定的時刻就已經受到高度注意（也因此得到了特許）的因素。

第 3 章　取得注意力，就等於取得重要性

第 3 章我將探討並透過研究文獻說明，引導注意力可以為成功說服預先鋪梗的主要理由：一旦人們將注意力放在某個想法上，就容易為它賦予過大的重要性。本章會從三個不同領域來審視引導注意力能夠發揮怎樣的作用：有效的網路行銷、產品試用的正面評價，以及成功的戰時宣傳活動。

第 4 章　成為焦點，就能成為起因

第 4 章針對引導注意力為什麼能夠為成功說服預先鋪梗提供了第二個理由，就如同注意力能夠為想法賦予重要性，它也能引導我們思索因果關係。當我們發現自己特別注意某個因素，就比較可能把這個因素視為起因。本章將透過樂透彩券號碼選擇，以及犯罪調查的不實供詞等案例，檢視在這種「因為特別注意某個

因素，就假定為有因果關係」的想法影響之下造成的結果。

第 5 章　注意力的操控者（一）：吸引元素
被抬高的注意力，可以為遊說前的鋪梗提供槓桿力量，那麼，是否有任何訊息特質可以自動吸引這樣的注意力，省卻了溝通者一番勞心費力呢？第 5 章將檢視這些能夠自然召喚注意力的要素：性、威脅，以及不同尋常。

第 6 章 注意力的操控者（二）：黏著元素
能夠運用特定刺激來吸引注意力固然好，若能將注意力留住同樣是裨益良多。溝通者如果能把聽者的注意力緊扣在陳述中有利於自己的部分，就有更高的機會減少來自反對意見的挑戰，進而將反對意見排除在聽者的注意力範圍之外。第 6 章將探討幾種能夠同時吸引並留住注意力的訊息，包括和自己有關的、未完成的，以及帶有神祕感的。

PART 2——遊說過程：聯想扮演的角色

第 7 章　聯想的威力：我們聯想，故我們思考
一旦注意力被導向特定概念，這個概念又有哪些因素能引導聽者改變回應方式？所有心智活動都是以聯想模式作為主要機制。想要成功發揮影響力，包括做好

事前的鋪梗，必須讓這些努力能夠引發有利於改變的聯想。第 7 章顯示了語言和想像都可以用來創造想要的結果，譬如提升工作績效、加強正面的個人評價，以及這個特別值得一提的例子：讓阿富汗的塔利班成員釋放人質。

第 8 章　說服的地理學：正確的地點，正確的提示

第 8 章是關於影響力的地理學，正如言語和意象能夠激發有利於改變的聯想，地點也可以。我們可以透過置身於特定的實體與心理環境，讓情況朝我們希望的方向發展。這個環境必須預先設置好符合目標的聯想提示，把對方帶到這樣的環境，也可以讓有意發揮影響力的人達成目標。舉例來說，當年輕女性被指派與科學、數學或領導力有關任務時，如果把她們帶到一個具有提示的房間，比方說，讓她們看到在這些領域功成名就的女性的照片，她們就會在這些任務上表現得更好。

第 9 章　鋪梗的機制：起因、約束與矯正

溝通者在鋪梗階段，必須把受眾的心思聚焦在符合目標、能夠引發聯想的概念上，然後才開始進入正題。這個過程的機制究竟是什麼？本章將從多種現象來審視這項機制的運作，包括廣告中的意象如何發揮影響力；我們如何在小寶寶的心裡鋪好梗，讓他們變得更樂於助人；以及針對鎮定劑藥物成癮的人，如何透過

鋪梗讓他們同意原本不願意接受的重要療程。

PART 3——最佳實踐：優化鋪梗工作

第 10 章　改變的六種途徑：是康莊大道，也是捷徑

第 10 章要討論的問題是，要讓鋪梗發揮最大效果，受眾的注意力究竟應該聚焦在哪些特定的概念？答案是我在前一本著作《影響力》提到的六個原則：互惠、好感、社會認同、權威、稀少性和一致性。它們之所以普遍適用，而且成功有效，有一個很好的原因：在聽者決定要怎麼做的時候，這些原則往往能引導他們朝對的方向思考。

第 11 章　成為同夥的方法（一）：當我們同在一起

第 11 章將提出另一個，也就是第七個影響力通則：同夥。身分上的重疊，最能展現同夥關係。假如在遊說之前，先讓對方意識到雙方有這層關係，我們就比較容易得到對方的接受、合作、好感、協助、信任，以及隨之而來的首肯。本章描述了建立同夥關係的兩種主要方法：提示對方彼此是同宗或同鄉這類共同關係。

第 12 章　成為同夥的方法（二）：當我們一起行動

除了利用族譜或地理來做文章、發揮影響力，同夥關係也可以透過同步行動或共同協作來達成。當雙方同步行動時，就會成為一個整體，如果我們在遊說之前

先安排這類活動，就可以產生相互的好感與支持。本章提供了多種同夥關係的形式和說明，例如陌生人之間的大力相助、隊友之間的合作、四歲孩童之間的自我犧牲、學童之間的友誼、大學生之間的愛意，以及消費者對品牌的忠誠。

第 13 章　良心做法：鋪梗之前該有的考量

鋪梗的時候，得先決定要怎麼做再進入正題，但還有一個決定必須在更早之前就先想好：從道德立場來考量，是不是真的要這麼做。在商場上，溝通者在提出訴求時，經常把利益擺在道德之上，所以我們有理由擔心，本書提及的說服和鋪梗做法，會被運用在違反道德的情況。本章將說明採行非道德用途的後果，並且透過研究文獻的數據指出，這種做法將從三個方面嚴重損害公司利益。

第 14 章　後續效應：延續鋪梗之後的影響力

利用鋪梗，我們不只希望能夠藉由轉移注意力，造成暫時性的改變，也希望這些改變可長可久。有鑑於此，本章提供了行為科學上的證據，說明讓改變扎根的機率提高，並且在鋪梗之後效果可以維持很久的兩個方法。

CHAPTER 2

特許時刻

　　我有件事很少人知道，那就是我懂得看手相，至少，我曾經幫人看手相。年輕的時候，我為了在派對聚會上找話題而去學手相，後來我漸漸不這麼做了，因為只要我開始幫人看手相，後面就會排一堆人等著讓我看，結果我不但沒能進行有意義的交談，連自助餐檯都走不過去。

　　不過，在我看手相的那幾年，我發現自己提供的解讀有個驚人之處：它幾乎總是正確的，那些讓我看手相的人絕大部分都是陌生人，對於我把他們的性格描述得如此準確，都感到嘆為觀止。「沒錯！」他們會說：「你怎麼看得出來？」我學會了擺出無所不知的微笑以迴避這個問題，因為老實說，我自己也十分詫異。

　　如今我不會再感到驚訝了。為什麼我看手相往往準確無誤，有兩個一般性的解釋，第一個解釋只能說是超自然現象，僅有受到上天青睞的少數人能精通此道。第二個解釋就是任何人無疑都能做得到的尋常事了。一方面來說，人的手掌與個人性格、過去經歷和未來發展，說不定真的有某種關連，各種超自然玄學的術師經常會給我們這一類的解釋。除了手掌的物理特性，這套法門也可以建立在星座、人體光暈，甚至頭蓋骨的隆起形狀等等。

當然了，對於那些宣稱頭蓋骨形狀比人體光暈更能透露真相的人來說，不同法門之間的差異至關重要，然而，真正重要的差異，並不在於解讀的內容。無論專業術師採用哪一套系統的知識，他們都保證可以說出我們的性格、過去經歷和未來發展。我的手相解讀或許稱不上有任何超自然的成分，然而這些法門一旦接受嚴格的檢視，也全都稱不上有任何靈通之處。[7]

現在再回頭談談我當年幫人看手相的經歷吧。我很明確地看到，透過超自然方式來描繪個人性格似乎有個地方不太對勁。為了了解自己看手相為什麼那麼準，我把這套法門的一些元素拿來測試，有時候乾脆把感情線當成生命線來解讀。我在這一門講究細節的命理學動了這些手腳，但解讀的正確率卻絲毫不減。舉例來說，無論我是否有依循術數邏輯來指出對方「藏在心底的自我懷疑」，他們的反應往往都是帶著罪惡感點點頭。

有天晚上，我去了一個幾乎不認識任何人的家庭派對，在現場感覺到格格不入。由於和陌生人寒暄互動是本人「藏在心底的自我懷疑」之一，於是我開始幫人看手相以便融入環境。我甚至為屋主看了兩次，一次是派對剛開始之際，另一次是他已經喝了幾杯的兩小時之後，回頭找我想知道得更多。第一次看手相時，我把他的拇指往後扳，然後說：「看得出來，你是一個相當固執的人。」第二次看手相時，我又扳了他的拇指，跟他說：「看得出來，你是個挺有彈性的人。」雖然解讀完全相反，但他每次聽完之後，都會稍微想一下，然後承認我把他是怎樣的人說得完全正確。

　　這是怎麼回事？為什麼我無論宣稱看到了什麼，都被認為是正確的？超自然玄學的批評者提出了一個標準解釋：手相、顱相或星座專家描述的性格都過於籠統，譬如固執或彈性，幾乎每個人都可以把自己套進這些特質。這個看法誠然無誤，卻未能解開整個謎團，即便我們很容易認為自己傾向於固執「以及」彈性這兩種截然相反的性格，難道我們不會在稍微思考之後發現兩者皆非？當我在派對裡為屋主貼上固執的標籤，他為什麼沒有在當下意識到自己其實是有彈性的人，對我加以反駁？為什麼他只認可我指出的性格特質，而且是無論我當時指出什麼，他就同意什麼？

不是欺騙，不是花招，關鍵在於注意力焦點

　　上述問題的答案，涉及到一個能夠大幅扭轉個人決定的常

見傾向。假設我在派對上把你的拇指稍微往後扳，然後依據拇指的彎曲幅度宣稱你是「相當固執的人，就算受到壓力也不肯做自己不樂意的事」。這麼一來，我就把你的注意力焦點鎖定在固執這個特質上，藉由把你送上一個偏頗的心理單行道來證實我的判斷。

整個流程是這樣進行的：為了驗證我說的是否正確，你會開始自動搜尋記憶，找出之前你曾經表現得頑固的事例，而且你「只」蒐集這類事例。既然頑固是一種很常見的個人缺失，你能想到的例子幾乎是順手捻來，倘若你按照這個偏頗的路徑繼續往下找，你就會想到其他類似的事例。這時候，你對自己的認識瞬間出現盲點，你可能會抬頭看我，承認被我說中了。

現在不妨想像一下，假如我說你是「有彈性的人，得到新的資訊後，會願意納入考量，並調整自己的立場」。這回我把你的注意力焦點鎖定在相反的一端，將你送往截然不同的思考路徑，而這個操控技倆能確保你想出擁抱改變的過往事例。結果，你可能會進行同樣偏頗的記憶搜尋，進而宣稱被我說對了，你本質上是個有彈性的人。

這個相當符合人性的理由，解釋了為什麼你會容易掉進我的圈套。這種現象有個死板的科學名詞——「正向測試策略」（positive test strategy），歸結起來就是：為了決定某個可能性是否正確，人通常會尋找確證而非否證，也就是能夠證實這個想法、而非推翻這個想法的證據。畢竟記住存在的事物，要比記住不存在的事物來得容易。傑出推理小說家柯南・道爾（Arthur Conan Doyle）在塑造思維方式不同凡人的福爾摩斯這個角色時，便十分了解人的這個傾向。聰穎的福爾摩斯對於沒發生的事，就和對發生過的事一樣毫不留情地檢視。在柯南・道爾筆下最受歡迎的故事之一〈銀斑駒〉中，福爾摩斯明白了一樁調查中的竊案其實是監守自盜，不可能是由某個已經被警察拘捕的陌生人所犯，因為在偷竊過程中，警衛的狗「沒有」吠叫。那些腦筋沒他好的其他辦案人員，滿足於已出現的事證，而沒有去思考未出現的事證，所以推理能力永遠也比不上他。

遺憾的是，你、我和幾乎所有其他人，在這方面都媲美不了福爾摩斯。歌手吉米・巴菲特（Jimmy Buffett）有首歌告訴已分手的愛人，某件沒發生的事，正是另一件事存在的鐵證（還分別講了五次！）：「如果電話沒響，那個人就是我。」[8]

目標引導

舉例來說，假如我問你在社會生活中是否感到不快樂，你的本能反應會是尋求符合這個假設的事例，而不是找反例來否定這個可能性。相較於被問到是否感到快樂，你會找出更多自己不快樂的證據。上述結果就發生在一群加拿大受測者身上，他們被詢問在社會生活中是否感到快樂，以及是否感到不快樂。被問及是否感到不快樂的受測者，比其他受測者更容易想到不如意的事，而宣稱自己不快樂。

我們可以從這項研究發現中學到不少教訓，首先，假如做調查的人只是想知道你是否對某個事物不滿意，無論是針對消費產品、獲選代表或政府政策，你最好小心提防。至於那些想知道你是否滿意的調查，也請同樣保持警惕。這種單向式的問題可能會誤導你的想法，並且讓你錯誤表達立場。我會建議大家拒絕回答這種偏頗的調查問題，比較好的問法應該是雙向的：「您對該品牌的滿意或不滿意程度為多少？」「您是否滿意或不滿意現任市長的施政？」「您對本國現行中東政策的同意或不同意程度為何？」這樣的問法才能夠引導你以比較平衡的方式思考自己的感受。[9]

相較於意圖引導你偏離真實個人立場的問卷調查，更令人擔心的是那些透過同樣手段創造「特許時刻」，趁機剝削你的人。邪教團體吸收新信徒的過程中，招募者常常以詢問對方是否不快樂作為開場。我本來以為，這種問法的目的，是要挑出對生活失望透頂、傾向於接受劇烈改變的人。但現在我相信，「你是否不快樂」這個問題的功能不僅在於篩選，也可用於暗中布局，讓對方把心思過度集中在不滿意之處。（其實，這類團體根本無意吸收對現狀不滿的人，他們要的基本上是適應良好、態度正面、行事積極的人，以便服務該組織所追求的目標。）加拿大的調查研究已顯示，一旦我們被問題的遣詞用字所引導，進而只思索自己有哪些不滿意的地方，我們就比較可能把自己描述為不快樂的。透過這種不正當手段創造出特許時刻後，訓練有素的招募者會追加一句：「假如你覺得不快樂，你應該會想要改變吧？」[10]

這種招募手法自然會引發爭議性事端，但我們知道，組織成員，包括招募者本人，都會一廂情願地自圓其說。或許他們以這種做法其實效果沒那麼大來自我安慰，畢竟有什麼鐵證能指出，所謂的特許時刻對於改變自我觀點的效果不只是一時的或無關緊要的？真的能夠藉由鋪梗，創造特許時刻，就讓對方自願付諸行動、點頭容許或主動奉上具有真正價值的事物？

商界人士對於消費者資訊無比重視，市場調查的鼓吹者也強調市調的崇高目的，可以為賣方提供能夠滿足潛在顧客的相關資料。對於這類資料帶來的益處表達高度重視的還不只有他們，營利事業組織已經體認到，對現有顧客或潛在顧客的欲望與需求了解得越多，就會越有好處。確實，經營得最成功的企業，向來都是不斷地砸錢挖掘相關細節。

然而，這些組織普遍遇到一個問題，那就是人們根本懶得參加他們的問卷調查、焦點團體或試吃活動。即使提供價值不低的現金、免費產品或禮券等等誘因，願意配合參與的人數依舊比例甚微。這讓市調人員很頭痛，因為他們無法確定蒐集到的資訊是否真能如實反映目標客群的大多數人。為了減少困擾，市調人員會不會乾脆提供引導性的單向問題，透過這種方式來蒐集消費者資訊？

我們不妨思考由桑恩‧波肯（San Bolkan）和彼得‧安德森（Peter Andersen）這兩位專攻溝通的科學家所做的實驗。他們主動接近陌生人，要求對方協助一項問卷調查。我們都遇過類似的事，拿著手寫板的市調人員在超市或賣場攔住我們，詢問能不能耽誤我們幾分鐘。這兩位科學家按照標準方式來，成功率低得可憐，被徵詢的路人當中，只有29％同意幫忙。儘管市調人員在這種情況下往往覺得物質誘惑是別無選擇的做法，但波肯和安德森想出了一個不必花很多錢就能提高成功率的方式。他們攔住第二群受測者時，在互動的一開始先鋪梗：「您認為自己樂於幫助別人嗎？」幾乎每個人在稍微思索之後，都回答說「是」。到了這個特許時刻，也就是受測者已經在心裡同意、並公開確認自己樂於助人的個性之後，研究人員便趁機要求對方協助他們做問卷調查，這時候自願參與的比率提高到77.3％。

———

　　像前述的情況，造成人們順從機會倍增的心理機制（我們渴望保持一致），本書第10章將有深入探討。現在我們先來推衍一個範疇更寬、同時也是本書一個主要的論點：最可能決定一個人在某種情況下做出選擇的因素，跟這個因素是否明智無關，關鍵是，它是否在做決定的當下得到注意，從而得到了特許。

　　認識到這一點，我們對影響力發揮作用的過程會有完全不同以往的思考。過去三十多年來，我對於人如何被說服、進而做出選擇或改變的研究，一直是受到社會影響力的主流科學模式所引導，這個模式建議，假如你想改變一個人的行為，就得先改變那個人的既有特性，讓他的特性能夠搭配你期待的行為。倘若你想說服對方購買他不熟悉的東西，譬如一款新推出的飲料，你就應該設法改變他的信念、態度或經驗，變成能夠刺激他購買的因素。做法包括改變他們對產品的看法，告訴他們這是市場上銷量成長最快的新飲料；或透過產品和某個受歡迎的名人的聯想，改變他們的態度；或在超市提供免費試喝，改變他們的個人體驗。雖然已經有大量證據顯示上述方法確實有效，但現在我們也可以清楚看到，社會影響力還有其他模式，提供了另一條成功的說服之道。

你有足夠的冒險精神，
願意考慮一種革新性的影響力模式嗎？

根據這個非傳統的方法（也就是引導注意力），想讓對方做出預期行為並不需要改變他的信念、態度或經驗，只需要改變他們在做決定當下的注意力，其他改變都不是絕對必要的。以剛剛的新飲料為例，我們要說服的對象可能從過去就有意願嘗試新事物。波肯與安德森的研究已提出證據，市調人員可以在開始之前先丟一句開場白，詢問對方是否認為自己樂於助人，就能大幅提高他們同意參與市場調查的機率。

在一份搭配的研究中，這兩位科學家發現，要提高受測者嘗試不熟悉的消費性產品的意願，另一句類似、但措辭不同的開場白同樣能發揮鋪梗作用：「您認為自己具備冒險精神嗎？」實驗的消費性產品是一款新飲料，受測者必須同意提供自己的電子郵件信箱，以便收到如何取得免費樣品的說明。他們針對一半的受測者，直接詢問對方是否願意為上述目的提供電子郵件信箱，大多數表示不願意，僅 33％ 的受測者自願提供連絡資訊。針對其他受測者，他們在一開始先詢問：「你認為自己具備冒險精神，是個喜歡嘗試新事物的人嗎？」幾乎所有受測者的回答都是肯定的，接下來有高達 75.7％ 的受測者給了自己的電子郵件信箱。[11]

這項研究發現有兩個地方特別令我矚目，首先，那些被問到是否認為自己具備冒險精神的受測者中，竟然有 97％（七十二名受測者當中的七十名）的回答是肯定的。這等於是說，幾乎所有人都符合冒險類型，這也太荒謬了。然而這種單向式的問法，一般人難免會順著這個思路，認定自己正是這樣的人。正向測試策略，以及它創造的狹隘觀點，影響力就是這麼大。研究證據顯示，這套過程能大幅提高一個人認定自己具備冒險精神、樂於助人，甚至不快樂的機率。除此之外，這種狹隘觀點雖然只出現一時，卻有著莫大重要性。在特許時刻，梗鋪得好，便可以讓別人對接下來的請求難以自我防衛。科學家的研究資料，以及信徒招募者的做法，都已經證實了這一點。

飲料實驗的另一個值得注意之處，不在於簡單的問題即可扭轉許多人的選擇，而在於這個簡單的問題可能誤導許多人做出有潛在危險性的選擇。近年來我們一再被各種專家警告做好自我保護，尤其要提防那些狂寄垃圾電子郵件，還挾帶破壞性病毒或駭入我們的電腦竊取個資，造成長期困擾的膽大妄為之徒。（當然了，持平來說，較有經驗或精明的使用者就不太可能被這類電郵騙倒。我就經常榮幸地收到網路訊息，說有許多烏克蘭妓女想約我碰面，假如無法約見，他們也可以提供超值的列印機墨水匣。這個例子是誇張了點，但我們最好還是對這類提議的真實性抱持懷疑。）12

由於網路詐騙經過大量報導，也難怪波肯與安德森的第一組受測者當中，有高達三分之二拒絕提供個人電子郵件信箱。畢竟在面前的是全然的陌生人，既沒經過引薦，也沒受到邀請，這種情況還是小心為上。

一個饒具意義的問題是，那些被單向問題引導至認為自己具備冒險精神的人，同樣是面對全然的陌生人，卻有75.6％的受測者根本沒想到要提高警覺，輕率地做出了可能是犯傻的選擇。表面上看起來，他們的行為令人不解，卻恰恰證實了本書的論據，即決定一個人做出選擇的因素，跟這個因素是否明智無關，關鍵是，它是否在做決定的當下得到注意。然而，這是為什麼呢？因為受到引導的注意力，不只提升了當下聚焦的層面，也同時壓抑了其他層面，即便是那些關鍵性的部分。13

聚焦注意力的應為與不應為

照英文的說法，我們「付出」注意力（pay attention），明白暗示這個過程是有成本的。認知功能的相關研究已經告訴我們，這項成本是以怎樣的形式展現出來：當我們把注意力投注在某件事物上，代價就是對其他一切失去專注。由於人類的心智一次只能覺察一件事物，當下對其他事物暫時失去專注就是必然的結果了。各位有沒有留意到，同時間體驗兩件事有多麼困難？我是指真正投入的體驗。舉例來說，我知道自己開車的時候如果一邊聽 CD，一邊找高速公路出口，除非我不去聽音樂，不然就會因為太專心聽音樂而錯過了出口。14

從這方面來看，我的大腦運作方式如同汽車音響，同時間只能聽一首歌。這可是有好理由，畢竟同時播放多首歌未免太蠢，最後聽到的只會是噪音。人類的認知功能也是如此，儘管大腦總是在同時播放多重資訊，但我們還是只挑一件事來進行有意識的思考。如果不這麼做，我們會因為負擔過重而無法對龐雜訊息中的特定部分做出反應。

要同時處理多重資訊頻道，我們頂多只能在不同頻道之間持續轉台，在覺察一個頻道時忽略其他。這項技巧讓我們得以進行多工作業，也就是在同一個時段內投入多項活動，譬如一邊講電話一邊閱讀電子郵件。儘管我們看似能同時專注於不只一件事，但這其實是幻覺，我們只不過是在快速轉移注意力焦點罷了。

就跟付出注意力有其代價一樣，轉移注意力焦點並非無本生意。焦點轉移之際有差不多半秒鐘的時間，我們會碰上一個稱為「注意力瞬盲」（attentional blink）的心智死角，我們在這時候無法覺察剛剛進入注意力焦點的資訊。正是由於這個原因，當我跟一個同時在做其他事的人互動時，常常會被對方惹毛。各位是否曾經在講電話的時候，聽出對方同時在做另一件事，例如你聽到了翻報紙或敲擊電腦鍵盤的聲音？我很討厭這樣，這等於是在告訴我，和我對話的人為了接觸其他訊息，就算沒聽進我提供的訊息也無所謂。這總是讓我有種被看輕的感覺，形同表達我的話被認為是比較不重要的。15

不過，收到這項暗示的不只我一人，對方也得到了同樣暗示。因為大家有充分的理由相信，他們對哪些事物投入（或轉移）注意力的選擇，反映出他們當下最看重的是什麼。這就是影響力運作過程的一個要點，無論我們用什麼方式讓別人將注意力集中在某件事物，譬如一個想法、物品或人，都會使對方覺得這件事物似乎變得比以往更加重要。

讓我們想想下面這個例子。知名心理治療師米爾頓・艾瑞克森（Milton Erickson）遇到一些病患，拒絕考慮一個他認為對療程至關重大的觀念。不做選擇，也是一種個人選擇，針對這類病人，艾瑞克森想出了一套應付方法。他並沒有在下次問診時提高音量重申這個重要觀念，因為這只會招來更強烈的反抗。他深諳反其道而行的智慧，他會等到辦公室窗外有重型卡車開始爬上山坡，發出最大噪音之際，才刻意壓低音量，重述這個重要觀念。艾瑞克森博士不愧為創造特許時刻的大師，為了聽清楚他的話，病患得把身體前傾，靠近他，而這正是專注與高度興趣的具體信號。艾瑞克森善於將非語言元素融入治療，並以此而聞名。被問及上述這套方法時，他將成功原因歸為病患為了聽清楚他希望病患重視的訊息所做出的前傾姿勢。

這個例子頗具啟發性，但要證明人們對於自己選擇的事物會自動賦予較高的重要性，我們其實不必倚仗這則軼事，因為已經有不少研究指出，光是縮短距離，就能讓一件事物看起來更有價值。我們也無須鑽研這樣的自動機制如何左右影響力的運作，一份研究顯示，準購物者光是想像自己上前拿取一盒零食，就會變得更喜歡這份零食，而且願意以超出四倍的價錢買下它。16

除了透過刻意安排，讓對方接近特定的訊息或產品，溝通者還有數不清的方法引導聽者的關注焦點，進而將某個想法或物件植入他們的意識。我們將在本書稍後看到，鋪梗的後續影響不可小覷。

CHAPTER 3
取得注意力，
就等於取得重要性

　　我有幸在倫敦目睹一場盛大活動，那是紀念英國女王伊莉莎白二世登基五十週年。儘管在那之前，女王已經巡迴大英國協各國，主持以她的名義舉辦的五十週年紀念活動，慶祝活動還是在 2002 年 6 月 4 日達到最高潮。倫敦市的林蔭路聚集了上百萬來自英國與世界各地的祝賀民眾，這等奉承程度跌破許多英國媒體的眼鏡，他們原本預期紀念會冷冷清清，反映出英國皇室，尤其是女王，在今日已無足輕重。

　　沒想到事實完全相反，從幾個禮拜前開始，就有一波波英國民眾參加向女王致敬的儀式、遊行、演奏會或論文發表會。女王會親自蒞臨這些活動以示感謝，特別令人欽羨的是小型宴會，說不定能在迎賓行列中跟女王說上幾句話呢。

　　無論是任何情況，我們與女王伊莉莎白二世見到面的機率都微乎其微，然而，在盛大的五十週年慶祝活動中能夠目睹女王的風采，為這類活動添增了不少重要性，媒體也大量報導了相關消息。其中有篇報導特別吸引我的注意力，報導中提到一位年輕女士受邀參加小型宴會，在迎賓行列遇到女王時，皮包裡的手機突然響起。鈴聲響個不停，她尷尬地愣住，不知如何是好，只能無助地看著女王的眼睛，女王則盯著她的皮包瞧。最後，女王傾身建議：「親愛的，妳應該接電話，說不定是重要的人。」

最顯著的，就是最重要的

女王態度優雅的建議，我們從中看到了她為什麼能夠長年受民眾愛戴。不過，她說的這些話也讓我們明白了另一件事：任何招來注意的事物，都可能讓觀察者高估其重要性。無論電話的另一端是什麼人，會比適逢登基五十週年的女王陛下、聯合王國的統治者更重要嗎？應該沒有人比她更重要了吧。然而，那通不知名的來電，被女王本人賦予了這般地位。

你可能會反駁，伊莉莎白二世並沒有高估來電者的重要性，她的回應純粹出自仁慈天性，和當下情況造成的誤判根本無關。但我相信並非如此。儘管我們常說皇室成員血統跟老百姓不一樣，但他們依舊是人類，已經有無數研究調查指出人類的一個基本傾向——我們會為當下最顯著的事物賦予過高的重要性。

這些研究者當中，包括了丹尼爾·康納曼（Daniel Kahneman），無論在個人生活或專業領域，他都是性格與人類行為原因的絕佳知識來源。他從個人生活中觀察到多重文化與角色，他成長於法國，在以色列耶路撒冷和加州柏克萊取得學位，然後回到以色列，進入國防軍，負責評估軍官訓練班申請者的心理素質，最後在加拿大和美國任教。更令人佩服的是，康納曼在人類心理學方面取得了赫赫有名的權威地位，他的教職永遠被慎重對待，普林斯頓大學同時給了他心理學與公共事務學系的教授職位。他獲得了無數崇高獎項，但當中沒有比 2002 年諾貝爾經濟學獎更值得一提的了，這是該獎有史以來首度頒發給心理學訓練出身的人。

也難怪只要丹尼爾·康納曼談到心理學，大家就會不發一語、全神貫注。我記得好幾年前，哈頓證券公司（E. F. Hutton）推出一則知名電視廣告，廣告中有兩個生意人坐在忙碌的餐廳內，試圖在餐具叮噹響、服務生扯開嗓子嚷嚷，以及隔壁桌的交談聲中進行對話。其中一個人說：「我的經紀人是哈頓證券的，哈頓說……」這時候整間餐廳瞬間安靜下來，服務生不聽顧客點菜了，清潔人員停止擦拭餐桌，食客們也停止交談，餐廳裡的每個人都豎起耳朵，準備聆聽投資建議。此刻旁白悠悠說道：「當哈頓開口，所有人洗耳恭聽。」[17]

我參加過幾次康納曼教授獲邀發言的科學研討會，當丹尼爾·康納曼說話時，大家真的豎耳聆聽，我自然也是其中一員。不久前有個線上討論版向他提出了有趣的挑戰，請他具體指出哪一個科學概念，如果我們正確理解，最能夠改善人們對世界的了解。既然有人請教了，我特別留意他的回答是什麼。他提供了一篇五百字的文章來描述他所謂的「聚焦幻覺」（the focusing illusion）作為回覆，其實這篇文章的標題就已經一言以蔽之：「任何你當下思索的事，都不如你認為的重要。」[18]

───

　　康納曼的這番主張，不僅可以說明為什麼打電話來的人當下地位獲得提升，也可以貼切解釋鋪梗的重要性。當溝通者讓聽者聚焦於訊息當中的某一個關鍵點時，就已經預先為它賦予重要性。許多人認為新聞媒體扮演影響輿論（又稱作議題設定）的主要角色，運用的就是這種鋪梗的效果。議題設定理論的主要原則是：媒體極少透過提供具有說服力的事實將觀眾帶向新的立場，創造改變；他們比較可能採用的是間接說服，提供經過篩選的議題與事實，並且為它做比其他議題或事實更周延的報導。由於提供這樣的報導，觀眾在選擇立場時，會因為對部分議題付出較多的注意力而認定它是最重要的考量因素。

　　誠如政治學者伯納·柯恩（Bernard Cohen）寫道：「新聞媒體或許在大多數時候無法左右觀眾的判斷，但是它在告訴公眾應該思考哪些事情這方面，倒獲得了不可思議的成功。」按照這個看法，在一場選舉中，選民認定在媒體當下設定的議題中占上風的政黨，最後就比較可能勝選。

假如媒體確實能夠凸顯（或設定）對整個社會最重要的議題，上述結果就不會構成問題。可惜影響報導篇幅的還有許多因素，譬如事件的複雜程度、有不有趣、能不能吸引觀眾、新聞工作者自己對事件是否夠熟悉、求證是否需要花上許多成本，甚或是否牴觸新聞部門主管的政治傾向。

　　在 2000 年夏季，一枚土製炸彈在德國杜塞道夫的中央火車站爆炸，造成數名東歐移民受傷，雖然沒查到任何證據，德國警方仍從一開始就懷疑嫌犯是鼓吹反移民的右翼極端團體。由於新聞報導中有個受害者不僅在爆炸中失去一條腿，還失去了腹中的寶寶，義憤情緒在接下來的一個月引發了連串關於德國右翼極端主義的相關報導。同時期的民調顯示，民眾認為右翼極端主義是德國所面對最重要的議題，比率從幾近零驟升至 35％。然而，幾個月後，當新聞退潮，這個比率又下降至幾近於零。

　　類似效應最近也出現在美國。隨著 2001 年 9 月 11 日恐怖攻擊事件十週年的腳步趨近，媒體報導篇幅也在紀念日前後達到高峰，然後在之後數週大幅減少。期間所做的民調，要美國公民選出過去七十年來最重要的兩次事件。紀念日的兩週前，當媒體還沒有鋪天蓋地進行相關報導時，只有約三成民眾指名了九一一事件。但隨著紀念日逼近，媒體的報導越來越密集，選擇九一一事件的受訪者也跟著增加，比率達到了 65％。兩個禮拜過後，相關新聞報導回復到原先的篇幅，受訪者將九一一事件視為過去七十年來最重要事件的比率也再度回到三成。很顯然的，新聞報導的數量大幅影響受眾為一個議題賦予的重要性。[19]

―――――

　　為什麼我們會假定自己當下專注的事物特別重要？一個理由是，那件事在當下確實特別重要，所以我們才會給予注意力，唯有如此，我們才有理由在特定情況下，將注意力放在那些對我們最有意義、最有用處的事物上，譬如黑暗中的奇怪聲響、電影院裡的煙味，或是執行長起身說話。人類以外的生物也演化出類似的優先機制，譬如獼猴會透過進獻食物，藉機接近猴群中較重要（高位階）的成員；也會反過來向不重要的成員要求進獻食物，以交換牠們的注意力。無論是什麼物種、出自什麼樣的理由，將注意力導向最重量級的事物都是再合理不過。

　　把有限的注意力投注於具備重要性的事物上，雖然是一套合理做法，卻存在著缺陷。我們可能會被誤導，僅僅因為某些不相關的因素吸引了我們有限的注意力，就相信它很重要。一般人很常認為，假如他們注意到某個想法、事件或群體，那麼它的重要性一定足以納入慎重考量。然而，這並一定不符合事實，在前述德國與美國的議題設定案例中我們看到，新聞事件的煽動性與時效性所催生的報導篇幅，攫取了觀眾的注意力，同時改變了當下的關注焦點。因為關注焦點轉移，也影響了觀眾對於什麼才是重要全國性議題的判斷。

了解到我們有多麼容易陷入聚焦幻覺的陷阱之後，我終於能夠體會好萊塢廣告代理商的那句標準說法：「沒有負面宣傳這回事。」我一直以為這句話根本胡扯，已經有那麼多令人印象深刻的案例是負面宣傳毀了知名人物的聲望或收入。高爾夫球選手老虎伍茲（Tiger Woods）在 2009 年爆發性醜聞後，旋即損失每年約 2,200 萬美元的代言收入，就是個例子。

然而我發現，這句話雖然在某個方面不成立，在另一方面卻是成立的。常有人說，名人最害怕的是被忽略、遺忘、掃出整個文化意識之外，任何有力的宣傳都可以讓他們免於落入這最悲慘的下場，因為他們至少能獲得注意。光是獲得注意，就能為他們戴上重要性的光環。尤其在藝術界，一個人的價值幾乎全由主觀判定，因此高曝光度可以為他們提升個人價值。我們會花錢看那些高知名度的人（表演、創作和露面），是因為我們認為他們似乎是重要的人。猴子群落並不是唯一用物質來交換接近重要角色的社會環境。[20]

因此，遊說者如果能夠巧妙地凸顯提議中最有利於己的部分，吸引不成比例的高度注意力，就可以說是成功了。這不僅能運用在直接鎖定焦點，也就是促使聽者專注思考他要彰顯的部分；也能展現在聽者開始思考之前，就預先為這些部分賦予過大的重要性。於是，當聽眾思考時，他們會經歷雙重效果，一方面被片面證據引導，相信那些部分是特別有價值的，另一方面他們也將那些部分視為特別重要。

注意力抄的是小路

要成功說服，很大機會來自於幽微隱晦、未被查覺的因素所促成的改變。認識到這一點，可能會帶來激勵或擔憂，端看你是攻方還是守方。我們不妨先看看以下三種溝通者創造絕佳效果的巧妙策略吧。

管理環境背景

假設你要開一家專賣各式沙發的線上家具行，有些沙發的賣點是坐起來舒服，有些則是以價格打動人。有沒有什麼辦法能讓你的網站訪客把注意力放在舒適性，進而在選購時優先考慮舒適性，而非價格是否划算？

各位用不著勞神費時地尋找答案，娜歐米·曼德爾（Naomi Mandel）和艾瑞克·強森（Eric Jonhson）這兩位行銷學教授早已做過一系列研究，為上述問題提出了解答。當我訪問曼德爾教授，並詢問她為什麼決定研究這方面的議題，她說這個決定涉及了行銷學領域尚未解決的兩大難題，其中一個是近年才發生，另一個則為時已久。當她於 1990 年代晚期著手進行相關研究時，電子商務還是個新題目，Amazon 或 eBay 這類線上商店的影響力才剛剛冒出了點苗頭。這種交易形式如何創造出最大利益，尚未出現系統性的有效做法，所以她和強森教授挑選了一個線上商店網站，作為該研究的背景環境。

另一個使曼德爾教授對這項研究產生興趣的原因，是這個讓商人困惑許久的難題：如何避免輸給品質不如自己、成本是唯一優勢的競爭對手。這也是為什麼曼德爾在研究中刻意比較昂貴的高品質家具和中低價位的次等家具的銷售表現。「在我們的行銷學課程中，總是有熟悉商業運作的學生提出這個老問題。」她說：「我們告訴學生，不要為了對抗次等產品而陷入價格戰，因為他們必輸無疑。我們跟學生說，要把戰場主軸拉回品質，這樣他們的贏面才會變大。」

她接著說：「幸好班上最出色的學生，從來都不滿意這種籠統建議，他們會回應：『是啊，但實際上該怎麼做？』而我對這個問題一直給不出好答案，所以這就成為我研究計畫中的大哉問了。」

我們很幸運，曼德爾與強森分析研究結果之後，總算為「實際上該怎麼做」這個問題找到了簡單得令人跌破眼鏡的答案。在一篇 2002 年出版後備受冷落的文章中，他們描述了當初是如何將網站訪客的注意力轉移到以舒適性為目標，做法僅僅是在官網首頁背景擺了幾朵蓬蓬的白雲。當訪客被問及他們想要挑選怎樣的沙發時，這一招促使他們提高了對舒適性的重視程度。這群訪客也會想搜尋更多關於產品舒適性的相關資訊，進而偏好選購更舒服（價格也更貴）的沙發。

為了確認造成上述結果的是官網首頁背景，而非人們對於舒適性的普遍偏好，曼德爾與強森為其他網站訪客設計了截然不同的背景，把雲朵換成銅板，藉此將他們的注意力引導至經濟考量。於是這群訪客表現出更重視價格的傾向，僅在網站上搜尋價格資訊，而且偏好更便宜的沙發。值得一提的是，儘管受測者的重要性排序、搜尋行為與購買偏好，都在他們看到網站首頁時就已經產生改變，但絕大多數受測者拒絕相信雲朵或銅板圖案能以任何方式左右他們的判斷。

另一項研究結果發現，網頁橫幅廣告也能產生類似效果，即便我們以為橫幅廣告不會對我們造成什麼影響，但縝密的研究已經證實我們在這方面是誤判了。當我們在網路上閱讀一篇關於教育的文章時，如果畫面中不時出現某個新品牌相機的廣告，後來再看到這則廣告時好感度會明顯提升。即使我們根本不記得自己看過這則僅在文章附近出現了五秒鐘的廣告，上述效果依舊會浮現。要是在閱讀文章時，這則廣告出現得越頻繁，受測者就對它越有好感。

最後這項發現實在值得我們好好推敲，因為它完全違背了之前的無數證據，過去我們相信，絕大多數廣告會因為一再重複出現而效果遞減，因為觀眾看厭了，或是失去對廣告主的信任。後者似乎認為自己要傳達的訊息不夠強，所以才需要不斷重複播放。然而，那些在五頁文字裡出現多達二十次的橫幅廣告，為什麼沒被嫌煩呢？原因是，讀者根本沒把它看進去，所以也不會成為被嫌煩或被視為不可信任的有意識訊息。

這些研究結果為網路廣告主帶來令人遐想的可能性：覺察

與記憶，這個普遍被其他廣告形式認定的成功指標，反而會大幅降低網路橫幅廣告的有效程度。在新的研究當中，不時冒出的橫幅廣告得到正面評價，而且還一反常態地抵禦了過度曝光的負面影響，因為受眾根本就沒發現、更不用說記得這些廣告。確實，正是這第三種效果（未受到直接注意）使得橫幅廣告變得如此有效。數十年來，覺察與記憶一直是廣告價值的主要指標，廣告界誰會想到，被遺忘的宣傳訊息才是加分項目？

官網首頁背景與網路橫幅廣告的研究結果，為我們在溝通過程帶來了涉及層面更廣的一課：僅呈現於背景、看似被忽略的訊息，其實捕捉到了一種頗具價值的注意力形式，能夠在幾乎無數場合中發揮高度影響力。

然而，這種影響並非總是好事，隨之而產生的環境因素值得我們多加考量，特別是對家長來說。一般人以為，繁忙交通或飛機航道這類環境噪音，聽久了總就習慣，甚至過段時間之後可以聽而不聞。但研究證據明確指出，這些破壞性噪音依舊會被聽進去，不但降低了我們的學習能力，還會妨礙大腦處理認知工作。

一份針對紐約市一所小學學生的研究發現，如果教室位置靠近捷運高架橋，每隔四、五分鐘就有車輛轟隆隆經過，班上學生的閱讀成績明顯較低。憑著這項調查發現，研究人員向紐約市交通局官員與教育委員會的成員施壓，要求他們在高架橋與教室內安裝吸音設施，之後這群學生的成績就立刻回升了。

類似的調查結果也出現於生活在飛機航道附近的孩子，德國慕尼黑遷移機場之後，新機場位址附近孩童的記憶力與閱讀成績大幅下滑，而機場原址的孩童們則成績顯著提升。

有鑑於此，如果孩童的住家或學校充斥著汽機車、火車或飛機噪音，家長們應該堅持當局做好減噪措施。雇主們為了員工福祉與自己的盈利，也應該依樣效法。此外，老師們還得考慮到另一種導致分心的刺激性環境，裝飾了太多海報、地圖和美術作品的教室牆壁，對年幼學生的學習與表現可能造成負面影響，讓正在學習科學的幼童測驗成績下滑。顯然，背景訊息可以引導、也可以分散注意力，所以任何有意將影響力發揮到最大的人，都必須仔細想好如何運作這些訊息。21

邀請進行評價

雖然溝通者可以利用吸引注意力的技巧，強化某個特點或議題的重要性，但這樣做未必總是能奏效。就像伯納・柯恩對媒體報導的觀察，新聞頂多只能告訴大家應該思考哪些事，還稱不上足以深入影響判斷。任何吸引別人注意某個想法的手段，只能在那個想法本身具有價值時才能見效，倘若受眾覺得你的辯詞與支持證據不值一晒，那麼就算你把對方的注意力拉到那個想法上，也不會令他們更加信服，而且說不定還會招致反效果。畢竟，假如某個想法的重要性確實在受眾心目中提升了，但它完全不被認同，那麼受眾反而更有可能會提出反對意見。許多研究已顯示，一件事被考慮得越周詳，就越有可能產生極端（兩極化）的見解。所以說，**攫取注意力的手段並非為成功說服鋪梗的萬靈丹。**22

　　儘管如此，倘若你的確有個好想法，那麼上述手段確實能在某些方面為你的遊說增加吸引力，特別是在競爭激烈的領域。在現代商業環境中，想要凌駕對手是越來越困難了。科技的發展、生產製造技術，以及商業模式都太容易被複製，無論公司賣的是瓶裝水、汽油、保險、航空旅行、金融服務或工業機具，產品的精髓很難與競爭同業做出明顯區別。為了因應這個問題，生意人嘗試另闢蹊徑來創造區別，零售商建立了更多更便利的銷售點，批發商讓旗下重量級業代表親臨銷售第一線，製造商提供涵蓋層面更廣的售後保證，服務業者則成立工作項目更多元的客服單位。他們也可以投放大規模的廣告宣傳活動，打造或維持品牌優勢。然而，上述這些解決之道都有個缺點，這些做法所費不貲，對許多組織機構來說財務負擔過於沉重。

　　要解決這個難題，有沒有可能以低成本的方式，將注意力導向特定商品、服務或概念？這是有可能的，只要被強調的商品、服務或概念本身是有價值的，受到顧客的高度評價，就有可能做得到。這時候，最重要的是把注意力聚焦在我們想凸顯的那個好商品、好服務或好概念，不要讓顧客想到競爭對手同樣具備的優點。如此一來，我們想凸顯的事物，就能在他們的詳細審視之下增添真確性與重要性。

有調查數據顯示，當顧客專注於一個品牌，而不與其他競爭品牌做比較時，上述的雙重益處就能進一步帶來優勢。雖然這些數據來自不同背景（購物商場、大學校園和網站），涉及了不同種類的商品（相機、大螢幕電視、錄影機和洗衣精），所有調查結果都指出同樣的結論：假如你同意參加特定商品的消費者調查，譬如 Canon 推出的三十五釐米相機，市調人員請你僅考量 Canon 相機的品質，其他主要競爭對手如 Nikon、Olympus、Pentax 或 Minolta 都不在你的思考範圍之列，光是這樣就能提升你對 Canon 這個強勢品牌的評價。

　　不僅如此，你考慮選購 Canon 三十五釐米相機、甚至立刻就下單的欲望，都會在不知不覺中大幅提升，過程中完全不會搜尋其他品牌的同類產品資訊來進行比較。然而，如果在你評估 Canon 相機的品質之前，被要求思考其他品牌如 Nikon、Olympus、Pentax 和 Minolta 其他產品選項，Canon 相機的賣點就會喪失優勢。

　　要從聚焦注意力中得到好處，焦點只能有一個。有份令人印象深刻的研究顯示，讓受調者評估單一一家知名飯店、連鎖餐廳、消費性商品或甚至慈善機構，使它成為受測者的注意力焦點，受測者就會自動給予它較高的評價，也比較願意為它掏腰包。

　　要套用在實際上，一個越來越常被各類組織採取的做法是，要求受測者評價他們的產品和服務，而且「只」考量他們的產品和服務。身為消費者，我不時被供應商邀請為他們的各方面表現打分數，有時候是透過電訪或信件，但一般來說是透過電子郵件。不過也有些時候，打分數的項目是單次消費體驗，譬如最近在某家飯店住宿、線上購物，或是與客服互動的感受。這類「我們做得還可以吧？」的問題，定期要求我評估並描述與特定旅行社、金融服務機構或電信服務商之間的互動體驗。這些徵詢似乎立意單純，因為它們看起來（我確定事實上也是）打算取得能夠改善消費者體驗的訊息。然而，我的合作也會讓那些邀請我做評估的廠商，特別是那些大品牌，從中獲得隱藏在背後的好處：將我的注意力聚焦在對他們最有利的方面，而不分散到其他競爭強敵的優勢上。

相關研究則將上述發現延伸至組織領導者與經理人如何進行決策選擇。研究針對一家油漆製造商負責重振銷售的相關人員，每個受測者被要求在下列四個值得考慮的可能解決方案中，評估其中一個方案：

1　增加廣告預算，讓喜歡自己動手刷油漆的消費者更知道他們的品牌
2　調降售價，吸引愛比價的買家
3　增聘業務代表，爭取更多零售商通路
4　投資於研發，大幅提升產品品質，以專業油漆工愛用、頂級的形象來打響品牌

無論決策者被分配到評估哪一個方案，其實都無關宏旨，

光是聚焦單一方案並進行評估，就足以讓這群決策者認定這個方案就是公司需要的最佳解決之道。

　　一般的高階決策者絕對不會未經全盤考量，就貿然決定要採取什麼行動吧？他們一定也不會只評估一個有力選項，就決定要那個選項吧？這麼想就徹底錯了，原因有兩個，首先，對所有被看好的方案進行周延的分析，實際上是很花時間的。得先找出可能成功的方式，並且深入檢視，勾勒出每一條有望達到目標的途徑，這些都可能會導致進度延遲。高階決策者之所以爬到這個位置，靠的可不是被當成組織前進的瓶頸。

　　其次，對任何決策者來說，評估多個選項不但令人頭疼，而且心理壓力不小，難度有如雜耍藝人同時拋接多個物品。結果（可想而知）就是，他們傾向於迴避或簡化這個勞心費神的過程，乾脆選擇第一個自動跳出的明顯選項。這種心理傾向有個怪名字：「足夠滿意」（satisficing）。這個英文名詞由經濟學家暨諾貝爾獎得主赫伯特‧西蒙（Herbert Simon）提出，混合了英文的滿意（satisfy）與足夠（suffice），這樣的組合反映出選擇者在做決定時，兩個同時出線的目標：除了求好，還要令人滿意。根據西蒙的看法，這通常表示夠好就行。雖然理想上來說，我們應該持續努力直到最佳解決之道浮現，然而，在腦力負載過重、資源有限且期限逼迫的真實世界，足夠滿意才是通行準則。

　　但就算是以這種方式選出來的行動方案，都不應該容許評估單一選項造成的不公平優勢，也就是說，我們的評估不能完全報喜不報憂。當可用的選項浮現時，決策者那眾所周知的毛病也跟著出現，他們會在一陣興奮之際，滿腦子只想著這項策略能為他們達成什麼，卻不太思考萬一這項策略失敗他們要面臨什麼後果。為了克服這個可能造成傷害的過度樂觀傾向，決策者必須特別抽出時間，以系統化的方式審視以下兩個問題：「未來可能會發生哪些事，造成計畫進行不如預期？」以及「如果計畫失敗，我們會面臨什麼情況？」

　　研究決策的科學家發現，這種反向思考不但做起來容易，而且對於預防偏頗判斷十分有效。致力於排除偏頗判斷的組織將從中獲得不少益處，一份針對上千家企業所做的研究結論指出，會執行上述預防偏頗判斷流程的企業，投資報酬率比未能做到的企業高出了 5％ 至 7％。[23]

轉移手上任務

　　2003 年 3 月 20 日，時任美國總統小布希（Geore W. Bush）下令由美軍領導盟軍入侵伊拉克，一連串快速軍事行動擊潰了海珊政權，戰事卻逐漸演變成牽連日廣、痛苦且嚴峻的泥淖，讓美國付出了犧牲人命、金錢、國際聲望與全球影響力的代價。布希政權最初合理化發動戰爭的藉口，即海珊政權持有大規模毀滅性武器的說法，不但破功（傳說中的武器一直沒被找到），還時時被修改成其他新目標，譬如解救海珊統治下的人權受害者、截斷伊拉克對基地組織的支援、保護全球石油供應、在中東建立民主的灘頭堡。不過，布希政府精心策畫了一套媒體宣傳行程，將民眾的注意力從上述這些可疑目標轉移，方法是將大眾的目光從戰爭的大是大非，轉移到戰事的日常活動。全球最具分量的新聞媒體，旗下負責報導這場衝突的記者都有其特定任務，布希政府乾脆就改變他們的任務，成功引導大眾的目光。

這項伊拉克戰爭的置入性報導計畫，是由美國官方與幾大媒體高層聯合做出的決定，將記者們直接送進作戰部隊，在軍事行動過程中跟著部隊一起吃飯、睡覺、移動。隨行記者的數量會隨著資源供應狀況而增減，高峰期曾達六至七百名媒體代表，獲准得到 1991 年波斯灣戰爭、或更早之前的阿富汗軍事行動都不曾有過的招待。為了確保所有參與者的安全，也為了做好這次公關，美軍是在小布希政府國防部公關部門主管的領導下想出了這套計畫。

對媒體主管來說，這項計畫的好處很明顯，而且令人興奮。旗下記者跟著軍隊吃喝拉撒，能夠為觀眾傳達鉅細靡遺的戰爭體驗，這可是難能可貴的大好機會。勢必會吸引觀眾的影片、寫實照片，以及第一人稱陳述，對新聞機構來說簡直是美夢成真，畢竟這在過去的軍方宣傳中，都因為保密原因而難以窺得真相。

除了窺得軍旅生活真相，採訪記者還得到親自接觸個別軍人的特殊機會，進而了解這群男女的個人處境。人性化的報導向來吸睛，是新聞媒體格外垂涎的題材。一份研究調查發現，隨軍採訪的記者可以在報導中，以超過三分之一的篇幅描寫人性化的部分，而未能隨軍採訪的記者只能寫到 1%。

對美國政府官員來說，這項計畫帶來的好處雖然不同，但一樣讓他們獲益匪淺。首先，在武裝軍人的貼身保護之下，駐伊拉克媒體工作者面臨的風險可大幅降低。數百名新聞從業人員為了找到能夠上頭條的新聞，冒險深入戰區，結果遭遇綁架、傷亡或被迫等待救援，向來是軍隊亟欲避免的頭痛問題。此外，來自世界各地記者的個人觀察（近四成的隨軍採訪人員並非隸屬於美國新聞機構），也為軍隊提供了無價的風險保護，可避免外界誤信海珊政府單方面宣傳關於戰爭的不實言論。按照國防部公共事務助理部長布萊恩‧惠特曼（Bryan Whitman）的說法，隨軍採訪記者就站在第一線抵銷「伊拉克國防部可能發表言論」的可信度。

對軍方來說，這樣做還有第三個更大的好處，由於媒體主管對於隨軍採訪計畫深感興趣，他們甚至同意讓報導偏向於對軍方有利，由軍方來訓練、挑選或篩除記者，還可以在報導刊登前先行過目。入侵伊拉克一年後，海軍陸戰隊公共關係事務主管瑞克‧隆（Rick Long）上校在一場學術研討會上，被問及軍方為何推動這項計畫，他的回答再直接不過：「坦白說，我們的工作就是打贏戰爭，而信息戰是其中一部分，所以我們打算主導整個信息環境……整體來說，我們對結果十分滿意。」隆上校與軍方同僚的滿意其來有自，一項分析對伊戰爭相關報導的研究發現，隨軍採訪記者們寫出來的文章對美軍確實比較友善。

不過隨軍採訪記者與非隨軍採訪記者之間的報導語氣差異，影響性還比不上他們之間的另一個差異，這項差異對於在現場作戰的部隊來說幫助不大，卻達成了小布希政府的目的。隨軍採訪記者的報導重心幾乎全放在軍隊上，他們的日常活動、飲食、服裝、補給、如何備戰、採用什麼戰術，以及戰場上的英勇表現。隨軍採訪記者的報導內容中，有 93％取材自士兵的觀點，比率是非隨軍採訪記者的兩倍以上。由於美軍在提供飲食、服裝、補給和訓練士兵方面確實做得很好，士兵在大多數時候也展現出效率和勇敢作戰的一面，軍方當然有充分理由將這些展現給能做第一手報導的記者看。

這種深入卻狹隘的報導，遺漏了真正重要的層面：隨軍採訪記者的報導，在對伊作戰期間占據了高達 71％的戰況頭版篇幅，卻未針對更廣泛的相關政治議題做足夠分量的探討，譬如開戰的正當性（舉例來說，其中僅 2％報導提及所謂的大規模毀滅性武器根本不存在），或是這場戰爭傷害了美國的國際聲望與影響力。我們對隨軍採訪記者還能有什麼期望？一頭熱的媒體主管指派他們去採訪某篇分析文章所稱「戰爭中的雞毛蒜皮小事」，而這些小事就耗盡了他們的時間、力氣與精神。

要等離開隨行採訪的作戰單位後，許多被「置入」的記者才得以反思當時任務所造成的狹隘觀點。然而，當他們人還在現場時，他們對士兵與軍旅生活的持續關注形塑了媒體議題的焦點。新聞報導分析家暨社會學家安德魯・林納（Andrew Lindner）大量檢視當年刊登的相關報導之後，不客氣地描述其後果：「不僅絕大部分新聞都是置入性報導，民眾的注意力也受到這類新聞主導。」既然戰況頭版報導的主要內容都絕口不提究竟為何而戰，關注範圍僅限於士兵本身和軍方如何備戰、應戰，可想而知媒體傳遞給大眾的主要訊息必然是：各位「應該」把注意力放在戰爭行為，而非戰爭的智慧。

根據本章提及的研究，我們可以從中得到一個結論：得到注意的議題，就會被大家認為理所當然具備重要性。有些相同題目的研究還指出，如果人們無法將注意力引導至某個主題，他們就會假定這個主題相對比較不重要。了解這個基本人類傾向後，我們不妨再回頭思考隨軍採訪計畫如何左右美國民眾對入侵伊拉克的看法。

參加這項計畫的記者，發稿內容有較多是戰況的第一手報導，以及充滿人情味的士兵個人故事，這些都是媒體樂於披露，而且觀眾愛看的。這樣的內容掌握了公眾注意力，從而為大家決定思考入侵伊拉克戰爭時，哪些因素比較值得考量、而哪些因素比較不重要，譬如戰場上的個人行動與戰事結果，相較於最初開戰原因的正當性與地緣政治影響。正由於前線戰事因素展現出優勢，而深遠戰略因素暴露其弱點，隨軍採訪計畫將舞台中心放在小布希政府對伊戰爭宣傳的主要成功之處，而不是他們最失敗的地方，將公眾的注意力引導至特定焦點，確保了上述效果得以達成。

　　我們沒有證據可以直稱，這種典型的偏頗報導其實是政府
與軍方高官透過隨軍採訪計畫的刻意操作。他們之所以對這項
計畫感興趣，似乎還是傳統的信息戰目的，增加對篩選、訓練
和考察採訪記者的控制權，並且將他們安排在能夠反擊敵方宣
傳的目擊者位置。同樣的，我們也沒有證據可以指控參與協助
這項計畫的媒體主管，早已預期到這能夠為小布希政權創造莫
大的公關效益。唯有事後回顧，學術論文期刊針對相關新聞報
導的分析結果逐漸出爐之後，大家才開始了解到這一點。諷刺
的是，隨軍採訪報導計畫的主要公關效益，其實只是一個沒有
人意料到的副作用。主事者原先只是想讓採訪記者當中刊登篇
幅最多的幾個，被其他隨軍採訪同儕瓜分掉版面。24

━━━

　　將注意力鎖定在有利的特定訊息，其祕而不宣的效果並不
限於特定一方的指派任務。我們已經看到，預先管理好背景訊
息所帶來的鋪梗效果，以及邀請對方進行單向評估，都可以讓
對方在參與其中時不被識破。引導暫時性注意力的一些技巧，
能夠發揮未被察覺的影響力，是鋪梗的高效工具。不過，引導
注意力之所以如此管用，還有另一個強大的理由。

CHAPTER 4
成為焦點，就能成為起因

　　得到注意力的因素會被賦予過高重要性，這一點我們已經知道了，然而，我們還會為它賦予因果關係。因此，每當我們開始思考，受到引導的注意力會自動提高焦點因素的分量，把它視為事件的起因，接著又把它當成人類大哉問「為什麼」的解答。

　　由於人類向來特別注意周遭事件的起因，所以當我們把同等分量的注意力放在某個因素上，就會有可能將它視為起因。以金錢為例，金錢的數量在交換行為中再明顯不過：如果你做這件事，我就給你多少錢。因此我們很容易認為引發行動的就是這筆錢，但事實上，真正引發行動的常常是其他比較不明顯的因素。經濟學家尤其容易產生這種偏見，因為以貨幣為中心的思維主導了他們的注意與分析。

　　所以，當哈佛商學院經濟學家菲力克斯・奧伯霍爾澤—吉

（Felix Oberholzer-Gee）走向在不同地點排隊的人，提出用金錢交換插隊的請求，他認為依照純經濟學模型，給的錢越多，就越能說服對方同意交換。以下是他的調查發現：半數的人只要 1 美元就同意讓他插隊。若增加至 3 美元，就有 65 % 的人讓他插隊。當總數增加至 5 美元和 10 美元，同意的比率也隨之上升至 75 % 和 76 %。

古典經濟學理論深信，財務上的自利是人類行為的主要原因，所以，當對方提出誘因，為提升自己的財務狀況，我們會接受交易。任何觀察這種交易的人都沒有理由懷疑這一點。實驗者得到這樣的結果，就是因為這些誘因與個人所得有直接關連，這沒什麼好意外的，對吧？照理來說是這樣，但有個額外發現挑戰了既定思維：幾乎沒有人真的拿了那筆錢。

奧伯霍爾澤—吉心裡肯定很納悶：「這可真奇怪。」確實，他的研究數據出現不少怪地方，至少它牴觸了人類行為的主要原因在於追求財務自利的這項教條。舉例來說，雖然更大的金錢誘因，確實能讓受測對象更願意接受被插隊，卻未增加他們實際拿這筆錢的意願。提高的金額讓他們更願意犧牲自己在隊伍裡的位置，但他們無意領取更高的補償金。為了解釋這項發現，奧伯霍爾澤—吉不再著墨於明顯的經濟因素考量，轉而思索另一個隱藏性因素：幫助他人的道德義務。

這個義務感源自於互助規範，行為科學家有時候稱之為「社會責任規範」，主張我們應該根據他人的需要程度提供協助。幾十年來的相關研究已經發現，一般來說，對方越需要我們的協助，我們就越覺得有義務幫忙。若我們不予協助的罪惡感越深，我們也越有可能出手相助。從這個角度看來，上述令人迷惑的調查結果就完全合理了。研究中隨著金額提高而增加的配合意願，考量的是表現在當下情境中的需要程度。配合意願之所以隨著金額提高，即便大部分受測者根本不打算收這筆錢，是因為金額越高，就顯示提出請求的人越需要幫忙。這個人願意付這麼多錢來插隊，他一定真的很需要快點排到。25

　　但如此因此就認為財務自利不是人類行為的重要決定性因素，又未免太過天真。我要說的是，由於它是如此明顯，也因此成為注意力焦點，但它的決定性往往沒有表面上那麼高。相反的，許多其他因素，如社會義務、個人價值觀、道德標準等等，正由於它們沒那麼容易被觀察到，其決定性反而經常大於表面所見。金錢這類因素容易在人類互動中引起注意，所以它不僅顯得重要，也經常被視為原因。這種假定的因果關係，尤其是透過引導注意力形塑的因果關係，對於創造影響力可發揮莫大功效，並足以解釋一些費解難懂、甚至值得憂慮的人類行為模式。

試試運氣

　　先來說說費解難懂的例子，譬如下面這個史上最有名的產品竄改事件。1982 年秋季，有個人走進芝加哥市幾家超市的藥局，在泰諾膠囊注射氰化物，然後放回貨架上，這些膠囊後來被顧客買走了。這次事件之所以長年來惡名昭彰有幾個原因，首先，七名芝加哥居民因此而死亡，其中四名受害者是一家人，都從同一瓶包裝中服用了膠囊。其次，凶手迄今依舊逍遙法外，讓這次犯罪事件留下了未結案的不愉快記憶。

然而，這次事件至今仍常被提起，最主要並非那些教人遺憾的原因，而是兩個正面結果：它促使當局通過了重要的產品安全法，製藥業必須改用密封包裝，防範破壞竄改，為顧客降低了相關風險。除此之外，由於泰諾的製造商強生公司（Johnson & Johnson）採取以消費者為中心的快速行動，從所有店面回收了三千一百萬顆膠囊，不僅為企業危機管理做出足以列入教科書的示範，也讓產品回收成為同類事件的黃金準則。（建議做法是企業毫不遲疑地採取行動，充分告知並保護消費大眾，即使在相當程度上得犧牲企業的直接經濟利益。）

除了上述那些引起注目的特別之處，這次事件還有另一個幾乎完全不受注意，卻是最令我眼睛一亮的地方。在死亡原因已確定為泰諾膠囊，但究竟有多少瓶藥被注射氰化物尚未核實之前，強森公司早早就發出全國性警告，旨在避免傷害進一步擴大。其中一則被廣為流傳的警告，提醒消費者注意受影響藥瓶上的產品批號。我們可以透過批號追溯膠囊的生產地點與時間，由於這些批號是最早被確認的，於是兩組號碼也得到了最多的宣傳：2880 與 1910。

緊接著而來的，是一個令人困惑的現象：在經營彩券的幾個州，居民開始以前所未有的賭金下注這兩組號碼。羅德島、新罕布夏和賓夕法尼亞這三個州的主管當局不得不宣布停止接受這兩組號碼的投注，因為萬一這兩組號碼中獎，當局必須支付的獎金將遠遠超過「最高負債水平」。

我們究竟該如何解釋這連串事件？不妨先針對這兩組數字的特性做個回顧。首先，它們都很尋常，沒有任何與生俱來值得記憶之處。其次，它們都牽扯到不幸事件。再者，美國人一看到它們，就會立刻聯想到中毒致死。然而依舊有成千上萬個美國人的回應是，期待這兩組號碼能夠提高彩券的中獎機率。為什麼會這樣？本書先前的分析提供了一個答案：由於這兩組號碼得到的宣傳和曝光量，使它們成為民眾的注意力焦點，並因此帶來因果性質，也就是促成事件發生的能力。

最後的開獎結果證明，認為這兩組號碼中獎機率較高的人錯了，但我懷疑他們是否有從這次的教訓中學會避免未來再犯類似的錯誤。假定注意力焦點具備因果關係，這種傾向已經深植於大腦，成為一種自動反應，並且影響到人類的多種判斷。

事關生存

　　想像一下，你坐在咖啡廳裡，正在享用一杯咖啡。在你這桌的正對面，有對男女在討論晚上要看哪部電影，幾分鐘後，他們挑中了某部電影，準備出發前往電影院。他們起身離去時，你注意到有個朋友剛巧坐在他們後面那一桌。朋友看到你之後，挪到了你這桌，提及方才那對男女的對話。他說：「這種討論，最後都是其中一個人強勢推動決定的，對吧？」你聞言笑了，點點頭，因為你也注意到了，雖然那名男子試著表現得婉轉一點，但他明顯就是決定要看哪部電影的人。然而朋友的觀察卻使你笑意全消：「她聽起來挺貼心，不過也很難纏，要拗到事情都照她的意思來。」

　　為什麼你和朋友明明聽到同一段對話，卻各自有完全相反的理解，加州大學洛杉磯分校社會心理學家雪莉・泰勒（Shelly Taylor）知道理由何在。問題就出在座位安排這樁小事上，你在你座的位置，看到的是那位女士的背部，她對面的男士則是以正面示人，而你朋友觀察的角度正好與你相反。泰勒與幾名同事做了一系列實驗，讓受測者觀察並聆聽幾段對話。為了平衡交談者之間的發言分量，這些對話內容都經過了審慎設計。有些受測者的觀察角度可以從看到交談者的背部和他對面的交談者，另一些受測者則是從側邊同時看到兩人的臉。所有受測者被要求依據聲調、內容與對話進行方向，判定哪一個交談者影響力更大。這系列實驗得到了一致的結果：交談者的臉部越明顯可見，就越會被視為事件的起因。

　　泰勒跟我說了一個滑稽、但頗具啟發性的故事，解釋她最初是如何開始相信這種誤把焦點視為原因的現象。一開始為研究設計對話情境時，她安排兩名研究助理排練一段對話，讓交談雙方都有同等的發言分量。排練時她先是站在一名助理後面，之後又走到另一名助理後面，結果，她是總想要批評當時正好面對著她的那個人主導對話。同樣情況重複發生了幾次之後，泰勒的兩名同事有些惱怒地阻止她。由於他們是從側邊觀察助理之間的對話，在他們看來並沒有任何一方有意主導對話。泰勒說她還沒開始著手整理任何研究調查數據，就已經知道這次的實驗成功了，因為光是實驗前的排練就已經產生預期結果，而且就發生在她自己身上。

　　無論研究人員如何嘗試，就是無法讓受測者不去假設臉部最明顯可見的人，就是在他們觀察的互動中，促使事件發生的原因。他們詫異地發現，這已經是一種無法動搖的自動反應，無論對話主題是否與受測者有切身關係，無論受測者是否被研究人員故意打擾分心，無論他們在對交談者做出決定之前是否被刻意拖延很長的時間，也無論受測者是否得和其他人交流討論自己的判斷。上述思維模式不僅男女受測者皆同，而且無論對話是親眼所見，還是看錄影帶，受測者的反應都一樣。26

　　我問起錄影帶的部分，泰勒回憶說，當初製作錄影帶是為了實驗控制。他們從多個不同攝影角度錄下同一段對話，以確保每次給受測者看的對話內容都是一模一樣的。即便是錄影的對話，也能造成受測者誤將注意力焦點當成事件發生的原因，在研究結果首度發表時，這並未被視為泰勒這份研究的重要發現。但現在情況不同了，某些互動的錄影，在現今經常被用來協助判斷重大犯罪的嫌犯是否無辜或有罪。這裡有必要暫時岔題，請各位稍微思考，所有高度發展的刑事司法系統中，一個令人害怕的構成要素：辦案警察從無辜嫌犯口中逼出自白的能力。

　　逼出不實自白之所以令人擔心，有兩個理由。第一個理由是社會性的，在任何文化中，不當的逼供，都會引發我們對於不公不義的憂慮。第二個理由則是個人化的，我們自己也有可能因為調查員耍手段而被迫承認沒犯的罪。雖然對多數人而言，第二種可能性的發生機率很低，但它說不定比想像中更接近事實。

　　無辜者不會被說服承認犯罪，尤其是重大犯罪，這個想法其實是錯的。這種事發生的頻率高到令人擔憂。儘管警方辦案取得的口供絕大部分是事實，而且有其他證據支持，但法律學者依舊發現了大量因為誘逼產生的不實自白。當然，這些不實自白之後還是可以被推翻，譬如透過具體的痕跡（DNA 或指紋樣本）、新取得的事證（文件資料指出事發當時嫌犯在犯罪現場的數百哩之外），甚至犯罪事件根本從未發生的證據（以為遭到謀殺的受害者，被發現人還活得好好的）。[27]

同樣這群法律學者還提出了一長串清單，列出解釋誘逼不實自白之所以發生的各項緣由，其中有兩項對我來說特別有說服力。身為普通公民，我對第一項緣由感同身受。假如當局請我到警察局協助釐清一個鄰居的可疑死亡，或許是某個我曾經發生爭執的鄰居，我會樂意配合，畢竟這是公民應盡的義務。倘若我在問訊的過程中，感覺到自己成了警方眼中的嫌疑犯，我可能還是會繼續接受調查而不會要求指派律師。既然我是無辜的，我有信心辦案警察可以聽出我說的都是實話，此外，我也不想表現出有意躲在律師身後的樣子，坐實了警方對我的懷疑。我要這些懷疑通通被排除，光明正大地完成這次問訊。28

　　身為嫌疑人，我傾向採取的做法，即配合協助警方，說服他們相信我並未涉入其中，這雖然可以理解，卻也可能因為第二個緣由而惹禍上身。對於不實自白發生的第二項緣由，我之所以感同身受，是因為我研究的就是社會影響力。當我決定靠自己完成整個問訊過程，我可能會讓自己暴露於一套審訊技巧之下。這套技巧是調查人員幾百年來在逼供上精益求精的心血結晶。有些技巧走邪門歪道，例如欺騙嫌疑人說找到了指紋證據或目擊證人，逼迫嫌疑人一再想像自己的犯行，或是透過剝奪睡眠和沒完沒了的持續審訊，讓嫌疑人變得意識模糊，已經有研究指出這些做法提高了不實自白出現的可能性。為這種審訊技巧辯護的人，會說這都是為了逼問出真相。然而，隨之發生的事實卻是，有時候他們只是逼問出後來證實是假的自白。
29

時年十八歲的彼得‧雷利（Peter Reilly），生命在 1973年某個晚上徹底被改變。他剛從當地教會的一個青年聚會返家，發現母親垂死在地板的血泊之中，雖然受到莫大驚嚇，他還是想到立刻打電話求救。然而，當救援抵達時，母親芭芭拉已經斷氣。驗屍發現她遭到凶殘謀殺，喉嚨被割開，三根肋骨斷裂，雙腿股骨都出現骨折。

　　彼得‧雷利身高五呎七吋，體重僅一百二十一磅，更別說身體、衣服或鞋子半滴血跡都沒有，實在不像是殺人凶手。然而，警方從發現他茫然地盯著母親陳屍房間的外頭看之後，就懷疑是他殺了自己的母親。他們住的康乃狄克州鎮上，有些居民會嘲笑芭芭拉的反傳統作風，也有許多人很不喜歡她這樣，形容她難以捉摸、反覆無常、好鬥、精神錯亂。她似乎很享受激怒任何她遇到的人，尤其是男人，她會貶低、對抗、挑戰對方。從任何方面來衡量，芭芭拉都是個很難相處的女人。所以警方懷疑彼得受夠了母親惹事生非，一時火大，失手殺了她，也並非全然沒道理。

　　無論在事發現場或後來被帶去審訊，彼得都放棄了要求律師在場的權利，以為只要他說的都是實話，警方就會相信，並且很快釋放他。這是嚴重的誤判，因為他在法律上和心理上，都沒準備好迎戰即將面對的勸誘逼供。在持續不斷的十六個鐘頭期間，他被四名警察輪番審訊，其中一個操作測謊機的警察告訴他說，測謊結果顯示是他殺了母親。這段審訊對白被記錄下來，顯示出操作測謊機的警員似乎已經認定事實：

彼得：那部機器真的可以讀通我的大腦？
操作員：當然。
彼得：一定是我殺的嗎？難道不會是別人？
操作員：不可能。測到的反應已經說是你了。

事實上，即使由專家來操作，測謊結果也遠遠稱不上可靠。正由於它們太不牢靠，美國許多州和其他國家的法庭已經禁止採用測謊作為呈堂證供。

負責領導這次調查的警員接著騙彼得說已經找到證明他有罪的具體證據，他還建議彼得想像，或許他真的做了這件事，只是自己不記得了：他怒火攻心，一時衝動，所以動手殺了母親，這個可怕的記憶被他掩埋起來。他和彼得的共同工作，就是「挖掘」彼得的潛意識，直到這個記憶浮現出來。

他們確實拚命挖了，用盡方法尋找記憶，直到彼得真的開始回想。一開始只是模糊的畫面，後來變得越來越生動，他割了母親的喉嚨，並狠踩她的身體。到訊問結束之際，這些想像在調查警員和彼得心中都成為了事實：

警員：你記得你用剃刀割了她的喉嚨。
彼得：很難說，我好像記得自己這樣做了。我是說，

> 　　我想像自己做了這件事，這畫面從我的腦子裡
> 　　冒出來。
>
> 警員：她的腿呢？看到的景象是什麼？你記得自己用
> 　　　力踩了她的腿嗎？
>
> 彼得：是你說的，然後我想像自己這樣做了。
>
> 警員：你不是在想像，我認為真相開始浮現了。你希
> 　　　望找出真相。
>
> 彼得：我知道……

　　對這些意象的反覆分析，彼得開始相信這些意象洩漏了他的犯行事實。調查警員逼迫他打破「心理阻礙」，雙方共同拼湊出想像中的謀殺過程。這些想像符合了彼得被強餵的捏造細節。最後，在這宗犯罪發生的二十四小時後，儘管許多詳情仍未確定，彼得‧雷利已經在手寫的自白書上簽名。這份自白書的內容相當接近調查警員建議的事件經過解釋，甚至他本人都相信了這些解釋。後來的案情發展則證明了自白書內容完全是胡謅。

　　當彼得隔天在監獄牢房裡醒來，極度疲勞與連續誘騙問訊轟炸消失後，他不再相信那份自白。但現在翻供要取信於人已經來不及了，對刑事司法系統的幾乎所有執法者來說，彼得罪證確鑿。一名法官駁回了排除證據的請求，理由是彼得的自白出於自願。警方也對於讓彼得入罪感到志得意滿，根本不再考慮其他可能嫌疑犯。檢察官將這份自白書當成辦案重點，陪審團的考量也有很大部分依賴這份自白書，最終判了他謀殺罪。

上述這群人並不相信，一個正常人會在沒有威脅、暴力或虐待的情況下，坦承沒犯下的罪，然而，他們全都錯了。兩年後，當負責的主任檢察官過世，其他人發現他的檔案裡，藏著事發當晚彼得的不在場證據，足可證明彼得的清白。這項發現使得檢察官不得不撤回起訴，取消所有罪名，彼得也終於從監獄獲得釋放。

　　有句老話說，自白有益於靈魂。但從刑事犯罪的角度來看，自白只有壞處。坦承犯行的人更有可能被控告、審判、定罪、處以嚴苛的懲罰。傑出美國法學家丹尼爾·韋伯斯特（Daniel Webster）在 1830 年就體認到：「自殺是逃離自白的唯一庇護，而自殺也是一種自白。」一個半世紀過後，美國聯邦最高法院大法官威廉·布瑞南（William Bernnan）在韋伯斯特的這項主張上，透過他對刑事司法系統的觀察做了擴充說明：「自白的引用，讓法庭上的其他呈堂證供變得多餘；無論目的為何，取得自白之後，真正的審訊才會展開。」

　　有令人齒冷的證據顯示，布瑞南說得沒錯。一份研究分析了一百二十五件羅織自白的案例，發現最初做了自白、但後來翻供並請求無罪開釋的嫌疑人當中，高達 81% 仍然被宣判有罪，儘管這些自白都是不實口供。彼得·雷利遭遇的命運，其實就跟大多數被說服承認無端罪名的無辜者一樣，這不免令我們理所當然地想到這個問題：我們為什麼要獨獨關注他的自白，而不多想想其他結局相同，而且曝光度更高、情況更悲慘的案例？譬如多個嫌疑人被指控共同犯下他們之中根本無人涉及的罪行？

在彼得被問訊、審判、定罪、繼而打訴訟戰期間，竟然無人深思這個問題。要等到二十年後，靠著有一搭沒一搭的低階售貨工作餬口的彼得，受邀擔任一場座談會的與談人，座談會的主題是不當取得自白的原因與後果。提出這個問題的也並非彼得本人，而是坐在彼得旁邊，有著尋常名字的亞瑟‧米勒（Arthur Miller），但他可不是路人亞瑟‧米勒，而是那位大名鼎鼎的亞瑟‧米勒，有些人認為他是美國最偉大的劇作家，寫過有些人認為是美國最偉大的戲劇《推銷員之死》（Death of a Salesman），以及（假如你覺得這還不夠厲害）和美國首屈一指的性感尤物瑪麗‧蓮夢露（Marilyn Monroe）有過五年婚姻的亞瑟‧米勒。

彼得向觀眾介紹這位他的主要支持者之後，亞瑟‧米勒解釋自己之所以出席這次座談會，是因為他長久以來一直很關心「自白這回事，無論在我的生命或我的戲劇」。1950 年代，美國正逢反共熱潮之際，米勒的幾個朋友被勒令出席國會委員會召開的聽證會，他們被迫回答精心設計過的問題，坦承自己與共產黨有連繫，也坦承知道娛樂界有共產黨員身分的幾個響亮名字。米勒由於未能回答主席提出的所有問題，遭到眾議院「非美活動調查委員會」的傳喚，並且被列入黑名單，不但得繳罰金，護照也被吊銷。

從米勒最常被演出的作品《熔爐》（*The Crucible*）中，我們可以了解自白在米勒劇作中扮演的角色。雖然故事背景設定為 1692 年的麻州小鎮塞林女巫審訊案，米勒刻意以此來比喻他在國會聽證會上所目睹別有用心的詰問方式。他後來了解到這套做法與彼得‧雷利的案子如出一轍。

　　米勒在這個與雷利共同出席的座談會上，只做了簡短評論。不過，座談會上另外提到了米勒與鄭念這位中國女士在紐約的相遇。1960 與 70 年代，中國正逢文化大革命，打算剷除資本主義的餘毒。當時鄭念受到嚴厲的審訊，對方企圖讓她承認自己是反共產主義分子和間諜。在鄭念終於離開監獄，重穫自由之後，她在母國看到了《熔爐》演出，對當中劇情感同身受到熱淚盈眶。她很肯定中國導演改寫了部分對白，好讓中國的觀眾更容易理解，因為劇中遭指控的角色被質疑的問題，「與我本人在文革時期被質疑的問題一模一樣。」她以為沒有任何美國人會知道這些特定用語、措詞和陳述方式。

　　然而，她十分錯愕地聽到米勒回答說，他是從 1692 年的塞林女巫審訊案紀錄中擷取這些問題，而且非美活動調查委員會的聽證會也是提出這一套問題。後來，由於相似得驚人的問題又發生在雷利案的審訊過程，米勒因而決定介入協助彼得的辯護。[30]

　　我們從米勒的故事中看到了令人驚心的暗示，某些出奇類似且有效的做法，經過長年的發展，能讓調查人員在任何地方、出於任何目的，從嫌疑人身上搾出認罪陳述，儘管有些嫌疑人根本是無辜的。認識到這一點，促使米勒與法律評論者建議所有涉及重罪的問訊都應該錄影存證，他們主張，如此一來，觀看錄影的人，包括檢察官、陪審團成員和法官，便可以自行評估自白是否透過不當手段取得。由於這個理由，將重大犯罪的偵訊過程錄影存證，已逐漸成為標準做法。

理論上來說，這個想法很好，只是實際執行上出現了一個問題：影片的拍攝角度，幾乎都是從調查人員的後方拍過去，直接看到嫌疑人的臉部正面。

自白究竟是嫌疑人出於自由意志而做，還或是調查人員透過不當手法取得，牽涉到因果關係的判斷，即誰是造成入罪陳述產生的人。我們從泰勒的實驗中看到，如果攝影機的拍攝角度是從一方的背部，拍向另一方的臉部正面，視覺上較明顯的那一方更容易遭受批判。我們也從社會心理學家丹尼爾·萊斯特（Daniel Lassiter）近期的實驗中得知，訊問期間，如果攝影機的角度正對嫌疑人，會讓觀察者更認定自白是出於嫌疑人的意志（因此罪嫌更大）。

就如同泰勒與同事的實驗結果，萊斯特和同事也發現這個結果幾乎不受外在干擾因素動搖。在後者的研究中，無論觀察者是男性或女性，身分是大學生或年齡四、五十歲，有資格參加陪審團的成年人，看過這些錄影影片一次或兩次，智識高深或淺顯，是否事先被告知攝影機角度可能會影響他們的客觀判斷，上述實驗結果絲毫不受改變。或許最令人不安的是，同樣的行為模式不僅表現在一般公民身上，就算受測者是執法人員或刑事法庭法官，實驗結果也都一樣。

沒有任何事物能改變攝影角度造成的偏見，除非我們乾脆直接改變攝影角度。當我們從側面錄下問訊與自白過程，讓嫌疑人與質詢者得到同等分量的注意力焦點，偏見就自動消失了。事實上，我們也可以扭轉偏見，讓觀察者看同一段問訊錄影，但是從嫌疑人的背部拍過去，看到調查人員的臉部正面。相較於從側面拍攝，這種拍法會讓調查人員看似在誘逼取供。這很顯然的，注意力焦點被看成是促成事件發生的原因。

有鑑於此，被請到警察局協助調查重大犯罪的無辜者（這個人說不定就是你）可能會面臨一個難題，配合調查與提供協助並沒有什麼不對，好市民都應該這麼做。但假如你感覺到問訊目的不是要從你身上取得訊息，而是要取得你的自白，那麼事情就比較複雜了。這種時候，辯護律師一般會建議停止接受問訊，並且要求律師在場。但選擇這樣做也有風險，停止接受問訊，可能會讓調查員無法從你身上得到有助於儘快破案的事實，也會讓你無法在當場就完全擺脫涉案嫌疑。

被懷疑涉入重大犯罪，會是一種可怕、極其難受、陰影揮之不去的經驗，要是表現出有所隱瞞的樣子，情況還可能拖延更久。然而，如果選擇繼續接受審訊般的詢問，也未必能免除風險，你可能會讓自己暴露於歷經數個世紀發展的套話技巧，只為從嫌疑人口中套出入罪的陳述，即使有時候嫌疑人根本是無辜的。我們很有理由擔心這一點，因為無論這些技巧運用在什麼地方，負責盤查的人都已經發現這是最能達到目的的手段。

假設你經過一番考慮之後，為了力表清白，你決定繼續接受問訊。這時候，如果你在誘逼之下做出了入罪陳述，有什麼方法能讓外界看出，你是在被欺騙或被壓迫的情況下，才做了不實自白？

方法是有的，根據泰勒與萊斯特教授的研究，我們可直接歸納出兩個步驟。首先，找到偵訊室裡的攝影機，通常位於警員身後的上方，然後移動你坐的椅子，將你的位置調整成攝影機可以平均拍到你和問訊者的臉。別讓「誤把注意力焦點當事件起因」這種心理效應，變成你在審判過程中的劣勢。否則按照法官布瑞南的說法，你的審判未走完就已經註定。[31]

順帶一提，倘若你發現自己處於上述情境，而你選擇停止接受訊問，並且要求律師在場，那麼，你該怎麼做才能讓警方降低對你涉案的懷疑？我有個建議：把帳算在我頭上吧。就說，雖然你很想全力配合調查，但你曾經看過一本書，這本書力勸你別太信任警方的偵訊，就算是無辜的人也得保持戒心。就這樣告訴警方吧，全都怪我。你甚至可以直接報出我的名字，反正警察還能怎麼辦，難不成捏造一個罪名逮捕我到警局，然後用盡手段炮製不實自白？他們無法將我定罪的，因為我會找到攝影機，並且給椅子換個位置。

　　一般人會誤把注意力焦點當成事件起因，指出這種心理傾向的證據，也能幫助我了解其他難以解釋的現象。舉例來說，領袖人物在團隊、群體與組織成敗中扮演的角色，往往被賦予高出實際的重要性。分析商業績效的專家將這個傾向命名為「領導力的浪漫想像」，並指出其他因素（勞動力品質、現行內部營運系統，以及市場情況）對於企業盈利的影響力，大過執行長的作為。然而，我們還是把公司營運成果的責任，不成比例地歸諸於領導人。就連在工資相對較高的美國，也有一份調查分析指出大企業的員工平均薪資，只有執行長酬勞的0.5％。假如經濟或社會公平理由都無法合理解釋如此巨大的落差，那麼我們或許可以從其他層面來解釋：站在頂端的那個人太顯眼，在我們心目中占太多分量，因此在事件進行過程中扮演推動角色也被看得過重。[32]

──────

　　總結來說，顯著的事物會被看得過於重要，而注意力焦點會被視為事件的起因，因此，如果溝通者能夠將受眾的注意力引導至預先挑選過的訊息，遊說時便可取得極大優勢。受眾在考慮這些訊息之前，就已經先有了考慮的意願。實際上來說，被引導的注意力可以讓受眾在被遊說之前就敞開心胸，願意思考溝通者想傳達的訊息，這可說是每個遊說者的夢想，畢竟遊說者最大的挑戰並非提供價值，而是說服對方投入有限的時間與精力來斟酌這些價值。如果能讓對方認為這件事很重要，或認定其中有因果關係，我們就能夠降低挑戰。

倘若引導注意力確實能夠為遊說者提供鋪梗效果，那麼，接下來的問題是：在傳遞的訊息中，有哪些特性可以為溝通者省掉吸引聽眾注意的力氣，因為這些特性本身就能自動讓人豎起耳朵？

CHAPTER 5
注意力的操控者（一）：
吸引元素

　　當我還在四處推銷《影響力》這本書時，我將初稿寄給幾家可能合作的出版商，當時暫定的書名是《影響力的武器》。一名編輯打電話來說他們公司有興趣出版這本書，但有個重要地方必須修改。為了確保瀏覽書架的讀者會產生興趣，拿起這本書，他建議書名改成「社會誘惑的武器」。他指出：「這樣的話，他們一看就會聯想到性與暴力。」

　　雖然我沒接受他的建議，但我明白這套邏輯，有些線索會攫取我們的注意，而其中最有力的則攸關我們的生存。性與暴力的刺激因素就是最顯著的例子，它們關係到生殖繁衍與避免傷害，這兩者正是人類的基本動機，實際上涉及了生存與死亡。

吸引元素 1——性

明顯的性刺激，可以將人類的注意力從其他事物（有時候是所有其他事物）轉移。這已經不是什麼祕密，小說家、劇作家、電影腳本作家都知道，也運用在他們筆下的主要情節中。我們不妨想想弗拉基米爾・納博科夫（Vladimir Nabokov）的小說《蘿莉塔》（*Lolita*）、田納西・威廉斯（Tennessee Williams）的劇作《欲望街車》（*A Streetcar Named Desire*），以及史蒂芬・索德柏（Steven Soderbergh）的電影《舞棍俱樂部》（*Magic Mike*）。廣告商和行銷人員也深諳此道，並運用在他們的廣告之中。明白這一點的還有行為科學家，他們甚至揭示了在事物之中偷偷置入性聯想，並且讓它直接發揮作用有多麼容易。

來看看一個在法國進行的小規模研究吧。研究人員安排一名頗具魅力的十九歲女性，走向兩組隨機挑選的獨行中年男子，請求他們提供帶有危險性質的協助。她指著四個年輕流氓，說他們搶了她的手機：「你能幫我拿回來嗎？」要一名男性在這種情況下單槍匹馬涉入其中，他的不情願是可以理解。他並不認識這位小姐，而且以一擋四根本沒勝算。確實，在其中一組受測者中，僅 20％的受測者回應了這名女性的要求。然而，另外一組受測者中，有將近兩倍的受測者依照要求挺身而出，介入這起衝突。

這兩組受測者之間究竟有何差異？所有受測者在遇到這位小姐的幾分鐘之前，都曾經被問路。有些被詢問馬丁街怎麼走，有些則是被問到華倫泰街（Valentine Street）。被問及華倫泰街的受測者，在後來的實驗中表現得更為勇敢。根據研究人員的看法（他們從更早先的研究中蒐集到證據），問及華倫泰街使這些男性聯想到一個與情欲有關的節日：情人節（Valentine's Day）。「華倫泰」這個字眼的性連結，勾動了他們的英勇精神，促使他們甘冒風險以贏得一名天真少女的青睞。

中年男子竟然如此容易因為性刺激就去幹傻事，實驗結果還挺令人大開眼界，不過，同樣結果也指出了一個頗具啟發意義的複雜性：光是由年輕女性請求幫忙拿回手機，還不足以吸引受測者做出正面回應，有些重要因素得預先布置好。這些男性得先接觸到有性連結的概念，例如情人節，才能促使他們採取行動。我們得有個開場，讓他們在遇到年輕女性求援之前，就已經傾向於接受請求。簡單來說，就是需要先鋪梗。

腹股溝之間的這些事，牽連到的複雜性還不止於此。統計數據顯示，在廣告中加入性元素鐵定能增加銷售的想法，其實是個錯誤觀念。《廣告時代》（*Advertising Age*）列出的二十世紀百大廣告中，只有八個在文案或畫面中採用性元素。為什麼這麼少？雖然我們對性內容的回應可能很強烈，但並非無條件的。利用性來銷售產品，只有在我們購買目的與性相關的商品時才管用，化妝品（唇膏、染髮劑）、體香劑（香水、古龍水），以及貼合身形的衣物（牛仔褲，泳裝）皆屬於這一類。軟性飲料、洗衣精，以及廚房用品則不屬這一類，雖然有時候一些搞不清楚狀況的廣告商會如此瞎搞。

我們可以從中學到一課，而且適用範疇不限於廣告：在任何情況下，我們比較有可能注意，並且受影響的，是符合我們當下目標的刺激物。就以性刺激來說，研究發現，受到性刺激的異性戀男女，會花比較多時間凝視特別有魅力的異性照片。這樣的傾向看似自然，沒有值得一提之處，真正令人驚訝的是，這種傾向只會出現於受測者在兩性市場獵艷求愛時。不打算尋求新伴侶的人，凝視容貌出眾者與凝視常人的照片並沒有時間上的差異。這個研究結果再度顯示了，光憑外表吸引力，還不足以迷惑操縱人心，必須先有個鋪排才能促成事件發生，以上述例子來說，我們得先要有想找新伴侶的目標。一個人當下的戀愛或獵艷目標，與這個人是否傾向於關注有魅力的人，兩者之間有著密不可分的關連。

說個題外話，上述關連或許也可以用於評估現有關係是否能持續。這個方法很少人會想到，在一份研究中，調查人員詢問有交往對象的大學生一套標準問題，藉此預測他們與交往對象之間關係的穩定性。這些問題包括他們有多愛對方、他們對目前關係的滿意程度、他們希望這段關係維持多久等等；除此之外，這份研究還向受測者提出了一些涉及注意力因素的問題，例如他們有多大程度注意到容貌出色的異性，並且因此而分心。調查完成的兩個月後，研究人員再度連絡那些參與調查的大學生，詢問他們的交往關係是否仍然持續，抑或已經結束。值得注意的是，最能預測分手的指標，並不是兩個月前他們有多愛對方、當時對這段關係有多麼滿意，甚至也不是他們希望這段關係能維持多久，而是他們當時有多大程度意識到、並且關注身邊的帥哥辣妹。

有了上述的研究發現，配偶眼睛亂瞟被抓包時，就不能再用這個老套藉口自我辯護了：「只是看看有什麼關係。」這種習慣可能會在未來造成傷害。當我們處於一段關係中，我們應該敏銳意識到伴侶（或自己）是否越來越注意周遭具有吸引力的對象，因為這或許是雙方關係陷入危機的早期徵兆。[33]

吸引元素 2——威脅

暴力涉及生存威脅，所以向來能夠吸引人類的注意。證據俯拾皆是，從我們會忍不住盯著車禍現場看、恐怖電腦遊戲熱賣，到高票房的暴力電影，從「狂射」，逐漸變成更血腥的「狂炸」、「狂砍」。對可能造成威脅的刺激因素格外注意，這種傾向似乎打從嬰兒時期就跟著我們，而且還經常促使我們做出很傻（確實是被嚇傻）的舉止。

舉例來說，「恐懼風險」（dread risks）讓人們為了規避可能受到的傷害，反而做出更冒險的舉動，只因為當下剛好注意到某些可能會有風險的事物，因此而產生了恐懼。2001年 9 月 11 日爆發連串恐怖攻擊事件，四架民航機同時被蓋達組織分子劫機，做自殺式攻擊。此時，媒體對九一一事件的相關報導達到了高峰。這讓原本打算做長途飛行的成千上萬美國人，決定捨棄令人害怕的飛航，轉而走地面道路，然而，高速公路的事故死亡率要比搭飛機高許多，選擇後者其實是更值得擔憂的。統計數據指出，許多人改走地面道路造成的直接結果是：約一千六百個美國人在交通事故中喪命，為隔年唯一一件美國民航機墜毀事故致死人數的六倍。

當然了，造成大量乘客從飛航改走地面道路的原因，也可能不是出自恐懼風險的心理效應，而是因為機場強化安檢造成的日益不便。不過，一份研究報告指出上述說法應該無法成立，因為 2005 年 7 月倫敦地鐵發生了列車爆炸事件，雖然當局事後並未採取增加不便的安檢措施，但搭乘地鐵的人數還是減少了，當地人開始購買自行車來代步。一般來說，在倫敦市騎自行車其實比搭地鐵更危險，所以事發後的幾個月內交通事故導致的傷害暴增，多了好幾百件自行車造成的意外。恐懼風險反而招致風險，我們確實應該對恐懼風險這個心理效應戒慎恐懼。[34]

顯然，某些種類商品的行銷人員，從家用火災自動警報設備、電腦備份方案到芳香劑，都會在廣告裡塞滿恐嚇訊息，以

攫取我們的注意力。這類訊息的有效性，大多來自於溝通者為了引導我們遠離不健康生活型態而傳達的內容。一般來說，把不健康習慣造成的後果呈現得最驚悚的溝通內容，說服效果勝過內容溫和或呈現好習慣所帶來的正面影響。此外，恐懼刺激越鮮明，越能夠吸引注意力，效果就越好。已經有十幾個國家在香菸盒印了面積不小且怵目驚心的影像和警語，一方面足以說服非吸菸者抗拒香菸，另一方面也確實讓更多吸菸者決心戒菸。

不過，有一種恐懼訊息最能夠改變吸菸行為，弔詭的是，這種訊息發揮效果的方式是降低它所造成的恐懼感。這可是不小的好處，因為如果對吸菸造成的最壞情況，也就是肺癌（或糖尿病、或高血壓）太過恐懼，有些人就可能就會認為自己不會遇到這些倒楣事。「管他的。」癮君子可能會說：「我外祖父抽菸抽了一輩子，還活到八十歲呢。說不定我身上也有很強的抗癌基因。」其他人可能會用路數各異、但同樣荒謬的錯誤認知來安撫被激發的焦慮。剛開始抽菸的年輕人最愛用的一招，就是假設當他們承受吞雲吐霧招致的疾病時，醫學已經進展到能有效治療，而且就醫方便。

溝通者要拿出什麼說服法寶，才能夠讓受眾深深憂慮壞習慣造成的惡果，同時又不至於為了壓抑被激發的恐懼，乾脆否認問題的存在？其實，只要清晰地告知受眾他們可以採取哪些有效可行的步驟來改變威脅健康的習慣，多加上這則撫平人心的訊息就行了。如此一來，我們就不會靠自欺來因應恐懼感，而是靠這些能帶來真正改變的機會。

我們不妨來看看一個荷蘭研究團隊是如何扭轉個人行為吧。受測者在經過幾項檢驗之後，被告知他們有低血糖症（血液中的葡萄糖濃度異常偏低，又稱為慢性低血糖），有時候可能會產生嚴重後果，譬如器官衰竭、痙攣和抑鬱症。聽完這些令人警鈴大作的消息後，他們又被告知有個工作坊可以協助他們改善飲食，進而減少罹患疾病的機會。絕大多數的受測者會查詢這個健康飲食工作坊的進一步資訊，報名參加這個工作坊的機率，比起健康狀態類似、但得到的警告較為溫和的人高出了四倍。這是因為他們相信工作坊有益於他們的健康，他們透過這個新的信念來處理他們的焦慮，而非否認問題的存在。

公共衛生溝通者若要傳達真確但可怕的事實，最好的方式是暫時按兵不動，直到支援系統，包括具體計畫、工作坊、網站和求助熱線都到位之後，再將相關資訊整合至他們的溝通內容。35

━━━━━━

整體而言，雖然性與威脅元素通常頗為管用，但它們的效果並非直接或一致不變的。明白了其中的複雜性，我們就可以了解，運用這類刺激在某些說服情境下成效卓越，但在其他情境則會招來反效果。當我和研究團隊成員思考這件事的時候，我們發現，廣告商經常忽略了這些複雜性，結果花大錢推出弄巧成拙、損及產品銷售的宣傳活動。

研究團隊的一位成員維列德・格里斯克維西斯（Vlad Griskevicius）力薦我們採用一個革命性觀點，我們才了解到，當人類身處威脅性環境，會很快就發展出歸屬於一個團體的強烈傾向（人多勢眾帶來了安全與力量），並且亟欲避免分離（落單會被掠食者或敵人盯上）。然而，若情境變成求偶，上述傾向就顛倒過來了，這時候當事人寧願與群體保持距離，好讓自己成為最突出的戀愛伴侶選擇。

我們也了解到，融入群體與突出自我這兩個完全相反的動機，恰恰勾勒出兩個經年不衰的廣告訴求。一個訴求屬於「別落單」類別，敦促我們加入多數人的隊伍。另一個訴求則屬於「不流俗」類別，敦促我們遠離人多的地方。廣告商應該從中選擇哪一類，才比較容易打動潛在顧客的心呢？我們的分析結論是，若觀眾接觸到的是威脅元素，譬如正在電視上看一部暴力電影，那麼廣告商就應該選擇「別落單」訊息，因為心思投注在威脅上的人會想要加入群體。倘若觀眾在電視上看的是浪漫文藝片，廣告商還傳遞上述訊息就做錯了，因為陷入愛欲的人會想要遠離群體。

我們透過實驗測試了上述想法，結果令我驚訝不已。我們製作了一支廣告，強調舊金山現代藝術博物館的高人氣（每年參觀人數超過百萬）。結果這則廣告在剛剛看過暴力電影的觀眾之間得到了高度好感，在剛剛看過浪漫電影的觀眾之間則發揮不了吸引力。我們也製作了另一支略有不同的廣告，改為強調博物館的獨特性，而非參觀人數（從人群中脫穎而出），得到的效果與前一則廣告全然相反，剛剛看過浪漫電影的人對這則廣告格外買單，剛剛看過暴力電影的人對它則格外無感。

儘管研究數據看似複雜，若我們透過本書的核心主張來看，道理也可以變得很簡單：遊說訊息的有效性，會受到遊說之前如何鋪梗莫大的影響。倘若我們預先鋪梗，讓對方的心理處於警覺狀態，那麼從眾訴求就會因為他們渴望安全而吸引力上升，獨樹一幟訴求的吸引力則相對下滑。假如我們的鋪梗是讓對方產生愛欲，那麼驅策他們的將是脫穎而出的渴望，與上述相反的結果也會隨之發生。

━━━━━━

幾乎所有電視台與廣播電台都會有個負責「交通」（traffic）的人，他們的職責可能和你想的不一樣，你以為他們的工作是播報當地路況、汽機車事故和道路封閉訊息，但其實他們身負重任，他們得安排廣告破口的位置，好讓同一則廣告妥善出現在一天的多個時段，而且播出的時間點不能太接近競爭對手的廣告。

做廣告這一行的人都知道，假如編表人員在福特小貨車廣告的後面，緊接著播出豐田小貨車的廣告，這種「交通管理」可是犯了彌天大罪，將招來廣告主的激烈抱怨，因為他們明白這種錯誤模糊了廣告訊息，根本是白白浪費宣傳預算。不過我敢肯定，目前還沒有任何廣告主察覺到另一種可能帶來更多金錢利益的廣告編排方式。這種方式體認到媒體節目內容，譬如受歡迎的電視秀，不僅能讓觀眾接觸到伴隨節目而出現的廣告訊息，還可以發揮鋪梗效果，提高觀眾對於特定類型廣告訊息的接受意願。

舉例來說，假如福特公司的媒體購買人員，打算買時段播廣告，促銷福特 F-150 小貨車，並將它捧為「過去三十九年來全美最暢銷車款」（就如同某些廣告），他們絕對不會想到以警匪片、恐怖電影和新聞節目的時段為優先考量，也不會刻意避開浪漫喜劇和愛情故事的時段。相反的，我敢打賭，倘若他們打算購買 F-150 小貨車的廣告時段，並主打獨特的 FX 外型套件以鼓動買家「準備好脫穎而出！」（如同某些其他廣告），他們也絕對不會考慮以浪漫喜劇和愛情故事為優先時段。對福特公司來說，這真是太遺憾了。[36]

吸引元素 3——來點不一樣的

我們一旦留意到周遭的某個改變，就會立刻投注注意力。不過，人類並非唯一有這種反應的，整個動物王國都是如此。這種反應是如此基本，影響力甚至凌駕心理科學史上一群最知名的動物所表現出來的最知名行為模式：巴夫洛夫的狗。

任何上過心理學課程的人都知道這個故事的梗概。傑出俄羅斯科學家伊凡・巴夫洛夫（Ivan Pavlov）讓一群狗對特定事物，譬如搖鈴的聲音，產生流口水的反應。為了讓他的方法奏效，巴夫洛夫反覆地搖鈴，然後立即拿出食物，沒多久，這群狗聽到鈴聲就會開始流口水，即便並沒有出現食物。然而，幾乎沒有任何心理學課程的學生知道完整的故事始末，因為知道的心理學教授其實也不多。

經過多次測試，巴夫洛夫相信他的重大發現「古典制約」是可信而且有力的，於是他打算展示給其他人看。然而，當訪客來到他的研究機構，想看他展示時，他的試驗結果往往以失敗收場。他的助理也在實驗室制約了一隻狗，並且邀請巴夫洛夫前去看試驗結果，那名助理也失敗了，那隻狗多半時候根本沒反應，搞得助理垂頭喪氣，他的老闆也大惑不解。

最後巴夫洛夫終於想明白，有個理由能夠解釋他和助理的展示為何都以失敗收場：當狗進入一個新空間，他和訪客成了新的刺激因素。狗的注意力因此從鈴聲與食物轉移，被導向實驗室中的環境改變。雖然巴夫洛夫並非第一個注意到這類情境的科學家，但他體認到這種反應的背後目的，並稱之為「偵查反射」（investigatory reflex）。他了解到任何動物為了生存，都必須敏銳察覺環境的立即變化，探查並評估這些變化可能帶來的危險或機會。由於這種反射作用力量強大，它的影響凌駕了所有其他機能運作。

環境中的快速變化對人類注意力所造成的強大影響，就出現在困擾所有人的日常生活事件中。你從一個房間走向另一個房間，打算做某件事，然而，當你進到房間後，卻想不起自己為什麼要來這裡。在你咒罵自己的記性之前，不妨考慮另一個（有科學文獻紀錄）的可能理由：一走出門口就忘記，是因為周遭環境突然改變，將你的注意力引導至新的情境中，離開了原先的目的。你對這個目的的記憶也因此受到影響。我喜歡這項研究發現，因為這為我自己的健忘提供了一個令人寬心的解釋。現在我可以對自己說：「別擔心，問題不是你，而是那道該死的門。」

巴夫洛夫提出描述的一百多年後，身體對改變所產生的反應已經不再稱為「反射」，而是「定向反應」，相關的啟發性研究也已經汗牛充棟。此外，身體反應的範圍超過了巴夫洛夫所想，不限於感官，而是涉及到各種身體調節，包括呼吸、血液流動、皮膚水分，以及心跳速率。最近，科學界開始對大腦內的反應產生興趣。腦內有一種被稱為「O 波」（定向波）的電流活動模式，活躍於與評估相關的腦區。神經科學家在人體接上腦部造影儀器，然後控制 O 波的活躍程度，透過這種方式辨識出最能造成注意力轉移的刺激因素。而其中一類與改變相關的因素尤其值得我們思考，因為它為影響力的心理學帶來了耐人尋味的觀察。[37]

我曾經在南加州大學安娜堡傳播與新聞學院擔任過一年客座教授，那時候我想學習大眾媒體如何運用說服力，我選擇安娜堡的一個主要原因，除了師資優秀之外，其實是看中了該校的學生背景。許多前來入學深造的人，先前已經有了在廣播電視或動畫產業的工作經驗，所以我認為，想要知道如何透過大眾媒體來進行有效溝通，他們將會是寶貴的資訊來源。有位女士曾經製作過成功的廣告與紀錄片，她對於這項主題便貢獻了非常有啟發性的見解。

　　她說無論是製作廣告或紀錄片，一個意在說服的製作人、編劇或導演，必須以鏡頭和切換作為主要考量，其餘的都只是在這些基本要素上做些變化或調整。我記得當時自己是這麼想的：「鏡頭當然要細心安排，畢竟它提供了訊息的內容，這道理太明顯了。不過，她給切換同等分量的重要性，而切換只不過是轉移內容的切入角度，這對我來說倒是挺新鮮，是個不一樣的觀點。」這個不同之處激起了我的興趣。

　　當我問起她說的這些話時，她給了一個頗符合為說服而鋪梗的解釋：「切換鏡頭可以把大家的注意力轉移到你真正希望得到注意的訊息內容。」換句話說，切換對於說服成功之所以重要，是因為我們可以透過切換，將遊說者認為最具說服力的訊息特性放在聚光燈下，做法就是把鏡頭轉移到這項特性上。這樣的切換可以激發觀眾大腦的定向反應，在他們有實際體驗之前，就對這項特性產生回應。

　　我注意到，其他的廣告商或電影製作人，儘管是身為創造感受時刻的人，似乎都還未學會將上述見解系統性地應用在作品中。已經有研究證實，多年來電視廣告中的場景變換頻率增加超過了 50％，然而，廣告商卻是不分內容，為了切換而切換，並非明智地運用鏡頭切換，將注意力引導至廣告中最重要的面向。可想而知，觀眾最後會看不懂這則廣告想表達什麼，而且對於自己的注意力被任意拋來甩去感到惱怒。就算那些有著大量剪輯的電視廣告確實吸引了更多注目，但觀眾對於廣告所要傳達的主張卻不會印象深刻，廣告的說服力也會降低許多。要了解原因不難，觀眾的注意力沒被鎖定在廣告中最有利的部分，反而被分散在無論是否要緊的地方。這對所有牽扯其中的人來說，都是一種痛苦的凌虐。38

———

當然了，迥異於廣播媒體，還有許多其他溝通管道是以最終成品、不會變化的形式來呈現遊說訊息，譬如報紙、雜誌、書籍、傳單、窗戶招牌、告示板、電子郵件等。它們無法運用切換來策略性吸引、引導受眾的注意力。為了充分利用變化帶來的吸引力，遊說者在運用上述溝通管道時，通常會訴諸一個比較傳統的手段。他們會引進新奇元素，也就是看起來與眾不同（一般人不熟悉、有原創性或有驚喜感）的事物，這類事物對於吸引注意力也是很管用的。確實，任何遊說者用來與競爭對手做出區隔的方法，都可以產生這樣的效果。只要受矚目的事物是有價值的，它的吸引力就可能超越價值相仿、甚至價值更高的對手。有份新研究勾勒出了那些吸睛效果令人艷羨的事物是如何透過前所未見的方式來創造差異。

在本書第三章，我們已經知道行銷人員如何將我們的注意力選擇性地引導至他們的產品價值上：他們會給我們一份問卷調查，請我們評估他們提供的商品或服務的品質，但不要求我們也對競爭對手做同樣評估。要達到同樣目的，他們還可以有更細膩的做法。在西北大學做的一份研究調查中，研究人員提供了兩組沙發的產品資訊給線上受測者，其中一組命名為「白日夢」，另一組則命名為「太陽神」。這兩組沙發由不同公司製造，各方面的條件都差不多，除了座墊部分，「白日夢」的座墊較軟、較舒服，但耐用程度不如「太陽神」。

　　進行一對一比較時，偏好「太陽神」結實座墊的潛在顧客，人數超過偏好「白日夢」柔軟座墊的顧客，比率各為 58％、42％。後來研究人員將同樣資訊提供給另一批線上受測者，但這回增加了另外三款沙發的產品資訊，新增的三款沙發都不算強勁競爭對手，在許多方面表現欠佳，但它們都跟「太陽神」一樣，座墊屬於經久耐用型。結果在這批受測者的比較當中，「白日夢」竟然成為最受歡迎的款式，而且還贏得了 77％的支持度。

　　這項發現跌破了眾人眼鏡。你可能會以為，增加競爭選項應該會降低、而非提高「白日夢」被選中的機率。再說，「太陽神」仍然是選項之一，而且所有優點也都還存在。為什麼增加沙發款式選項，會讓受測者頓時急轉彎，變成偏好「白日夢」？在針對同樣主題進行多次研究調查之後，研究人員終於敢肯定原因何在：增加另外三款座墊耐用的沙發，使得「白日夢」的柔軟舒適特質突出於其他四款沙發之上，而我們已經知道，獨特性能夠轉移注意力。在這個例子中，沙發的舒適性成為與眾不同的元素，在受測者內心創造出更高的重要性。

　　遺憾的是，即便是像這樣的寶貴發現，絕大多數關於說服的科學研究數據，都尚未被遊說者善加利用。[39、40]

CHAPTER　6
注意力的操控者（二）：
黏著元素

　　除了將受眾的注意力引導至特定刺激物，能夠為你的主張更添說服效果，把注意力留住也會帶來莫大好處。溝通者如果可以將受眾的關注焦點，黏著在說服內容中對自己有利的部分，就比較不會遭遇反對意見，以至於對方後來根本不想再理會。

　　確實，有些特定類型的訊息，事實上是可以吸引受眾注意，同時又能留住他們的注意力。例如和自己有關的訊息，就有可能一箭中的。不信的話，建議你試試在朋友身上做個小實驗。先用數位相機拍張團體照，然後把相機傳給大家輪流看那張照片。這時候，仔細觀察他們在把相機傳給下一個人之前，是如何端詳那張照片的。假如你的朋友們，跟我的朋友、或是我本人一樣，會最先看照片中的自己，而且看得最久，甚至在傳給下一個人之前還要再看最後一眼。

黏著元素 1──和自己有關的

　　毫無疑問，和自己有關的訊息，對於受眾的注意力有超強黏著性。為發揮社會影響力所做的鋪梗，和自己有關的訊息衍生出來的效果不可小覷。在個人健康領域，受眾收到和自己有關的訊息，這些訊息是特別為他們量身打造（例如考量到受眾的年齡、性別或就醫紀錄），所以他們也比較可能會感興趣並慎重看待，進而記住這項訊息，納入未來考量。受眾對這些訊息的回應增強了溝通效果，而這樣的效果也將反映在減重、建立運動習慣、戒菸，以及癌症篩檢。持續不斷興起的大規模電子化資料庫、數位化病歷，以及智慧型手機等個人化連繫設備，使得個人化訊息的訂製與傳輸逐漸變成可能，而且成本低廉。純粹從成效的角度來看，任何健康照護溝通者如果還沒開始徹底研究上述工具的潛力所在，都應該感到慚愧才對。

　　這樣的注意力聚焦效果也可發揮在廣告訴求中。假設你是溝通顧問，客戶請你協助行銷一款新推出的腋下止汗劑，銷售對象則是參加全國運動汽車競賽協會的老爸們。我們再假設，這項產品有堅實的科學證據，直指其效果優越，製造商的廣告代理公司也打算在即將推出的廣告中強調這一點。然而，廣告商不確定要先說什麼來吸引觀眾注意，好讓他們留心看完整支廣告和產品效果說明。這就是他們為什麼聘請你，希望你能針對廣告文案一開始應該說些什麼提供寶貴意見。他們的文案是這樣開場的：

這些年來，大家或許已經相信止汗劑不會改良得更好。他們說不定也接受了熱天和努力工作在衣服上留下的醜陋汗漬。但他們不必再忍受這一切了。

有哪些遣詞用字的小更動，可以提高商品宣傳大獲成功的機率，讓廣告商歡天喜地，而你的影響力魔法師招牌被擦得更閃亮？那就是把開場白中外在化的「大家」和「他們」，改成個人化的代名詞「你」。根據俄亥俄州立大學做的一份類似研究，這個小更動可以大幅提升觀眾對產品的好感。當然了，和自己有關的提示只能吸引注意力，並不保證對方會自動點頭認可你的訊息，廣告接下來必須要有說服力夠強的內容，如此一來，把代名詞改成「你」，才能產生優於原文案的效果。俄亥俄州立大學的這份研究也指出，倘若接下來的廣告內容，對於產品的使用效果僅提供薄弱的證據，那麼將開場白的代名詞改成「你」，只會讓注意力被吸引的觀眾更不喜歡這項產品。

假如你已經備妥有力的說詞，那麼關於鋪梗，還有一招開場方式值得派上用場：只要在受眾看到或聽到重頭戲之前，先把和自己有關的提示（譬如「你」這個字）放到他們面前，就有助於讓他們深入思考你要傳達的內容。41

和自己有關的提示掌握了受眾的注意力焦點，還可以在另一種場景中發揮成功說服的作用：即在公開論壇，與其他參與者一同表達觀點的場合。至於這方面，我在事業發展的初期就學到了深刻教訓。當時我獲邀在一場大企業贊助的國際會議介紹我的研究，我心裡忐忑不安，畢竟我幾乎沒有向商業界聽眾演說的經驗，更別提那次的與會者來自世界各地。而且更令人焦慮的是，我得知在我發表演說之前，會先有串場的藝術表演，由知名舞蹈家愛德華・維雷拉（Edward Villella）演出喬治・巴蘭欽（George Balanchine）與伊戈爾・史特拉文斯基（Igor Stravinsky）合力創作的芭蕾舞傑作《阿波羅》（Apollo）當中的一幕。那次的演說有兩個令人失望之處，上述順序安排正是原因之一。第一個失望是可以預期的，藝術表演讓觀眾心醉神迷，這可是名編舞家巴蘭欽，這可是名音樂家史特拉文斯基，這可是名舞蹈家維雷拉，這可是芭蕾舞經典《阿波羅》呢。我的演說接在這場表演後面，相較之下自然是平淡乏味了。

第二個失望之處則超出了我的預期。儘管表演進行時我就坐在前排，卻完全沒欣賞到。我完全錯過了表演，而且我知道原因何在，我的注意力都放在自己身上和即將上場的演說，滿腦子想著如何遣詞用字、切換段落、適時地暫停與強調重點。我到現在還一直後悔著沒欣賞到這場表演，那可是巴蘭欽和史特拉文斯基呢。我成了行為科學家所謂「輪流發言效應」的受害者。不過，我後來想出了避免這種效應發生的方法，甚至套用到自己身上，你應該也可以依樣畫葫蘆。

比方說，為了解決招聘問題，公司決定召開會議，由於你想出了一套很棒的計畫，你很期待出席。假設這場會議的與會人員經常一起開會，大家對彼此和會議的形式都很熟悉了，會議上，每個與會者會依照座位，輪流提出初步主張與建議。你注意到，經理艾歷克斯也是輪流發言的與會者之一，而這位經理向來在會議中最能發揮影響力，通常是決定團隊最終解決方案的人。所以，該採取怎樣的策略來參與即將進行的會議，此刻就很清楚了：細心擬妥你的初步主張與建議，開會時就坐到艾歷克斯的旁邊，好讓他能夠聽清楚你說的每句話。

　　然而，這種做法是錯的。無論你是排在他之前或之後發表初步主張與建議，基於「輪流發言效應」，艾歷克斯很難好好思索你提出的解決方案，無論這項方案有多麼優越。倘若你的發表順序在他前一位，他很可能會錯過你提出的細節，因為他滿腦子想的都是輪到自己時要說什麼。假如你的發表順序在他後一位，他還是可能會錯過你提出的細節，因為他仍在默默反芻自己剛才說過的話。我在上述的國際會議中，也遭遇過同樣的經驗。在那個條件落居下風的時刻，我由於太全神貫注在自己身上，以至於無法享受到那個時刻的美好。[42]

　　我們該怎麼做才能游刃有餘地參與會議進行，表現得更勝過原先反應造成的結果？我會建議，除了「輪流發言效應」，也將第4章提到的「誤把注意力焦點當成事件起因」的效應納入考量。你選擇的座位，應該在艾歷克斯對面，讓他的發表和你的發表之間有段時間差距，這樣他才能充分聽進你的發言，而且由於這個位置能夠讓凸顯你在他眼中的存在，他會清楚看到這個優越的解決方案提議，完全出自於你的真知灼見。當然了，假如你根本沒想出值得一誇的解決辦法，你就大膽坐到他旁邊，反正他整個人正沉浸在自己的思考泡泡中，不太可能會注意到你沒提出好辦法的事實。

雖然和受眾有關的提示，有充分的理由可以被視為注意力的超級黏著元素，但另一類訊息其實也有這種磁吸作用，只是比較少人體認到它的能耐。要清楚解釋這類訊息，我們得先循著心理學歷史，來趟與食物有關的小旅行，前往 1920 年代中期的一家德國露天啤酒屋。

黏著元素 2──未完成的

舉世公認的現代社會心理學之父柯特‧勒溫（Kurt Lewin），在移民美國前曾於柏林大學任教十年，這位倡議女性接受高等教育的先鋒，也確實在這塊學術領域培育出了多位聲名卓著的女性後進，包括一名天分洋溢的立陶宛女子，布魯瑪‧蔡格尼（Bluma Zeigarnik）。蔡格尼和其他幾名學生與研究助理一樣，定期與勒溫在當地一家露天啤酒屋會面、討論各種想法。某個傍晚，他們的討論主題落到了一個資深侍者的天賦異稟。他可以在一大桌客人點菜時，當場就記住哪些人點了什麼食物或飲料，完全不需要寫下來，而且也從來不會送錯。這群大學生與研究助理討論到某個程度後，勒溫與蔡格尼想出了一個計畫，打算探索人類記憶力的極限。當這名侍者把他們點的菜全部送上之後（再次地毫無差錯），他們把盤子與杯子遮起來，然後請這名侍者返回他們這一桌，並且問他是否還記得他們點了什麼。但此時這名侍者已經完全想不起來，甚至連用猜的都差得很遠。

為什麼會有這種差別？當然，距離他們最初點菜時，確實已經過了一段時間，但這段時間也只是夠他們用餐巾紙蓋住餐盤和玻璃杯，侍者不太可能這樣就忘得一乾二淨。勒溫與蔡格尼懷疑這種情況另有原因：侍者為他們這桌正確送上最後一道菜之後，他對這桌客人的任務就改變了，從未完成變為完成。未完成的任務比較容易記住並占據注意力，所以這類任務能夠被成功地執行。一旦任務完成之後，注意力資源就會被轉移至其他目標。

為了測試上述邏輯，蔡格尼進行了一套實驗，這套實驗後來成了她與勒溫，以及許多其他研究人員探索後來所謂的「蔡格尼效應」（Zeigarnik effect）的起點。在如今已超過六百份相關主題的研究調查當中，我個人認為最重要的有兩大結論。首先是，（與露天啤酒屋事件互相呼應）如果我們覺得有義務執行某項任務，卻暫時沒辦法完成，我們就會把相關細節記得比較清楚，因為我們的注意力會一直被拉過去。其次，假如我們已經投入這項任務，卻中途被打斷或受到阻礙，我們會覺得心裡不踏實，急著想再回頭把它完成。這種渴望敦促我們回頭處理還沒說完的話、尚未解決或未答覆的問題，以及有待達成的目標，同時也反映出我們對「認知閉合」（cognitive closure）的強烈需求。

第一個結論，即未能完成一件事，會讓我們對於那件事的種種細節記得更清楚，這有助於解釋一些原本難以理解的研究結果。有個研究讓受測者觀看或聆聽電視節目，內容中包括了軟性飲料、漱口水和止痛劑的廣告，然後研究人員測試了受測者對這些廣告的記憶。結果顯示，受測者對細節記得最清楚的，是那些完整內容結束前五至六秒就突然終止的廣告，而且，受測者對這些未播畢廣告的細節，在實驗的兩天之後，以及（特別是）兩個禮拜之後甚至記得更牢，顯示了認知閉合需求有留住記憶的強大影響力。

或許乍看之下更令人困惑的研究，是一群相貌英俊的年輕男性，對大學女生的吸引力的調查。參與這次實驗的女生，知道會有外表具魅力的男同學根據她們的臉書資訊來評價她們，而她們也看得到這些男同學的照片和個人簡介。研究人員想知道，這群女生後來會比較喜歡哪些受邀評分的男同學。出乎他們意料的是，她們偏好的並非給自己最高分的男同學，而是她們不知道究竟給多少分的男同學。

要理解這個令人困惑的結果，我們得先知道下面這個額外資訊：在實驗進行的過程中，這群大學女生腦子裡不時想到的對象，是那些評分尚未揭露的男同學。這證實了研究人員的看法，在重要結果出爐之前，我們「簡直沒辦法思考任何其他事情」。各位讀者已經知道，一旦我們的注意力投注於某個事物，就會讓那件事物顯得更值得注意，因此，遲遲未給分的男同學，會因為受到大學女生的再三注意，而顯得更加有魅力。[43]

———

　　當認知閉合需求得不到滿足時，我們會開始心神不寧，進而設法避開這種不愉快的感覺。這種現象會造成什麼影響？我們可以從中學到怎樣的智慧呢？

　　大多數作家都有拖延的毛病。寫作是很難的，至少要寫得好（發簡訊不算數）並不容易。關於這個問題，我們不妨看看傑出英國小說家毛姆（Somerset Maugham）與一名年輕採訪者的這段對話。

　　「所以，毛姆先生，您喜歡寫作嗎？」
　　「我喜歡寫完的感覺。」[44]

　　這就是進退兩難之處。作家們都想走到完成那一步，但當中的路途崎嶇不平。非專業人士也會遇到同樣的問題，譬如員工要撰寫給同事或上司看的長篇報告和文件。這時候，我們就很容易屈服於本能衝動，將注意力轉向整理桌子、看新聞、打電話、到咖啡館買杯拿鐵等等其他活動上。我個人也擺脫不了這毛病，然而，我有個同事似乎可以免疫。

　　我一直對她的寫作產量大感佩服，她可以源源不絕地發表評論、文章、合著或獨立撰寫書籍。我問她是怎麼辦到的，她卻說自己並沒有什麼祕訣。她給我看了一篇幾年前留存的雜誌文章，內容是為作家提供增強生產力的建議。確實，當中的建議都算不上什麼祕笈，提到的策略包括設定每天固定寫作時間、減少那段時間造成分心的事物、如果當天生產力達標可以好好犒賞自己（顯然這就是買杯拿鐵來喝的好時候）。這些建議看似合理，但對我個人來說幫助不大，我已經試過當中的幾招，但收效甚微。最後她在不經意間，提到了一個她自己想出來、從此讓我獲益匪淺的策略。

她從來不在某個段落結束，或是某個想法完整表達出來之時，讓寫作任務告一段落。她很肯定地告訴我，她已經清楚知道該段落或想法最後要寫些什麼，只是她不讓自己將它完成，而是刻意留到下一次再寫。這個方法太聰明了！她讓自己每次的寫作都保持在幾乎完成、但尚未完成的狀態，藉此讓認知閉合需求成為促使她急著再度提筆的動力。這樣說起來，我這位同事還是有祕笈的。照理說我應該要想過這個方法，因為我明明已經熟知蔡格尼效應的相關研究，只是從來沒往這方面思考。

後來，我在寫作和當時擔任的另一個專業角色，即大學教師，都試著避免再犯這類錯誤。我試著發展出一套方法來提升課堂學習效率，也就是在每堂課一開始時先鋪梗，先提出一個神祕點，而這正是一種獨特型態的未完成故事。

黏著元素 3——神祕未知的

　　我有很多理由可以告訴你，在大學授課真的是個很棒的工作，然而，這份工作也有著必然得面對的困難之處。接續而來的挑戰不只包括合適課程主題的發想，授課內容也得持續更新，並且保持測驗與評分的公正客觀，還要兼顧一個最基本的層面：讓學生將全副精神放在授課材料上，讓他們能夠理解其中涉及的觀念。這已經是個老問題，畢竟一堂課的平均時間往往超過（有時候甚至遠遠超過）四十五分鐘，要在這麼長的時間維持專注並不容易。再者，大學生正值最有性吸引力、也對異性最感興趣的年齡，怎能期望他們不去分神注意身邊那些穿著打扮出眾，讓他們怦然心動的可能戀愛對象，而把心思放在教室前的老學究，每次出現總是那身「經典款」？[45]

　　幾年前，我從別的地方發現到一個夠減少上述問題發生的有效辦法，這辦法結合了蔡格尼效應，以及愛因斯坦（Albert Einstein）口中「我們所能經歷最美妙的事」，同時也是「所有科學與藝術的源頭」。

　　當時我正準備撰寫針對一般讀者的首部著作，開始動手之前，我決定先跑一趟圖書館，盡可能找出所有學者和非學者寫的書。我的策略是讀完書之後，找出我覺得最成功與最不成功的段落，把這些段落影印下來，將它們分成幾落。接著，我會重讀這些印下來的部分，找出使它們不同於其他段落的特質。

在最不成功的段落，我看到經常成為失敗可能原因的特質：敘述不夠清晰、僵硬呆板、濫用術語等等。而在最成功的段落，我也看到了預期之中、與前述恰恰相反的特質：條理清晰的架構、生動的例子，以及幽默感。不過，我還發現了原先沒想到的特質：最成功的段落都以一個「神祕故事」來開場。作者會先描述一個看似複雜難解的事件狀態，然後邀請讀者繼續往下讀，用這種方式來解開謎團。

這個發現引發了我產生強烈好奇，而且我要毫不慚愧地將之奉為「神祕故事」：為什麼我從來沒想到可以運用這項技巧，尤其這對於推廣學術能夠發揮好得不可思議的效果？畢竟，我當時是滿腔熱情地吸收相關知識，有好幾年的時間不斷購買、閱讀這方面的書籍，為什麼在這段時間，我完全沒意識到這種機制的存在？

我想，答案就在這項技巧之所以有效的地方，讀者被吸引住，完全沉浸在閱讀文本中。若鋪陳得宜，神祕故事的吸引力可大到讀者無法再以超然的觀察者自居。在這樣的文學手法之下，你不會想到它背後是採用怎樣的文學手法，因為你的全副注意力都被蘊含了未解特質的神祕故事所吸引。

我在自己的課堂上實際運用之後，見證了神祕故事引發認知閉合需求的能力。由於我經驗不足，某天沒把時間掌握好，我還來不及解開我在課堂一開始鋪陳的謎題，下課鐘就響了。我在大學教過的每一堂課，以往都會發生下課前五分鐘就陸續有學生開始收拾東西準備離開，他們做出明顯的動作、發出明顯的聲音，這種情況似乎帶有某種傳染效果，大家紛紛把鉛筆和筆記本收起來、闔上筆記型電腦、拉起背包的拉鍊。然而這一天，學生們不只沒有做出那些準備離開的動作，反而在下課鐘響了之後還全部留在位置上。我本來打算就此結束那堂課，但學生們群起抗議，非得讓我把謎題說出個水落石出才肯放我走。我記得當時心裡暗忖：「席爾迪尼呀，你可找到威力炸藥了！」

神祕故事除了是吸引並留住受眾興趣的強大溝通工具，我也發現了運用這些故事的另一個好理由：比起我早先採取的一些常見的教學形式，例如針對課程材料提供詳盡說明，也向學生提出問題，相較之下，神祕故事的教學效果更好。詳盡說明需要受眾注意聆聽，提出問題需要受眾回答，而神祕故事需要的是解釋。當我鼓勵學生試著對看似沒道理的事件狀態，思考可行的解釋，他們的測驗成績也會隨之提升。原因何在？因為這個思考過程提供了最佳機會，讓他們得以藉此對教材產生真正有意義、而且持久不忘的理解。[46]

關於這方面，我有個好例子。我經常告訴各種場合的聽眾說，在言語爭鋒之際，反論證通常比論證要來得更有力；但很少人認知到這一點。反論證之所以更有力，是因為它不僅指出對手的論點在特定事例上犯了錯誤、或是遭到誤導，同時也顯示對手一般來說是個不值得信賴的訊息來源。倘若你的反駁能夠指出對手的論點不足採信，因為他得到的是錯誤訊息，那麼你通常能在這個議題上成功說服受眾。不過，假如你的反駁能夠進一步指出對手在相關議題上有所欺瞞，那麼你不只能贏得這次論辯，還可以在雙方未來的論辯占上風。為了掌握謎題所具有留住受眾注意的力量，我學到了以神祕故事的形式，來讓聽眾更加深刻理解課程重點。

當然了，要理解反論證的潛在力量，我們可以運用多種建立在神祕故事上的論述架構。就我的個人經驗，有一種運作得不錯的架構正是依序採用下述步驟：

步驟 1：提出謎題

大部分的人可能很熟悉某些香菸廣告，例如「駱駝老喬」、「萬寶路牛仔」，以及維珍妮淡菸的那句廣告名言「親愛的，妳可走了好長一段路啊」，但菸草公司最有效的行銷決策或許仍不為產業界所熟知。1960年代晚期，眼看著美國市場的菸草銷量連續三年下滑10％，菸草公司採取了一個極有效的步驟，不僅終止銷量下滑，還大幅推升業績，同時省下三分之一的廣告預算。他們到底採取了什麼步驟？

步驟 2：深化謎團

這個問題的答案聽起來匪夷所思。1969 年 7 月 22 日，美國幾家主要菸草公司的代表齊聚國會聽證會，他們積極地鼓吹立法禁止自家產品廣告出現在電視或廣播。儘管產業調查研究顯示，媒體廣告是促進銷售最有效的方式。由於這前所未有的舉措，香菸廣告從 1971 年起便不再出現於美國的電視或廣播。

步驟 3：提出其他解釋（和反證）來趨近真正的解釋

業者之所以推動上述立法，會不會是因為 1964 年發表的「美國公衛署長報告」，詳盡記錄了吸菸危害健康的案例，因此業者決定放棄部分利潤來改善國民福祉？這顯然不太可能，因為受到禁令波及的其他業者，即媒體產業的代表們，在這項禁令生效的一個月後，就向美國最高法院提出上訴，企圖推翻這條法令。唯一支持禁播菸草廣告的，就只有菸草產業業者。那麼他們支持的原因，會不會是因為高層主管突然意識到國民健康之重要？這也不可能，他們可是一點也沒有懈怠增加菸草銷量的努力，禁令只不過是讓他們把宣傳管道從電視與廣播，轉移到平面媒體、體育賽事贊助、贈品促銷和電影中的置入性行銷，舉例來說，B&W 菸草公司就曾經在四年間，砸錢將二十二部電影中使用的產品換成自家品牌。

步驟 4：為真正的解釋提供線索

從菸草公司主管的角度來看，雜誌、報紙、告示板和電影也都是不錯的宣傳管道，受限的只有電視和廣播。後者究竟有什麼特殊之處呢？ 1967 年，美國聯邦通訊傳播委員會推出新規定，要求菸草廣告遵循「公平原則」，在重要性與爭議性主題上必須給予各方對等的廣告宣傳時間，而且只針對電視和廣播廣告。也就是說，如果一方在這些媒體買了廣告時間，那麼對立的一方也必須得到免費的廣告時間來提出反論證。

步驟 5：解答謎團

上述規定為電視和廣播廣告帶來了立即的影響。這是反菸團體，如美國癌症協會，首次負擔得起在電視或廣播中反駁菸草公司的說詞。他們的反菸廣告質疑了香菸廣告影像的真實性，假如香菸廣告裡呈現了一個健康、富有魅力且獨立自主的角色，反菸廣告便會指出事實上吸菸會損害健康、降低魅力、得依賴他人過生活。反菸廣告播出三年後，美國的香菸銷量下滑了將近 10％。剛開始時，香菸公司以傳統方式因應，即增加廣告預算來應付挑戰，然而，根據公平原則，每推出一支香菸廣告，就會出現同等時間的反菸廣告來侵蝕菸草業者的利潤。理解到這一點後，菸草公司乾脆循政治途徑，禁播自己的產品廣告，但禁止範圍僅限於實施公平原則的電視和廣播，藉此確保反菸勢力不會再有免費的廣告時間來提出反論證。結果，在香菸廣告從電視與廣播消失後的一年間，菸草公司不但銷量驟升，還省下了可觀的廣告支出。

步驟 6：點出現象背後的意義

反菸人士發現，他們可以透過提出反論證來削弱香菸廣告的效果。而菸草公司主管也學到（並且從中獲益），提升觀眾對訊息接受程度的最佳方式，就是減少他們接觸到反方論點的機會，因為反論證通常比論證更有影響力。教學進行到這個階段，接下來關於反論證的優越效果，以及反方論點存在的必要性，就需要提出解釋了。經過上述歷程，聽眾不僅得到對於基本事實的認識（例如美國菸草公司成功推動自家產品廣告不准在電視與廣播播出的禁令）、以及相關問題的答案（最後的結果是什麼？菸草公司銷量大增，還省下了可觀的廣告費），並進一步了解菸草公司原本令人困惑的舉措背後，反映了哪些反論證的優勢，以及涉入其中的心理過程。47、48

這樣的解釋方式不僅提供了令受眾滿意的觀念說明，也由於它激發起好奇心，所以還擁有額外優勢：它可以吸引受眾注意到訊息的細微之處。因為要解答謎題或偵探故事，觀察者必須意識到所有相關細節。各位不妨這樣想，我們得到了一項工具，不僅能讓受眾專注於眼前的議題，也能讓他們主動想要將更多注意力放在細節上，也就是我們提供的材料中，那些雖然必要、但因為枯燥無味，容易造成分心的枝節。如果溝通者想傳達的訊息具備有力的主張、但內容複雜難懂，還有什麼溝通工具會比上述鋪陳方式更值得採用？

噢，對了，關於愛因斯坦口中「我們所能經歷最美妙的事」，同時也是「所有科學與藝術的源頭」，指的究竟為何已經有明顯答案，他深信答案正是：神祕事物。

PART 2

遊說過程：
聯想扮演的角色

CHAPTER 7

聯想的威力：
我們聯想，故我們思考

　　在思考家族中，沒有任何觀念是孤兒，每一個觀念，都存在於由聯想連結而成的親戚網絡中。關於這些連結的社會心理學與生物化學，包括大腦的神經、軸突、樹突、突觸、神經傳導物質等等，都是許多科學家著迷的研究領域。但很可惜的，我的興趣不在於此，相較於這些體內神經運作的過程，我更感興趣的是它們的外部影響，尤其是一段措詞精準的溝通所帶來的影響，能夠改變人們的判斷與行動。

思考就是連結

　　然而，對於像我這樣，特別著迷於溝通的說服元素的人來說，還是必須了解心智活動的底層結構：大腦活動基本上源起自未經琢磨的聯想，而且也無法脫離聯想。就如同胺基酸被稱為建造生命的原料，聯想也可以稱作打造思想的基石。[49]

　　我們經常在許多影響力訓練課程中聽到講師如此建議學員：在說服他人接受一道訊息之時，必須使用能夠引導受眾思考、認知或情緒反應的語言。在我聽來，這番話只說對了一半，我們用來說服他人的語言，應該要能夠引導受眾對訊息產生心智連結，讓他們的思考、認知和情緒反應只能在這些連結的範圍內運作。

　　最近有一個研究計畫是為了回答下述問題：語言的主要目的為何？關於何謂有效的訊息傳遞，在這份研究中表達得一針見血。領導這個研究團隊的是知名心理語言學家根‧席敏（Gun Semin），他的結論在我看來可以歸納為：言談的主要目的，是要將聽者的注意力引導至經過挑選的部分事實，一旦這個目的達成，聽者對於聚焦部分所產生的聯想，就會主導聽者的反應。

　　上述主張有效為說服帶來了突破性觀念。我們不應該再認為語言主要只是載運工具，用來傳遞溝通者對現實的想法；而應該認定它就是影響力工具，用來引導受眾接受共有的想法，或是依據這個想法來行動。舉例來說，當我們對一部電影做評析的時候，我們的目的並不在於解釋清楚自己的立場，而是想說服大家接受我們的評析。為了達到這個目的，我們會透過語言來引導受眾，將他們的注意力引導至經過挑選的部分事實，而這部分事實所涉及的聯想，正好可以支持我們的觀點。

格外有趣的是，研究人員發現了一些可以將注意力引導至特定部分事實的語言技巧，包括可以把受眾的注意力吸引至具體情境特質的動詞、聚焦在他人性格特質（而非行為舉止）的形容詞、凸顯既有關係的人稱代名詞、單向地框架事件狀態的比喻，或是鎖定連結特定想法的遣詞用字。接下來，我們首先探討最後一種，也是其中最簡單的一種語言技巧，並且從中獲益。

咬文嚼字之必要

　　不久前，我在因緣際會之下接觸了一個機構，這個機構是我所見過最有自覺的形塑內部溝通語言的要素，確保這些語言要素所產生的聯想符合他們的企業價值。SSM 醫療集團（SSM Health）屬於非營利機構，旗下有醫院、療養院和相關設施，他們邀請我到年度領導力研討會上演說，我同意了，部分原因是 SSM 醫療集團聲譽卓著，它是第一個獲頒美國國家品質獎的醫療照護機構，這個傳統上每年由商業部提名、美國總統頒發的獎項，旨在表揚營運績效與領導力在同業間鶴立雞群的機構。我想知道 SSM 是如何創造優越表現，也很高興能夠透過這次演講邀約一窺堂奧。

　　舉例來說，我從這次的研討會學到，SSM 官網上所寫「員工是我們的成功動力」可不只是說說而已。儘管我通過了嚴格的審查程序，而且大老遠從千里之外受邀前來，但我還不是研討會的主講人。我演講那天，真正的主講人是七名員工，演說題目為「我們的人民主講」，這幾位員工輪流上台，描述過去一年在工作上參與的特殊事蹟。研討會的另外兩天，又有其他十四名員工上台進行演說。我當然知道，將二十一名員工提升至研討會主講者的地位，並不是尋常做法；而相信員工是出類拔萃的動力，甚至依據這個信念來推行具體措施，則又更不常見了。但我當時並不驚訝，因為我已經體驗到 SSM 的人言出必行。這可不是比喻，他們是真的說到做到。

　　領導力研討會舉辦的一個月前，SSM 打電話來協助我準備演說內容。不像一般機構會指定負責交涉的連絡窗口，當時跟我對談的是六名 SSM 的工作人員，他們每個人都貢獻了許多寶貴意見。團隊的發言人是會議主席史帝夫・巴尼（Steve Barney），他在整個交談過程中都表現得十分親切溫暖，卻在最後語調變得嚴肅，還提出了警告：「你的簡報不可以有條列重點，也不能告訴我們如何攻克影響力問題。」我抗議說，少了這兩項，演講內容會削弱許多。但史帝夫回答：「要保留也可以，但你得另外想個說詞。」我的回應大概是：「呃⋯⋯什麼？」這促使史帝夫進一步解釋：「我們是醫療照護機構，救人是我們的使命，所以我們從不使用涉及暴力的語言，我們不說條列重點（bullet points），而是說資訊重點（information points）；我們不攻克（attack）問題，而是處理（approach）問題。」

在研討會上，我問了一名前來參加的醫師，想知道他對這個非暴力語言政策有什麼看法，他給了我更多例子：「我們把營運『標靶』（targets），改成營運『目標』（goals），這些目標並不是要『擊敗』（beat）競爭對手，而是要『超越』（outdistance）或『追過』（outpace）他們。」他甚至提出了一個滿腔熱血的理由：「假如我們讓自己聯想到的是『目標』和『超越』，而非『標把』和『擊敗』，這對我們來說不是更好嗎？」事實上，我當時無法理解，我很懷疑，稍微改變遣詞用字，是否就能對 SSM 員工的思考與行為發揮任何有意義的影響。50

但現在我完全改變想法了，我對 SSM 嚴格語言政策的反應，從「哇，這實在很蠢」變成「哇，太聰明了」。我的想法改變，發生在仔細看過一份令人跌破眼鏡的研究發現之後。

———

想要說服他人，仰賴的並非正確論辯，而是正確用字。
—— 英國作家，約瑟夫・康拉德（Joseph Conrad）

讓我們暫時停留在暴力語言範疇，並思考以下這份實驗結果的意義。實驗中，受測者的指定任務是從三十組散列的字詞中排出連貫的句子。有半數的受測者要完成的句子大部分都帶了些侵略性，譬如把「打」、「他」、「他們」排成「他打他們」；另外半數的受測者要完成的句子多數沒有絲毫侵略性，譬如把「門」、「修理」排成「修理門」。接著，所有受測者都參加了另一項任務。他們得對某個也參加這次實驗的受測者進行二十次電擊，而且可以自行決定電擊的強度。實驗結果令人憂心：倘若受測者先前接觸到暴力用語，他們選擇的電擊強度會高出 48%。

有鑑於上述研究發現，SSM 對於使用非暴力語言的要求就顯得十分合理了。既然 SSM 是醫療照護機構，就應該恪守醫學倫理，即「不傷害」的最高指導原則。然而，請各位注意，SSM 身為績效最好的醫療照護機構，並沒有禁止使用與成就相關的字眼，只是把帶有威嚇聯想的詞語（標把、擊敗），替換成相對來說比較中性的詞語（目標、超越）。或許這套做法揭示了 SSM 領導階層的信念，也就是既然帶有暴力意味的語言會導致更多傷害性作為，因此應該被抑止；那麼，帶有成就意味的語言或許可以鼓舞績效，因此應該保留。

假如 SSM 的領導階層真的抱持上述信念，那麼他們的想法是正確的。已經有許多研究結果顯示，讓受測者不知不覺地接觸暗示成就的字眼（例如贏、達到、成功、精通），會增強他們在指定任務上的成效，他們投入其中的意願也會提高一倍以上。

這類證據改變了我對某一種海報的看法，我偶爾會在企業辦公室牆上看到這種海報，尤其是在客服中心。海報上通常會有一個全部以大寫字母拼成的單字（例如克服、成功、堅持、實現），用以鼓舞員工追求更高成就。有時候海報上只有這個字，有時候則搭配了相關意象，例如獲勝的跑者。有時候甚至沒有文字，僅僅呈現意象。無論是何種呈現形式，我以前總認為，如果這種標語真的能夠發揮效果，那也太可笑了。不過我得再度承認，那是我過去的想法，而這回是加拿大的研究人員改變了我。

這些研究人員的調查計畫，是要提升電話募款專員的生產力。在每個輪班專員開始工作之前，他們會先拿到一份資料，內容是協助他們與募款對象溝通，說明捐款為慈善目標（當地一所大學）創造的價值。有些專員拿到的資料只是一張印著字的紙；有些專員拿到內容完全一樣的資料，但紙上還印著跑者贏得勝利的照片。三小時的輪班時間結束後，第二組受測專員募得的金額，竟然比另一組高出了六成。顯然，無論是事先接觸簡單的文字或意象，都能發揮鋪梗的效果，進而影響他們的後續行動，只因為這些行動與上述文字或意象有所連結。

接下來，我們繼續探討這其中涉及影響力的相關意涵，就從某種類型獨特的用字開始吧。51

比喻開啟改變之門

想改變世界，就先改變比喻方式。

——美國神話學者，約瑟夫‧坎伯
（Joseph Campbell）

　　打從西元前 350 年亞里斯多德的《詩論》（*Poetics*）問世以來，便一直有人建議溝通者運用比喻來傳達想法。想讓聽眾理解某個不容易掌握的概念，借用另一個聽眾容易理解的概念來描述，會是一個挺有效的方法。舉例來說，長跑選手會把比賽無以為繼的經驗描述為「撞牆」，這當然不是指真正的牆壁，而是借用了這種具體障礙的特性，包括它阻斷了接下來的路、無法輕易脫離、也無法不去面對，這些描述與跑者當下的身體感知有不少共通之處，傳達了貼切的意義。

　　不過，也有人反對運用比喻，認為它往往會導致誤解。他們的論點是，當一件事（例如無法在比賽中更加把勁），是透過另一件事（例如牆壁）來理解，儘管兩件事之間確實有重疊之處，但兩者的對應通常不盡然吻合。舉例來說，實體的牆壁之所以出現，是因為有其他人建造了這面牆；然而，跑者撞到的牆，往往源自於跑者自己的作為，是跑者的訓練（或缺乏訓練）和配速出了問題。因此，會運用撞牆這個比喻的跑者，與其說他想傳達的是體能崩潰的感覺，不如說從策略性目的來看，他是想把失敗歸諸於外因、而非自己的作為，意即他們並沒有做錯什麼。

　　各位還記得吧，心理語言學最新的分析指出，語言的主要功能不在於表達或描述，而是發揮影響力。做法是將受眾的注意力引導至部分事實，而這部分事實已經經過篩選，所引發的聯想有助於支持溝通者的觀點。倘若如此，我們便可以理解，為什麼比喻擁有成功說服的巨大潛力，它引導我們透過另一個經過篩選的事物引發聯想，來思考一件事。確實，半個多世紀以來，研究人員不斷發現有證據指出，只要運用得宜，比喻可以創造莫大的影響力。然而，關於比喻擁有透過聯想帶來的轉移效果，一直到最近才展現出令人大開眼界的說服力。

舉例來說，假設你是一名政治顧問，受雇於鄰近城市的某個市長候選人，你的任務是要協助他勝選，而這次選舉的一個重要議題是近來激增的犯罪事件。我們再假設，民眾都知道這名候選人和他的政黨對犯罪向來採取強硬立場，傾向支持逮捕並監禁不法之徒的政策。這名候選人要向你諮詢的是，他應該怎麼做才能讓選民相信，他的打擊犯罪方式能夠實際奏效。你深諳如何透過比喻來進行遊說，你很快便提出了信心滿滿的建議：針對這個議題，他應該將犯罪激增現象比喻成在城市內到處肆虐的野獸，必須加以遏止。為什麼？因為要控制一頭野獸，我們得抓住牠、將牠關進籠子裡。聽眾會在腦子裡，把他們對於處理野獸所產生的聯想，轉移到如何恰當處理犯罪事件與不法之徒。

現在，我們換個假設，倘若候選人與他的政黨對於如何打擊犯罪有套完全不同的構想，他們認為應該先解決失業、教育和貧窮等這些社會問題，才能夠抑止犯罪事件增加。同樣的，你已經了解如何透過比喻來進行遊說，所以在這個例子上，你也很快提出了信心滿滿的建議：針對這個議題向公眾發聲時，他應該將犯罪激增現象比喻成蔓延整個城市的病毒，必須加以遏止。為什麼？因為要控制病毒，我們得先消除有利於病毒滋長傳播的不健康環境。如此一來，市民對於處理犯罪問題最佳方式的看法就會構建在與這些與疾病相關的聯想上。

假如候選人陣營裡的其他顧問嘲笑你竟然把比喻當成政見訴求的基本原理，認為這套策略未免過於簡化，那麼你不妨給他們一些相關數據。史丹福大學的研究人員，讓一群隨機挑選的網路受測者閱讀一篇關於近三年都市犯罪率上升的新聞報導，這篇報導將犯罪行為描述成肆虐的野獸。另一群隨機挑選的網路受測者，也閱讀了同樣內容的報導與數據，只不過他們讀的文章將犯罪行為描述成肆虐的病毒。之後要求所有受測者指出他們偏好的解決方式，並針對調查結果進行精確的分析。閱讀將犯罪比喻成野獸的文章的受測者，會比較推薦逮捕並監禁的解決方式，而非消除不健康環境。閱讀將犯罪比喻成病毒的文章的受測者，則表現出恰恰相反的選擇模式。

尤其值得注意的是，一字之差造成的選擇偏好差異（比率為 22％），是讀者性別與政黨造成的差異（比率分別為 9％與 8％）的兩倍以上。在預測選民偏好時，通常會將性別、政黨等人口統計因素納入考量，卻極少想到，運用比喻鋪梗，說不定能創造更具威力的效果。

倘若其他顧問對於發生在控制情境中的調查結果嗤之以

鼻，認為科學研究並不適用於真實世界，那麼你也可以提供來自真實世界的其他證據。技巧高超的銷售人員都明白比喻的力量，你不妨向那些顧問舉高中輟學生班・費爾德曼（Ben Feldman）的例子。儘管他做生意的範圍不出家鄉俄亥俄州東利物浦市方圓六十哩外，卻是同時代（或許也是有史以來）最優秀的壽險推銷員。在他的巔峰時期，即 1970 與 80 年代，他一個人賣出的壽險保單，就超過全美國一千八百家保險公司中一千五百家總和。他在 1992 年因腦溢血而住院，此時雇主紐約人壽（New York Life）為了慶祝他任職滿五十週年，宣布推出「費爾德曼二月」活動，旗下保險經紀人都要在這個月參加業績競賽，看誰賣出最多新保單。結果誰贏了呢？還是費爾德曼。他是怎麼辦到的？他在病床上打電話給潛在客戶。這名高齡八十歲的超級推銷員，在二十八天內成交了總值 1,500 萬美元的新保單。

這位男士的非凡成就，部分原因來自於他對工作的積極不懈與全心投入，但這還不是一切。根據歷年相關報導與記載，他從來不強迫心存抗拒的潛在客戶買單，而是以輕鬆（且具啟發性）的方式引導對方自動點頭成交。費爾德曼是位比喻大師，他在描述生命結束時，不直接說他們「死了」，而稱他們「退出」生命，這能讓聽者聯想到一個人該盡而未盡的家庭責任。接著他隨即以相對的比喻將保險描述為解決之道：「當你『退出』時，你的保費就『進場』了。」上了這麼一堂比喻課，學到購買壽險的道義責任之後，許多客戶就會改變觀念，立刻「進場」了。

雖然一個比喻要能夠成立，需要兩件事物在語言上的相互連結，然而，要運用比喻來建立連結，成功說服，也可以透過非語言方式。舉例來說，在英文和許多語言中，「重」的概念，可以連結到嚴肅、重要，以及努力。有鑑於此，審閱求職者資格的人，如果手持較重的寫字板，就會認為該名求職者的態度更為認真；閱讀報告的人，如果手持較重的寫字板，就會認為這份報告的主題更加重要；都市改善計畫的評估人員，如果手上拿著重物，就會花更多心思考量這項計畫的優缺點。

上述發現引發了一個擔憂，製造商總想讓電子書閱讀器變得越輕越好，但這會降低內容的價值，使得讀者低估作者的智識深度，同時減少他們投入精力，潛心研讀的意願。

還一些可以互相參照的研究，是關於影響人類判斷力的其他因素：體溫。研究人員讓受測者手持溫暖物體一小段時間，譬如拿著熱咖啡，受測者很快就會對周遭的人感到更溫暖、更親近、也更為信任，他們也旋即在人際互動中表現得更願意給予、配合度更高。顯然，比喻所創造的聯想，可以在全然不用隻字片語的情境中發揮鋪梗的效果，只消碰觸，便足以啟動說服機制。[52]

還有更多法寶

由於負面聯想就跟正面聯想一樣容易傳遞，對溝通者來說，上述這種自發性的共享意義可以創造美夢，也可能會淪為惡夢。幾年前，有個白人政府官員由於用了「小氣」這個詞來描述他打算如何因應所屬部門吃緊的預算，結果招來的批評聲浪，甚至大到被迫辭職下台。這個詞意指吝嗇或不情願花錢，但顯然它引發的聯想激起了負面反應。

出於一個基本原則相連的理由，二手車的銷售員也被教導別稱他們的商品為「中古車」，這會讓人聯想到陳舊和破爛；他們應該稱自己的商品為「轉手車」，讓消費者連結到持有和車主這兩個概念。同樣的，資訊業者也被告知，別跟顧客提及服務或產品的「費用」或「要價」，因為這兩個詞會令人聯想到損失資源；他們應該將涉及的金額改口說是「購買」或「投資」，藉此和獲得的概念掛勾。一些商用航空公司的機師與空服員訓練課程，也開始教導他們在起飛前或航行中和乘客溝通時，如何避免用到與死亡有關的語言，譬如聽起來挺嚇人的「您最後的目的地」就簡化為「目的地」。

不用說，老練的行銷人員不只要避免讓旗下商品或服務連結到負面聯想，也希望攻守兩方都能兼顧，除了消除可能引發反感的元素，也要充分運用能夠創造好感的元素。最能夠引發受眾熱切檢視的元素有哪些呢？關於最能讓人產生激烈負面聯想的概念，本書第 13 章會有詳盡說明，我們屆時才會著墨於這個主題。不過，為了降低「蔡格尼效應」造成的精神緊繃，我先做個簡短的提示好了：在種種概念中，會對當下與未來交易造成最多傷害的是「不可信賴」，以及伴隨的說謊、欺騙。

法寶就是我們自己

現在，我們先來看正面聯想。人類在進行評估時，最偏好的影響要素就是本書先前提過的：自己。其影響力有兩個來源，它不只牢牢吸引受眾的注意，進而增強了訊息在受眾心目中的重要性，也將注意力引導至絕大多數人產生諸多正面聯想的實體上。因此，任何與自己有關（或被刻意安排得看似與自己有關）的事物，都會立刻受到我們的青睞。有時候這些關連其實無足輕重，但仍足以作為成功說服的跳板。

如果我們發現有人的生日、出生地或名字與自己相同，就會變得更喜歡彼此，進而更願意合作。倘若健身房的潛在顧客被告知，他們的生日跟為他們提供服務的私人教練是同一天，他們會比較願意報名參加訓練課程。就算是在網際網路上，我們對這類連結依舊無法免疫，倘若一名男性在臉書上自稱生日也在同一天，年輕女性將這名男性加為朋友的機率就會翻倍。在開發中國家，透過微型信貸網站申請小額商業貸款時，倘若申請的民眾與貸款提供者姓名的首字母相同，前者取得貸款的機率就會高得多。

最後，一般人對於和自己有關的事物表現出更重視的傾向（稱作「隱性自我主義」）的調查研究發現，我們的偏好對象不限於人，就連商品，譬如餅乾、巧克力和茶，只要商品名稱和自己的名字有相同字母，就能夠讓我們產生好感。為了利用這種親近感，可口可樂的英國分公司在 2013 年夏季更改了品牌包裝，從一百五十個英國最常出現的名字中，挑出一兩個來當上億個商品的品名。投注這筆開銷有什麼好理由嗎？澳洲和紐西蘭在一年前就推出過類似計畫，結果銷量大幅躍升。當美國最後終於也依樣畫葫蘆，可口可樂銷量出現了十年來首度成長。

即使是組織機構，也容易對那些與自己名字有相同元素的事物表現出過度高估的傾向。2004 年，為了慶祝搖滾樂誕生五十週年，《滾石雜誌》（*Rolling Stone*）推出了搖滾史五百大歌曲排行專刊。根據雜誌編輯群的彙整權衡，兩首排行最高的歌分別是巴布・狄倫（Bob Dylan）的〈宛如滾石〉，以及滾石合唱團的〈（我無法）滿足〉。撰寫本文期間，我查了十份類似的搖滾歌曲排行名單，沒有任何一份把《滾石雜誌》挑的這兩首歌列為第一或第二名。[53]

我就是我們，我們最棒

考量隱性自我主義涉及的說服效果時，別漏了下面這個重要條件：所謂自我，並不單指個人，也可以指一個群體。也就是說，不限於個人特質形塑的自己，也可以是個別群體特質形塑的自己。在某些非西方社會，這種自我觀念超越個人、寄託於社會群體之中的想法格外凸顯。那些社會的公民對於由集體建構的自我概念，也會感受到特別的吸引力。一份針對美國與南韓兩年期間的雜誌廣告分析發現：

1　在南韓，廣告大多試圖將產品或服務連結上讀者的家庭或所屬群體。然而在美國，廣告連結的絕大多數是讀者個人。

2　從影響力評測來看，連結群體的廣告在南韓比較有效果，連結個人的廣告則在美國比較有效果。

　　東方世界對受眾價值觀的理解，為南韓政府在應對阿富汗武裝分子時，提供了睿智的談判策略。這套策略說起來簡單，但在當時卻沒有任何被派到阿富汗的西方談判專家採用過，直至如今，西方國家也未充分運用這套策略。

　　2007 年 7 月，阿富汗塔利班武裝分子綁架了二十一名南韓人質，他們是教會派出的醫療救援志工。塔利班為了展示拒絕國際社會插手阿富汗的決心，殺害了其中兩人。救出其餘十九人的談判工作進行得非常不順利，綁架者甚至直接點名接下來要殺害的兩個人質。情況促使南韓國家情報院長金萬福親自飛往談判現場救火，不過他可是有備而來，他的計畫是讓南韓談判團隊連結上武裝分子的群體身分認同，也就是他們的語言。金萬福一抵達阿富汗，就撤換談判的主要負責人，改由能夠說一口流利帕什圖語的南韓代表上場。

金萬福成功讓人質很快就獲得釋放，根據他的說法：「這場談判的關鍵在於語言。」重點不在於談話內容多麼精確清晰，而在於一些更貼近原始人性、具有鋪梗效果的事物。「當談判對手看到我方談判人員說著他們的語言——帕什圖語，對我們產生一種強烈的親近感，對話也就能夠順利進行了。」[54]

「輕鬆」就有效

　　除了自己，另外還有一個值得探索的概念，絕對能夠創造正面聯想。溝通者很容易因為沒體察到這一點，而錯過了有效創造正面聯想的機會。這個概念就是「輕鬆」。

　　輕鬆得到某個事物，可以創造不少正面聯想，但必須透過特定方式。當我們「流暢地」掌握某件事物，也就是說，我們可以很快且毫不費力地想像或思索理解時，我們不只會更喜歡那件事物，也會認為它更正當，或是更值得。因此，有押韻和固定格律的詩不只更容易贏得讀者喜愛，也會讓讀者認為它有更高的美學價值。這與自由詩的倡議者，以及現代詩期刊的守門員所相信的截然不同。認知詩學（Cognitive Poetics）領域的研究人員發現，押韻帶來的流暢感可以增強文本的說服力，把「Caution and measure will win you riches」改成「Caution and measure win you treasure」，儘管意思不變（審慎和度量將為你贏得財富），但人們就是覺得後者聽起來更有道理。這個例子為成功說服上了一堂迷你課：要出運，先押韻。

如果我們談的是一般性的吸引力，觀察者會偏好那些臉部特質容易辨識、而且名字容易發音的人。顯然，當我們可以輕鬆地思索消化一些事物，控制微笑的臉部肌肉也會更加活躍。反過來說，假如某件事物不好理解，觀察者就容易產生反感，進而不喜歡那件事物。

　　一份研究針對美國十家法律事務所旗下五百名律師的名字進行分析，發現律師的名字越難唸，在公司的位階就越低。即使是外國名字也發生了同樣的效果，名字如果是不容易發音的外國名字，這名律師的職位就可能低於擁有容易發音的外國名字的同儕。

　　藥品或食品添加物的名字是否讓人覺得不容易發音，也會產生類似現象，我們可能會較不喜歡那項產品，或是覺得它有較高的潛在風險。所以營養補充品或製藥公司，究竟為什麼要給自家產品取個很難發音或拼寫的名字，例如 Xeljanz 和 Farxiga ？或許他們是想傳達產品的植物科屬或化學成分來源，但即使有這些理由，造成的反感還是得不償失。

　　這種不流暢的溝通也會在其他地方造成問題。我已經不記得自己曾有過多少次，在餐廳裡吃力地讀菜單上的說明，有時候是因為那些菜色說明使用花俏、但幾乎難以辨識的字體，有時候則是因為燈光太暗，有時候兩者皆有。既然開餐廳的人都期待吸引客人上門，他們卻不一定明白調查研究已經指出的道理：不易閱讀的菜色描述，會變得比較不受青睞；而難以理解

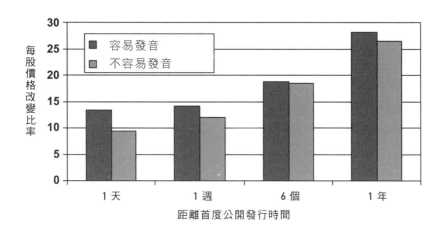

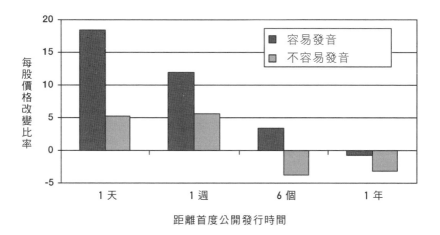

名字好唸，財報就比較好看。在美國證券交易所，假如公司的
名字（上圖）或代號（下圖）容易發音，上市後股價相對較高。

資料來源：亞當‧歐本海默（Adam Oppenheimer）與美國國家科學院

的聲明也會被認為比較不具真實性。

　　商業界專業人士未能留意到上述心理效果，釀成傷害最大的，或許就是股市了。一份調查研究分析隨機挑選的八十九家公司，這些公司在 1990 至 2004 年間，於紐約證交所掛牌上市。研究發現，儘管心理效果會隨著時間而沖淡，但名稱比較容易發音的公司，整體股價表現優於那些名字不容易發音的公司。另一份相應的研究分析也發現，在美國證券交易所，由三個字母組成的股票代號，相較於不易發音的代號（例如 RDO），容易發音的代號（例如 KAR）同樣會產生類似的結果。[55]

　　由上述證據看來，我們在日常生活的許多處境中都受制於人，而且根據本書目前所引援的研究調查，這種憂慮並非無的放矢。那麼我們一定得像棋子般任人擺布，任何遇到的字語、符號或意象，產生的聯想都可以左右我們嗎？幸好答案是否定的。只要我們了解聯想是怎麼運作的，就可以採用預防性策略加以控制。首先，我們可以選擇所處的處境，其中帶來的聯想是我們想要體驗的。假如我們沒得選擇，我們也可以為即將發生的處境預先安排提示，讓這些提示帶來的聯想能把我們推往有益個人的方向。究竟該如何做，請看下一章便知分曉。

CHAPTER 8
説服的地理學：
正確的地點，正確的提示

影響力也是要看風水的。

當我開始撰寫第一本寫給一般讀者的書籍時，我正在一所非自己任教的大學裡進行研究工作。我的辦公室位在樓上，所以我讓書桌朝向窗子，這樣一來，就可以一邊寫作，一邊欣賞窗外一整排的堂皇建築，裡頭座落著各個學術機構、中心和學院系所。在這扇面向學術世界窗戶的兩邊，我擺了幾排書架，架上是得以內窺學術世界的材料，即專業的書籍、期刊、文章和檔案。

我另外在市區租了間公寓，那裡的書桌也被我擺在面朝窗戶的位置。雖然我並未刻意挑選地點，不過那間公寓提供了截然不同於大學辦公室的窗景。從那扇窗戶看到的並非雄偉的學院建築，而是川流不息的路人，大多數是正要前往工作地點、商店或進行各種日常活動的人們。公寓裡的書桌周遭環境也大為不同，尤其是在訊息部分，報紙、雜誌、桌上型電腦和電視節目，取代了科學刊物、教科書、檔案櫃和與同事的交流對話。

在兩種截然不同的環境下寫作，產生了一個我最初沒預料到、甚至根本沒注意到的效果。直到著手寫作的一個月後，在彙整初稿時，我把所有內容一口氣讀完，結果發現，我在家裡寫的稿子，比在大學裡寫的要好得太多。前者的內容顯然更適合我預想的一般讀者。確實，從寫作風格與結構來看，我在大學辦公室裡寫出來的東西，除了那些專業同僚，不會有什麼人看得下去。

我大感意外，納悶著為什麼自己明明早就想清楚目標讀者，在大學辦公室裡寫出來的文章卻不符所需。事後諸葛的答案其實很明顯，因為每次只要我一抬頭或轉頭，從辦公桌看出去的視線，就會落在一些引導我聯想到學術方法、專門詞彙、文法和溝通風格的線索上。

雖然我早就知道（腦袋裡一部分有意識到）目標讀者的特質與偏好，但這項事實卻未能發揮足夠的影響力。校園辦公室的環境並沒有提供足夠的線索刺激我規律且自動自發地設想到那些讀者；而家裡的書桌周遭，卻存在著吻合寫作目標的線索。周遭事物讓我聯想到自己一直以來就想為之寫作的讀者群，因此，在家裡寫作可以讓我更順利地與目標讀者保持協調。

有了上述認識之後，我決定遵照地點創造說服力的原則，把所有在學校裡寫的章節帶回家修改。最後的結果證明這項努力值回票價，證據是我把原先的開場白：「我專攻的學術分支——實驗社會心理學，主要研究社會影響力的運作過程。」（謝天謝地）改成了：「我現在可以大方承認，自己當了一輩子容易受騙的傻子。」接下來該怎麼做就簡單明瞭了，我窩在家裡埋頭寫這本書；而目標讀者為學術同儕的文章則在學校辦公室完成。[56]

我從這次經驗所學到的還可以應用在撰寫普及學術著作之外的地方，包括我們如何預先安排周遭環境，藉以說服自己進入某種聯想路徑，朝想要的目標前進。

創造你需要的環境

市場上有不少顧問公司，服務內容包括為客戶設計能夠激勵員工提升效率的機制，其中大部分涉及獎勵計畫，也就是員工若達成績效目標就可以得到獎勵。我曾經在一場行銷會議中，跟這類顧問公司的一位專案經理談到這方面的話題，並且詢問對方有哪些要素能夠讓這類計畫成功發揮效果。我經常向各領域經驗老道的專業人士請教這個問題。所以我針對她的背景，請對方回答她認為最成功的獎勵計畫包含了哪些要素。她列出的幾項要素中，有些之所以奏效仍在她的理解範圍內，譬如她的團隊在客戶的產業領域具備多少經驗、客戶提供的訊息是否足夠、雙方團隊的準備是否充分。然而，她提到了一項完全無法理解的因素：客戶企業總部辦公室的空間陳設，似乎有某種類型特別能夠促成獎勵計畫順利運行，那就是在辦公室中央隔幾個玻璃牆房間。

她告訴我，她之所以注意到這一點，是因為她原本預期相反的結果。她原本以為，獎勵計畫制定者坐在玻璃牆會議室裡，放眼望去都是走來走去的員工，他們的注意力可能會從眼前的任務被吸引到不相干的事物上。「假如是你也會這樣想吧？」我聯想到自己換張書桌就跟著換個腦袋的經驗，於是向她解釋，過去我也會這麼想，但是自從那次體會之後就改變想法了。然而，她並不認為辦公室環境和獎勵計畫奏效之間有什麼因果關係，儘管這個因素確實與計畫成功高度相關。我認為，要讓獎勵計畫發揮最大效果，她和她的團隊必須持續看見涉入計畫的員工們的存在。這一點我有親身體驗，我需要提示目標讀者的線索明擺在眼前，寫作內容才能夠符合他們的興趣與溝通風格，所以我只在具備這些提示的空間寫書。

雖然這名經理被我說服了，但這個解釋讓她不太開心。她說得也對，畢竟她無法像我一樣可以自行選擇理想的生產環境。她的團隊沒有立場控制客戶的總部辦公室空間，對此能說得上話的永遠只有客戶。她也抱怨：「而且，多數辦公大樓根本沒有玻璃牆會議室，就算知道這種會議室有助於推動計畫，對我來說也是無濟於事。」我能夠體會她的挫折感，對大部分人來說，光是知道影響力在特定情境的運作機制並不足夠，他們還想知道如何實際運用這樣的知識。我們的對話結束時，她滿腹遺憾，但後來事實證明，她並未因此而被打敗。

幾個月後，她興致勃勃地來電告知，她試著採用的品質強化策略已取得輝煌成功。她與團隊在討論策略時，提到了我所說的，在研議獎勵計畫時，如果能夠看見客戶員工，或許可以提升計畫的成效。就在此刻，他們想出了品質強化策略：他們得設法讓自己持續不斷地看見客戶員工的存在，即使是在密閉的會議室裡進行討論。她團隊中最年輕的一名職員想出了容易執行、而且已經證實有效的解決辦法。他們在前往與客戶會面的地點之前，先從客戶公司的官網或內部刊物下載加入獎勵計畫的員工照片，然後把這些照片放大，貼在大型告示板上，再把告示板掛在他們將進行討論的會議室牆上。客戶對這個點子反應極佳，因為他們頗欣賞顧問們為這份任務所創造的「個性化訂製」。

這名經理與她的團隊在正式展開任務之前，就先架構好具備提示線索的生產環境，我們可以將這項準備工作視為本書所謂的鋪梗，唯一的差別只在於他們遊說的對象是自己，而非其他人。

我從後續的電話中，理解到這名經理與她的團隊將這樣的嘗試視為學習過程，他們一邊演練這套策略，一邊尋求改進之道。他們發現，帶動作的照片，會比單純的臉部照片更能增進獎勵計畫的成效。

令我印象深刻的是，他們巧妙運用了心理學知識，即實體環境中的提示線索，能夠引導一個人的思考方式，他們利用這項知識創造出想要的效果。最令我佩服的是，就算現實環境中不存在顯明的提示線索與聯想，他們也不會因此而受挫；相反的，他們在工作環境中加入有助益的元素，讓這些元素自行啟動他們理想中的回應方式。57

　　這是每個人都可以做到的，我們為什麼不去做？讓提示線索與目標同步，說服自己，將可以獲得可觀的回報。這有兩種做法：其一是改變外在環境中的部分關鍵組成要素；或者，我們也在用在內在環境中，改變其中部分關鍵組成要素。前者我們已經討論過，接下來讓我們來談談後者。

說服自己不假外求

　　有些外在事物很容易將我們的注意力移轉至內在特質，例如特定的態度、信仰、性格、記憶或感受。我們已經說過，這種注意力移轉會帶來後續影響，我們在當下會賦予注意力焦點過多重要性，並將它視為事件的起因，根據對它所產生的聯想來採取行動。

　　各位是否有過這樣的經驗，在欣賞藝術表演時，被一名大聲咳嗽的觀眾吵得無法專心？除了噪音令人分心，還有一個原因讓各類型的表演者，包括舞台上的演員、歌手、音樂家和舞者，連一聲咳嗽都覺得受不了：它帶有傳染性。這方面的證據已經有科學研究背書，但最生動的證詞來自藝術家本人。劇作家羅伯特．阿德利（Robert Ardrey）曾描述劇院中發生這種情況之後的惱人結果：「一旦觀眾席中有人開始咳嗽，大家就會接二連三地跟著咳，直到整個劇院像集體發瘋似的。這時候演員們一肚子火，劇作家則默默退到最近的包廂。」

這種傳染症狀並不限於戲迷聚集的地方。有個案例發生在兩百人聚餐的報紙社論作家晚宴，咳嗽從宴會廳的某個角落開始，最後整個宴會廳咳成一片，官方不得不請所有來賓撤離，當中包括了時任美國司法部長珍妮特．雷諾（Janet Reno）。儘管他們嚴格地檢驗了整個宴會廳，卻完全查不出引發這陣咳嗽的具體原因。

除了咳嗽，每年都有各種症狀造成的數千個類似案例在世界各地發生。我們不妨想想以下這些代表性案例：

- 在澳洲，新聞報導說數位民眾目擊了一種有毒蜘蛛，被咬了之後會產生頭痛和噁心症狀。結果許多當地居民湧入醫院，很肯定地說他們被這種蜘蛛咬到了。然而，搞錯的居民人數，比真正被咬到居民多出四十倍。

- 田納西州一名高中老師聲稱，她在教室內聞到瓦斯味，感到暈眩噁心。此話一出，相同症狀接連出現在許多人身上，包括了學生、其他老師和教職員。當天最後該校有上百人進了醫院急診室，症狀都與瓦斯外洩有關。學校關閉五天之後重新開放，又有七十一人因為相同症狀進了醫院。然而，這兩天根本找不到瓦斯外洩的跡象，之後也從來沒有。

· 位於煉油廠附近的兩個加拿大小鎮，某個市民在一份流行病學研究報告中得知他們社區的罹癌率，比其他社區要高出 25％。這讓當地居民們開始覺得自己發生了各種健康問題，原因涉及環境中的有毒化學物質。然而幾個月後，研究的作者撤回了這份報告，因為研究報告中所謂的罹癌率提高，其實是數據計算錯誤的結果。居民們的認定自然也就站不住腳。

· 在德國，觀眾在聆聽一場以皮膚症狀為主題的講課時，通常會聯想到皮膚癢的感覺，而且也立即覺得自己的皮膚癢了起來，繼而頻頻搔癢。

最後一個例子提供了最佳例證，因為它很像眾所周知的「醫科生症候群」（medical student syndrome）。研究顯示，高達 70％ 至 80％ 的醫科生曾經發生這種症候群，也就是當他們學到某種疾病時，就覺得自己好像也有同樣症狀，並且相信自己得了那種病。就算教授警告可能會發生這種現象也無濟於事，學生們依舊認為自己的症狀再真確不過，即便他們體驗到的症狀會隨新學到的「本週疾病」而跟著改變。醫學院的教授們老早就知道原因何在，誠如內科醫師喬治·林肯·華頓（George Lincoln Walton）在 1908 年所寫：

> 不時有學生前來求教教授們，他們擔心自己得了正在研讀的疾病。對肺炎的認識，讓他們感覺到身體某個部位的不適，使得他們對該部位過分地注意，最後造成對該部位的任何感受都會令他們警覺。光是知道闌尾的位置，就足以讓該部位最無關緊要的感受變成具有嚴重威脅的症狀。58

　　上述有效發揮影響力的案例（以本例來說是有效發揮自我影響）究竟有什麼意義？每個人的內在都潛伏著這種傾向，只等著我們把注意力轉移到這些能在頓時發揮持續性力量的體驗。任何人都能引發咳嗽，只須把心思集中在肺的上半部，就會想咳嗽，你試試看就知道了。同樣道理也適用於暈眩、噁心、頭痛的感覺，只須將注意力分別集中在腦部中央、胃的頂部或眼睛上方，就可以啟動這三種感覺。然而，這些我們內在固有的特定體驗，也可以是冒險精神、積極性格和有用的能力，將注意力導向它們，便能強化這些體驗。

　　接下來我們看看，這套原理可以如何運用在我們最夢寐以求的體驗：快樂。雖然快樂本身便有其價值，但它也提供了額外的益處，它不僅源自於愉悅的生活情境，也可以反過來創造這樣的情境，包括更高水準的身體健康、心理幸福，甚至各方面的成功。因此，我們有個好理由可以說自我影響能夠提升愉悅感。

究竟要如何透過自我影響來達到這個目的，我們首先得解開快樂相關研究中的一個謎題。59

正向心理的矛盾

假設你做了一次詳細的健康檢查。當醫師返回檢驗室時，手上拿著明確指出某種症狀的檢驗報告，這個症狀會在許多方面損害你的健康。當它持續惡化，你的視覺、聽力和思考能力都會被影響。你再也無法盡情享受美食，受限於退化的味覺和消化系統，你能吃的多半只剩淡而無味的食物。由於這個症狀會削弱你的精神與力氣，許多你最喜歡的活動以後也沒辦法做了。最後，你會連開車或自己走路都無法做到。你會越來越容易罹患其他疾病，例如冠心病、中風、動脈硬化、肺炎、關節炎和糖尿病。

你不必是個健康專家也認得出上述醫學症狀其實就是老化的過程。儘管每個人在這過程中的退化情形各有不同，但平均來說銀髮族必然會經歷身心功能顯著下滑。然而，他們並不會讓身心退化妨礙到他們體驗快樂。矛盾之處就在於，變老會帶來恰恰相反的結果，比起更年輕、更有力氣、身體更健康的時候，銀髮族普遍覺得此刻的自己更快樂。究竟為什麼會發生這種矛盾情況，研究人類壽命的專家們迷惑了幾十年而不得其解，他們考慮了幾種可能性，最後由心理學家勞拉·卡爾史丹森（Laura Carstensen）領導的研究調查團隊提出了一個出乎意料的答案：在應付生活中的各種負面事物時，銀髮族認定他們沒時間理會這些東西。事實就是這樣。

上了年紀之後，他們渴望的是餘生能夠得到情感上的滿足，而且也刻意採取行動來達成這個目標，做法正是安排一個能夠發揮自我影響效果的環境。銀髮族會更常、也更全面地在內心和外在世界創造能夠提振情緒的體驗。比起年輕人，他們更常想起正面的回憶、產生愉快的念頭、尋求並保存看了會開心的訊息、搜尋並注視快樂的面容，而且將注意力放在消費性產品的優點上。

他們能夠前往那些陽光普照的地方，靠的就是本書先前提過的一種高度有效的心理策略：將注意力投注在那些地方。確實，具備最佳注意力管理技巧的長者，也就是那些善於找對方向並鎖定正面因素的人，表現出最大程度的情緒提升。而技巧較差的人，無法透過控制注意力來讓自己擺脫生活中的磨難，他們的情緒會隨著年齡而變得日益低落。我敢說，一般人對老人家有著愛發脾氣又尖酸刻薄的刻板印象，就是這類長者造成的結果，因為暴躁的人總是比心滿意足的人要來得顯眼。

我曾請教卡爾史丹森教授，她最初是如何想到許多老人家打定主意將餘生投注在正面事物，將負面事物拋諸腦後。她說她曾訪問一對住在安養院的姊妹，當時她問對方如何因應各種負面事件，例如生病，以及身邊不時有親友去逝，她們同聲回答：「喔，我們沒時間擔心那種事。」她當時聽了很迷惑，因為退休人士不必工作、無須操持家務，也沒有照顧家庭的責任，照理說唯一有的就是時間。幸好她擁有過人的洞察力，這項能力也讓她成為高齡者健康促進理論的影響力人物。她意識到這對姊妹所說的「時間」並非指一天之內可以支配的時間，而是指她們的餘生。從這個角度來說，把所剩不多的時間耗費在不愉快的事件，在她們看來沒什麼道理。[60]

　　那麼其他人呢？我們一定得等到上了年紀之後，才能開心面對生活嗎？根據正向心理學領域的研究，答案是否定的。不過，我們確實得將思維方式調整得更接近銀髮族。幸運的是，已經有人幫我們列了一張清單，告訴我們如何透過鋪梗來調整心態。

　　索妮亞・柳波莫斯基（Sonja lyubomirsky）博士並非首開先河專攻快樂的研究學者，然而就我個人看來，她探討這個關鍵問題的方式比其他人都來得更系統化，為這方面主題做出了重大貢獻。她提出的問題並非常人預期的觀念性問題：快樂有哪些相關因素？而是程序上的：我們可以透過哪些活動讓自己更快樂？

柳波莫斯基出身自移民家庭，從小跟著家人移居美國，當時不但生活拮据，為了適應陌生環境和時不時出現的文化衝突，他們還得應付無止盡的麻煩。不過，新生活也有許多令他們感到開心與滿足的地方，回首那段歲月，她想知道家人做了哪些事來打消低落情緒，提振高昂情緒。

「那段日子不總是黯淡無光。」她在 2013 年出版的《練習，讓自己更快樂》（*The Myths of Happiness*）書中寫道：「但假如我當時就已經懂得我現在知道的，家人們應該可以更妥善地調適心態來充分享受生活。」這段話引發了我的好奇，究竟她現在知道的是什麼。於是我打電話給她，請她憑著科學研究背書所帶來的信心告訴大家，我們可以採取哪些做法來讓自己的生活更愉悅而滿足。對於任何有興趣變得更快樂的人來說，她的回答帶來了好消息，但也夾帶著壞消息。

一方面，她提出了一套可操作的活動，能夠確實增進個人快樂。其中部分活動，包括清單上的前三項，只需要預先鋪好梗，設法轉移注意力即可：

1　在每天的一開始，列出讓自己覺得幸福、感恩的事，然後給自己一段專注於這些事的時間，把它們寫下來。
2　在看待處境、事件，以及未來可能性的時候，選擇看好的一面，藉此培養樂觀心態。
3　刻意減少花費在煩惱問題、與他人做無益比較的時間，藉此消弭負面事物的影響。

iPhone 甚至有個應用程式叫「快樂生活」（Live Happy），協助使用者投入心力在這些活動上。他們的快樂提升程度，與使用頻繁程度呈正相關。

然而在另一方面，上述過程需要持續不斷地投入努力。「讓自己更快樂，就和減重一樣，都是我們可以做到的。」柳波莫斯基博士向我打包票。「不過，就如同改變飲食、有紀律地上健身房，你必須每一天付出努力，不斷堅持下去。」最後這段話，讓我們明白了銀髮族是如何找到快樂。對於內心世界的宜人之境，他們並非抱持著訪客或觀光客心態，而是選擇定居在那些區域。就跟他們在真實世界中，移居到佛羅里達州或亞利桑那州養老一樣，他們也在心靈世界裡遷移到每天早晨有溫暖氣候迎接他們的地方。

我也問了柳波莫斯基博士，為什麼大部分人在年屆高齡之前，想讓自己變得更快樂得花上那麼多心力。她說她的研究團隊還沒找到這個問題的答案。我個人則認為，答案其實已經在卡爾史丹森教授的研究當中。如果各位還記得，她發現銀髮族已經打定主意，將情感滿足視為最重要的生活目標，也因此而將注意力有系統地放在正面事物上。她也發現，年輕人則有不一樣的主要生活目標，包括學習、發展和追求成就。想達成這些目標，就得放開心胸接受令精神感到不適的因素，譬如艱難的任務、衝突的觀點、不熟悉的人，以及犯錯或失敗。倘若做不到這一點，必然會感到適應不良。

　　這麼一來就可以解釋，為什麼在年輕或中年時期，我們很難讓心思從憂患中脫離。為了達成這段生命時期的目標，我們必須接受負面事物的存在，才能夠從中學習，摸索出因應之道。然而，當負面事物造成的壞情緒，已經累積到令我們深陷其中時，問題就產生了。此時我們讓自己墜入了負面的惡性循環，而柳波莫斯基博士所列的活動清單，也就是在這種時候能夠發揮莫大助益，即便我們還沒準備好，將自己全天候安頓在那些最溫暖宜人的心境，我們還是可以透過那些轉移注意的活動不定時造訪，暫時避過嚴冬。61

　　關於快樂的研究告訴了我們，簡單的轉移注意力能夠協助我們管理自己的情緒狀態。類似的方法是否也可以套用於管理其他個人狀態，譬如個人成就與專業的成功？

創造理想的心理狀態

　　我剛進研究所的時候，班上六個學生都是通過甄選來研習一個頗具名氣的社會心理學博士班。有個叫艾倫・柴金（Alan Chaikin）的親切男生，一開始就讓其他同學油然生敬。據說他的 GRE 測驗，也就是申請大部分研究所之前必須參加的標準化測驗，成績高得驚人，而且他在這項測驗的三個部分：

語文、計量和寫作，都名列全世界排名的前 1%。不僅如此，他在心理學這個學科上，成績也是所有心理學系學生中的前 1%。有些同學或許能在一兩門課得到這樣的成績，但很少有人三四門課都表現得如此優越。所以我們都預期艾倫的聰明才智必然會時時令我們大開眼界。後來確實也是如此，只不過結果和我們預期的不太一樣。

艾倫是個聰明人，不過大家很快就看出，他並沒有比其他同學更聰明，他並沒有更善於提出好點子、指出論述中的漏洞、發表真知灼見或是能夠釐清事實的觀察；他只是擅長在標準化測驗中取得高分，尤其是剛剛提到的 GRE 測驗。就讀博士班的第一年，我和他共用辦公室，相熟到某個程度後，我問他究竟是如何拿到這麼厲害的成績，他只是笑了笑。但我告訴他，我是認真的提出這個問題。於是他毫不遲疑地說，他認為自己的相對成功，要歸因於兩個不同之處。

首先，他閱讀的速度很快。他在參加測驗的一年前曾上過速讀課，學習如何快速瀏覽閱讀材料，同時不錯過重點，這讓他在 GRE 測驗中擁有可觀優勢。因為 GRE 測驗的計分完全看正確答題數，由於了解這一點，艾倫特意鍛鍊速讀技巧，他可以快速掃過考題，然後立刻回答那些比較簡單或是他已經知道答案的題目。容易拿的分數先拿到手之後，他才回頭做那些比較困難的題目。其他學生幾乎都是一題接著一題依序回答，如果遇到困難的題目便被卡住，而且寫出來的答案還可能是錯的，後面比較簡單的題目就無法在考試時間結束前完成。如今大部分的標準化測驗，包括 GRE，都經過重新設計，像艾倫這種具備速讀技巧的學生不再占有優勢，速讀已經幫不上考生的忙了。

　　艾倫的另一個應考策略則不同。他在參加任何標準化測驗之前，會先系統化地分配時間來進行「思想準備」。他所描述的一套活動，聽起來就像柳波莫斯基博士活動清單的修改版。他不像我，總是在測驗教室開門之前的幾分鐘，手裡還捧著筆記，拚命想把還不熟的內容全部塞進腦袋。他說，他知道把注意力放在自己還不懂的內容，只會增加焦慮感，所以，他把那段時間用於撫平自己的恐懼，同時靠回想過去的優異成績、列舉自己的強項來建立信心。他相信自己的應考能力，源自於降低恐懼感和提高自信心雙管齊下的成果。「害怕的時候沒辦法好好思考。」他如此提醒：「再說，當你對自己的能力有信心時，你會變得更堅持不懈。」

　　我聽了很驚訝，他竟然能夠為自己創造一個理想的心理狀態，他不只知道注意力應該放在哪裡，這個情緒製造專家清楚知道如何在考試即將舉行前做好鋪梗工作。所以在某個意義上，艾倫確實比我們這些同學聰明，他是屬於某個特定類型的聰明：一種發展策略的智能，他能夠把普通知識，例如恐懼會影響考生表現、信心則可以提升表現，轉化為能夠創造理想結果的具體應用。這可是相當有用的智能。接下來我們就循著艾倫的腳步，看看我們該如何創造同樣效果。不過，這回要被引導向預期結果的對象，不是我們自己，而是別人。[62]

喚醒既有能力

想像你是一所學校的負責人，你面臨著以下煩惱：當地政府正在申請一大筆聯邦補助，可望用來更新陳舊的實驗室、設備和教室。然而，要得到這筆補助，你必須證明你監管的高中，近來在推動女學生追求科學、科技、工程和數學四大領域的專業有所進展。想成功領到補助，你得拿出女學生在標準化數學測驗的成績，也就是所有高三學生都必須參加的測驗，比去年更進步的具體紀錄。

這讓你很煩惱，這幾年你已經竭盡全力，招募更多女性的科學與數學教師，確保女學生也容易進入科學領域或取得相關獎學金。然而，女學生的標準化數學測驗成績還是不見進步，你只能抱著樂觀期望，著手準備這次的測驗。做法依循著往常慣例，即下面幾個步驟：

1　所有高三學生同時接受測驗，但由於沒辦法把所有考生安排在一間教室，校方準備了兩間大教室。考生們依據姓氏的第一個字母來分配教室，字母是 A 至 L 的到其中一間，字母是 M 至 Z 的則到另一間。

2　每間教室都有幾位經過抽籤選出的監考老師。

3　考試開始的前十分鐘，校方會教導學生整理思緒，並設想假如遇到較難的題目時可以怎麼做。

4　要求學生一拿到考卷，就先填上自己的名字、學號和性別。

以上都是大規模測驗的常見做法，但如果你也照做，那你就錯了。為什麼？因為校方的諮詢顧問早就再三提醒，許多女孩接受了社會的刻板印象，相信女性的數學能力就是比男性差。

已經有研究顯示，任何會導致女性注意到上述刻板印象的做法，都會降低她們的數學表現。這些做法會增加她們的焦慮感、明明已經學會的東西卻想不起來、無法專注在測驗上、容易疏忽考題中的重要訊息，而且把題目的難度歸咎於自身能力不夠，而題目本來就比較難，這種想法也會讓她們容易過早放棄。

前述四個準備步驟，都有可能惡化女學生原本就難以集中注意力的問題。幸而針對每個步驟，我們都有個簡單、有研究證據背書的解決之道。

1　教室的分配應該根據相關因素（考生的性別），而非不相關的因素（姓氏的第一個字母）。為什麼？當男女考生在同一間教室接受數學測驗時，女同學比較容易想起男生數學能力較好的刻板印象，因此，她們得到的分數，會比教室裡全是女同學的考生要來得低。值得注意的是，語言能力測驗就不會呈現出這種成績落差，因為並沒有任何刻板印象指出女性的語言能力低於男性。

2　監考老師不要隨機挑選，而應該根據性別和專長。女學生的監考老師應該是數理科目的女老師。為什麼？因為她們是打破性別刻板印象的證據，可以消弭偏見造成的影響。如此一來，女學生解出的數學測驗題會明顯增加，就算題目比較困難，因為她們在下筆前，親眼看到那些在數理領域取得成就的女性，包括她們的監考老師。

3　考前十分鐘的整理思緒時間，即讓學生在這段時間設想遇到難題時要如何因應，這個做法必須取消。因為把注意力集中在測驗裡令人生畏的部分，會降低他們的成績表現。相反的，校方應該讓女學生選出對她們自己來說最重要的個人價值（例如善於維繫朋友關係或樂於助人），然後把它寫下來。為什麼？經過這樣的自我肯定，可以將注意力引導至人際方面的強項，降低刻板印象造成擔憂而帶來的負面影響。有一所大學的物理課，班上女學生只做過兩次這種自我肯定練習，一次在剛開學時、一次在學期中間，結果她們在需要數學計算的學科測驗中，得到的分數整整提高一個等級。

4　不要讓考生在測驗一開始就先寫自己的性別，這會讓女學生想起女生數學較差的刻板印象。考卷上方應該要寫年級：「三年級」。為什麼？因為光是轉移注意力就可以發揮正面效果。讓考生先寫年級，將注意力放在她們能夠自我肯定的學業成就，而非弱點之上。女同學就比較不會在數學測驗上表現低落。

關於轉移內心的注意力焦點可以影響個人表現，在這方面我有個特別喜歡的例子，除了認為女生數學比較差的刻板印象，還有個刻板印象是亞洲人數學能力比較強。研究人員在數學測驗開始之前，要求一些亞裔美籍女學生寫下自己的性別，另一些則寫下自己的族裔。相較於沒有被要求寫下性別或族裔的亞裔美籍女學生，那些寫下性別的考生成績比較差，而寫下族裔的考生則成績比較好。[63]

某種程度上來說，我在本書中描述的鋪梗效果，似乎有些難以置信：光是選對書桌，就能讓我寫得更好；光是在開會前，把員工的照片擺放在會議室，就可以提升工作品質；光是要女學生在考前寫下看似不相干的個人優點，就能讓她們在物理測驗取得更好的成績；光是叫亞裔美籍女學生在數學考試一開始先寫自己的性別，就會對她們的成績表現產生負面影響；如果先寫的是自己的族裔，反而對成績有正面助益。這種現象已經超越自然，簡直像是變魔術了。不過，就跟所有魔術一樣，從外觀看不出來的運作機制，也就是藏在表面下的真實原因。接下來，我們要更進一步探究這些機制與原因，看看它們如何在鋪梗的架構下發揮作用。

CHAPTER 9
鋪梗的機制：
起因、約束與矯正

　　鋪梗的基本概念是，溝通者如果能運用策略來引導注意力，便有可能在受眾消化一道訊息之前，就先將他們帶往同意這個訊息的方向。關鍵在於，一開始就要把受眾的注意力聚焦在能夠讓他們產生相關聯想的概念，儘管他們根本還沒接觸到這個訊息。但這套方式為何能奏效？究竟是怎樣的心理機制，能夠讓負責紅酒銷售的經理光是靠在店裡播放德國音樂，就能引導消費者購買更多德國年份酒？求職者光是把履歷放進沉甸甸的活頁夾，就能讓面試官更看重他的學經歷？

好整以暇

　　做好準備就對了。
── 莎士比亞《哈姆雷特》，第 5 幕第 2 場上述問題的解答，涉及到人類心智活動一個經常被忽略的特色：它不只在準備好之後啟動，也會在被觸及之後開始啟動。當我們留意到某個特定概念，相關概念也會在我們的心智活動中凸顯出來，取得其他不相關概念無法匹敵的影響力。之所以會有這種現象，理由有二。首先，一旦某個觸發概念（例如德國音樂或重量）得到我們的注意，與之相近的第二順位概念（例如德國酒或分量）就會浮出我們的意識，進而大幅提升我們主動思考、回應這些概念的機會。在意識中變得鮮明，可以增強這些概念的影響力，左右我們的認知、引導我們的思維方向與動機，連帶改變我們的行為舉止。在此同時，其他不相關概念則會在意識中受到壓抑，變得比平時更難得到我們的注意，更遑論發揮影響力，非但無法促成行動，甚至暫時停止了運作。

這種第二順位概念變得更容易被大腦認知的機制，可以用來解釋近來一個爭議性現象造成的後果：電玩遊戲。不少研究顯示，玩暴力電玩會直接激發反社會行為，舉例來說，這類遊戲會讓玩家比較可能向他們不爽的對象發出高分貝噪音。原因是什麼？這類遊戲把侵略性想法植入玩家腦海，導致這些想法容易被喚起，激發了玩家的侵略性。

一個原理明顯類似、但反映出鏡像效應的現象，發生在玩家玩的是鼓勵利社會行為的遊戲時。這些遊戲要求玩家保護、拯救或協助遊戲中的角色。研究調查發現，玩過這類遊戲之後，玩家會變得比較願意清掃打翻的東西、撥出時間當志工，甚至在年輕女性被前男友騷擾時，會願意插手干預。之所以出現這種樂於助人的精神，是因為玩家容易想起這類遊戲所灌輸的利社會想法。一個有趣的轉折是，更新的研究指出，有時候暴力電玩也可以降低侵略性行為，前提是玩家必須和其他玩家合作，共同殲滅遊戲中的敵人。這些新研究添增的細節符合概念的觸及性原則：透過合作方式破關，即使遊戲內容是暴力的，仍然可以壓抑侵略性的想法。64

出乎意料的答案

至於鋪梗的機制究竟能發揮到什麼程度，有一些研究試圖回答以下三個問題，或許可以帶來有用的啟發。

多早？

第一個問題思考的是這種機制的原始性。我們已經看到，相近的聯想可以創造令人印象深刻的鋪梗效果，例如，訪客在家具公司官網首頁，如果看到的是背景中的蓬鬆雲朵，就會偏好舒適的沙發。這是因為蓬鬆與舒適可以連結到他們先前的體驗。我們在多小的年紀，就讓這類觸發概念在我們腦中發揮聚焦特定聯想的效果呢？各位不妨參考一份研究調查的結果。這份研究的目的是要激發實驗對象的助人精神，研究人員讓他們看一系列兩人靠得很近站著的照片。實驗者預期，由於「在一起」和「助人」在人類腦中是相關連的概念，所以看了這些照片的受測者會變得格外有助人精神。確實，相較於看到兩人站得很開的照片，或是看到獨照的受測者，這組受測者有高出三倍的機率協助研究人員撿起他們「不小心」掉落的物件。

雖然這些研究探討的行為有所不同，但其中展現出的鋪梗機制有其一致性，包括先把注意力引導至雲朵圖像，可以使受眾變得偏好舒適家具；跑者奔向勝利的照片，可以提升職場工作成就等等。不過上述實驗還是在兩個部分帶給我新的啟發。

我讀到第一部分時，忍不住小聲吹了口哨：實驗對象，也就是助人機率提高三倍的那群受測者，年齡才十八個月大，幾乎都還不會講話、檢討、反省或理性思考。然而，這套機制就是如此深植人類大腦，連小寶寶也會被強力啟動。

第二，這套機制的效果是自發性的。預先讓受測者接觸「在一起」的概念，可以使他們在無須刺激或請求的情況下，迅速對研究人員伸出援手。（先爆個雷，本書第 11、12 章還會提到，「在一起」的概念也會對成年人的回應形式產生莫大影響。研究顯示，「在一起」的思考線索，可以讓受測者在投入一項任務時得到樂趣，進而增強他們的毅力與成果。因此，當「團結」成為受眾的注意力焦點，除了助人精神之外，符合目標的各種概念也會觸及認知，進而帶來行動。）

多遠？

　　第二個問題若能得到肯定答案，或許可以幫助我們評估鋪梗機制能夠在多大的範圍內發揮作用。在此涉及的是連結的力度：任何兩個概念之間的連結，無論彼此距離多遠、連結度多微弱，都可以在第一個概念被放進受眾的意識之後，為第二個概念的上場預先鋪好梗嗎？答案是否定的，鋪梗效應有個重要侷限。第一個概念能為第二個概念預備多少影響力，和兩者之間的關連度呈正比。

　　對此，我在幾年前有個親身體驗。當時我正著手進行一項關於遏止公共場所亂丟垃圾的研究。儘管亂丟垃圾並非最嚴重的環保罪行，卻也並非區區小事。除了造成水污染、引發火警和病蟲害而破壞環境美觀，威脅公共衛生，全球各地為了清理垃圾每年得耗資數十億美元。我和旗下研究團隊相信，一個遏止亂丟垃圾的好辦法，是把民眾的注意力聚焦在反對亂丟垃圾的社會規範。我們好奇的是，倘若我們用其他社會規範當成觸發因素，那麼兩種規範概念，在多遠的距離內能發揮鋪梗效果。

　　要找出答案並不難。先前已有研究顯示，相對於不亂丟垃圾的這項社會規範，民眾將以下三種社會規範視為「接近」、「有點遠」、「很遠」，這三種社會規範分別是：資源回收、隨手關燈，以及投票。接下來的步驟就有趣多了。我們前往一座圖書館的停車場，在每部車的擋風玻璃上夾了一張傳單，傳單上印著四種訊息，由我們隨機分發：

1　反對亂丟垃圾
2　提倡資源回收
3　提醒關燈
4　鼓勵投票

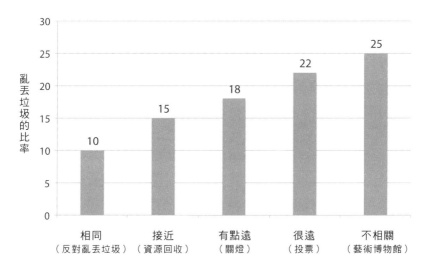

傳單訊息與不亂丟垃圾的規範之間的距離

越相關，越有效。傳單訊息與不亂丟垃圾的規範越接近，實驗對象就越不會亂丟垃圾。

資料來源：羅伯特‧席爾迪尼與美國心理學會

為了建立控制組，我們也發第五種傳單，上頭的訊息無關乎社會規範，而是宣傳當地藝術博物館。車主回來並讀了那些傳單之後，我們從旁觀察他們是否會把傳單扔到地上。

　　我們觀察到的行為模式再明顯不過。當車主將注意力放在反對亂丟垃圾訊息的傳單，最能讓他們抗拒亂丟垃圾的傾向；注意力焦點距離越遠，他們就越無法抗拒這樣的衝動。實驗結果如此直截了當，為最佳鋪梗方式帶來的啟示也很直接：觸發概念與相關概念之間的連結有多強，決定了鋪梗的效果有多大。因此，如果你想透過鋪梗方式促成行動（例如幫助他人），就應該找到與這項行動有強力正向連結的概念（「在一起」是個不錯的選擇），然後，在要求他們提供協助之前，先將這個概念放進對方的腦海裡。[65]

可以憑空創造？

　　還有一種鋪梗機制，根本不需要找到夠強的既有連結，事實上，它完全不需要任何既有連結，反而是要我們無中生有，創造連結。廣告商運用這套策略超過上百年，他們先讓目標觀眾看到具有吸引力的事物，例如美麗的景致、漂亮的模特兒或廣受歡迎的名人，同時，將他們與產品呈現在廣告中。看到這些廣告的人會體驗到老虎伍茲與別克汽車、碧昂絲與百事可樂、布萊德‧彼特與香奈兒五號香水、巴布‧狄倫與維多利亞的祕密（這讓我有點坐立不安）之間的關連。廣告商的期望，當然就是借由他們創造的連結，將名人對觀眾的吸引力轉移到產品上。

我們不太需要抨擊廣告業的這種做法，因為幾乎每個人都留意到廣告業者的企圖了，但這一招依舊管用。我們該從中學到的是：兩個觀念之間的有效連結，不一定要產生自既存現實，也可以是被建構的。只要第一個呈現的概念，可以經由某種方式被觀眾直接連結到第二個概念，進而觸發相關行動就行了。還記得巴夫洛夫的狗吧，鈴聲與食物之間並沒有任何自然關連，直到這兩個事物同時發生，狗才體驗到兩者之間的關連。同時發生的次數多了之後，連結也隨之增強，此後，狗聽到鈴聲，便自動為進食動預作準備（分泌唾液）。

有強力證據顯示，我們就像巴夫洛夫的狗，很容易被刻意建立的配對聯想制約，而且完全沒有意識到自己是如此容易受制約。舉例來說，一個讓廣告商挺開心的現象是，只要在令人愉悅的活動，如航海、滑水或擁抱的圖像上，打上五次某個比利時啤酒品牌名稱，就能夠提高受眾對這款啤酒的好感度。同樣的，在美麗風景照上打上六次某個漱口水品牌名稱，也能讓受眾立即對該品牌產生偏愛，而且這種偏愛會延續到三個禮拜之後。讓口渴的實驗對象在試喝新款飲料前，無意間看到八次快樂臉孔的照片（對比憤怒臉孔），就能讓他們購買更多新款飲料，而且願意支付的價格高達三倍。在上述調查研究中，沒有任何參與者意識到他們是受到這種配對聯想的影響。66

制定「當……就怎麼做」計畫

用來鋪梗的聯想，是可以製造出來的。認識到這一點，我們可以從中獲得不少個人利益，即便我們不是在行的廣告文案寫手或知名俄羅斯科學家。

我們有時候會為自己設定目標，可能是想達成某個目標、追上某些標準，或是領先群倫。然而，我們也經常沒能達標，夢想成為幻影。目標為何如此難以企及，有個得到許多科學研究支持的理由：儘管立定志向很重要，但光是起心動念還不足以促使我們採取達成目標的必要步驟。以健康來說，我們把維護健康的意念化為任何類型實際行動的比例，大約只有一半。成功率令人失望的緣由，在於我們自身的兩大弱點。首先，除了我們有時候會忘記自己發的願，譬如增加運動量，我們也經常沒能辨識出適合從事健康行為的時機或環境，例如不搭電梯改走樓梯。其次，我們經常會因為一些因素而沒想到自己應該為目標而努力，尤其在忙碌的日子裡，我們會因為分神而忘記目標。

不過幸好，我們可以利用策略性的「自我陳述」（self-statements），透過鋪梗克服上述問題。這種自我陳述有多個學術名稱，我姑且稱之為「當……就怎麼做」計畫。這套計畫協助我們達成目標的方式，是在環境中安排一些提示線索，我們就會因為這些提示線索而採取符合目標的行動。

舉例來說，假設我的目標是減重，我的計畫可能是：「當我吃完商業午餐，服務生詢問要不要飯後甜點時，我就點薄荷茶。」我們也可以運用這套計畫有效達成其他目標。倘若癲癇症患者很難定時服藥，他的計畫可以是：「當早上八點鐘一到，而我已經刷好牙，我就服用處方藥。」如此一來，遵守醫囑定時服藥的比率，可以可從 55％，提高至 79％。

　　有個特別令人印象深刻的案例是，一群因鎮定劑藥物成癮而就醫、正在承受戒斷症狀的人，在一天結束之際被要求撰寫求職履歷，以便在出院後找到工作。部分的人被要求制定「當……就怎麼做」計畫，控制組則未被要求。他們的計畫可能是：「當用完晚餐，餐桌的空間清出來，我就在那裡著手撰寫履歷。」到了一天結束之際，控制組沒有半個人完成這項任務，雖然這沒什麼好奇怪的，畢竟這些成癮的人還在承受戒斷症狀。然而，在同一天，制定了「當……就怎麼做」計畫的實驗對象有高達八成交出了內容完整的求職履歷。

　　更令人印象深刻的是，「當……就怎麼做」計畫的效果，遠超出「我這個月要減重五磅」或「為了減重我要戒除所有甜食」這類簡單的志向聲明或行動計畫。僅僅表達達成目標的聲明或建立一般性的行動計畫，都比較不可能獲得成功。「當……就怎麼做」計畫之所以勝出是有好理由的，計畫中依特定順序出現的因素，有助於我們擊敗達標的傳統敵人。「當……就怎麼做」的遣詞方式，目的就是讓我們在特定時間點或環境中變得高度警覺，做出相應的建設性行動。首先，我們已經被觸發「留意」合宜的時間或環境。其次，我們也已經被觸發，會自動從這個時間或環境，聯想到相應的行動。尤其值得一提的是，上述鋪梗過程本質上是由我們自行裁量打造，我們在自己心裡裝了警報器，會針對預設的提示線索發出警示。我們也因為預先將這些提示線索和有利於達標的步驟做了連結，因此我們在得到警示後，就可以立即運用這兩者之間的強力連結。[67]

當一個概念的觸及性夠強，溝通者就不需要為了鋪梗並影響受眾而特別做什麼準備，這些概念已經是隨時備用。我打個比方吧，各位不妨想想你所使用的電腦程式，程式裡有一些連結，會連到你想取得的資訊，你得用滑鼠連續按兩次：一次是預備好連結，另一次是啟動連結。但程式裡也有些連結只需要按一次，因為它們早就預備好了，那就是「超連結」。瀏覽器開發工程師將超連結的效果稱為「預先擷取」。就如資訊科技軟體工程師在我們的電腦程式內設置了快速擷取特定資訊來源的途徑；我們生活中的設計師，如父母、老師、領導者，以及我們自己，都曾經為我們的心智做過同樣的預備工作。這些預先擷取的訊息老早就放在我們的意識裡備用，只等著提示線索出現（按一下滑鼠），就可以轉化為行動。

認識到這一點，就可以明顯看出「當……就怎麼做」計畫對於達成目標的莫大用處了。這些目標，就像預先被擷取的訊息與方向，等著提示線索，提醒我們將它們落實為執行步驟。「當……就怎麼做」計畫的架構，讓我們知道那些提示線索有著怎樣的具體細節，讓我們在時機與環境到位時能夠加以辨識（「當早上八點一到，而我已經刷好牙」），就連看似難以改變的壞習慣也可以透過這套計畫得到改善。長年無法成功節食的人可以減少高熱量食物攝取，並減去更多體重，只要將「當……就怎麼做」計畫設定為：「當我看到超市貨架上有巧克力，我就會提醒自己正在節食。」

那些我們矢志達成的目標，如果不好好利用「當……就怎麼做」計畫帶來的鋪梗效果，那就太不聰明了。[68]

矯正偏見

目前為止，本書提到的許多數據顯示，越容易想起的，就越可能化為行動；以及容易想起的程度，是受到周遭提示線索和我們對它的聯想所影響。

本書討論「當……就怎麼做」計畫的部分，以及環境影響力那一章都提供了證據，我們可以透過這些基本流程得到許多好處，我們可以刻意安排日常生活中的提示線索，連結到有助於達成更遠大目標的行動上。

然而，我們非得調整原始心理機制，才能免於這些機制帶來的負面結果嗎？畢竟我們不可能針對每一個情境，都預先設定好能夠引領我們走向期望方向的提示線索。很多實體環境和社會互動都是我們這輩子第一次遇到，我們也經常接收到精心打造的說服訴求，其中的組成內容並非我們所能預見。在這種情況下，難道我們只能隨波逐流，被當下遇到的提示線索牽向任何強烈聯想？答案就看我們是否注意到吹起漣漪的微風。

倘若我們的偏好與選擇可以被任意左右，有時候影響我們的是非物質性的提示線索，可能是一句押韻的宣傳口號、一個跟我們相像的名字、印有美麗風景的廣告、容易發音的股票代號，我們當然會希望在進行購買交易時能夠改正這些偏見。毫無疑問的，我們想在各種情況下避開這些影響，因為這些影響會讓我們的判斷和交易發生偏見。在這方面，我有個令人鼓舞的好消息。通常只要認知到這些不良影響的存在，就足以防範它們造成的負面後果，而這樣的認知，可以從不只一方面來建立。

我們需要的只是提醒

我們都知道，當我們心情好的時候，周遭的人看起來都會比較順眼；在路上收到免費贈送高級寫字紙，就覺得自己的車子或電視功能更好。我們也知道，好天氣能夠鼓舞精神，讓我們毫無根據地做出上述這類判斷。有份調查研究顯示，一名男性在讚美年輕女性之後，向對方要電話號碼，在晴朗早晨做這件事的成功率，會比在陰天早晨來得大許多（成功率分別是22.4％和13.9％）。

晴天不只能讓我們對自己擁有的事物和遇見的人評價更高，也能讓我們對自己的生活感到更滿意。一群接受電話訪問的人，相較於雨天時接受電訪，在晴天時接受電訪，他們對生活的滿意度提高了 20％。隨波逐流的負面標籤，似乎還挺適合套用在我們人類身上。幸好，這份研究仍指出了樂觀的發現：倘若受訪者在調查開始之前有被提醒天氣狀況，結果就會大大不同。如果電訪人員先問：「對了，你那邊天氣如何？」那麼天氣的陰晴就不會造成任何影響。只要讓受訪者留意到天氣，他們就會想到天氣可能帶來偏見，進而修正自己的思維。這證明了人類並非原始心理機制的奴隸，讓我們可以稍感安慰，上述調查結果也帶來了值得深思的重要啟示：我們只需要一個簡單又簡短的問題，就可以消除偏見。

　　羅斯與凱塞琳・佩特拉斯（Ross and Katherine Petras）在他們的著作《七百七十六句蠢話》（The 776 Stupidest Things Ever Said）收錄了一些話語，譬如前任南非駐美大使皮特・寇恩哈夫（Piet Koornhoff）曾說：「我同意自己剛剛說的每一句話。」另一句是：「我太常四處奔波，沒時間留鬍子。」說這句話的是鮑伯・霍納（Bob Horner），他曾經是美國職棒大聯盟選手（也是我母校的校友）。此外，作者還收錄了好萊塢導演格雷戈里・拉圖弗（Gregory Ratoff）的話：「容我向你問個問題，好提供你一個參考。」

　　雖然這本書的作者認為拉圖弗的這句話很荒謬，我倒是有不同的看法，提出問題，確實能夠為對方提供寶貴資訊，促使對方想起當下並未清楚意識到、但留意了之後便能改變一切的訊息，例如意識到我們不只在晴天戴上墨鏡，也會戴上粉紅色眼鏡來看世界。接著我們就會在自我調節機制的範疇內，發現鋪梗核心原則的另一個實證：立即且大規模的調整，通常從重新引導注意力開始。[69]

看穿說服企圖

　　制式化的置入性行銷，也就是悄悄將消費商品放進電影或電視情節中，已經是行之有年的做法。近一個世紀以來，好萊塢片廠都設有部門專門負責協商這些置入性行銷，並從中收取廣告費。同樣的，電視製作人也向那些希望劇中角色使用旗下產品與服務的廠商，收了幾十年的置入費。人氣高的演員或虛構角色，更是能從這種「給錢就演」的置入性行銷中大撈一筆。可觀的資金湧入，承包了建立聯想的工作，螢幕中受歡迎的角色手拿可樂、駕駛凌志汽車，或是啃著一條士力架巧克力。置入性行銷串起的產業鏈，在近年發展出數十億美元的市場，絕大多數廣告商都涉入其中，而專門從事置入性行銷的公司也如雨後春筍般創立，業務範疇更擴及音樂、舞台劇和電腦遊戲產業。顯然廣告商相信置入性行銷，以及這套做法創造的聯想的功效。這種想法雖然無誤，但產生效果的方式卻不一定是他們假設的那樣。

　　許多從事置入性行銷的人相信，他們建立的聯想越顯而易見，產生的效果就越好。這種看法源自於一個似乎挺站得住腳的邏輯：被凸顯的訊息，更有機會被觀眾注意到，也因此更容易對觀眾發揮影響力。產品的置入越明顯，就越有效，這種看法有其證據支持，而成功的衡量標準採用的是廣告業的通則：認知與回憶，即觀眾對他們看到的留下什麼記憶。舉例來說，一份研究針對高收視情境喜劇《歡樂單身派對》（*Seinfeld*）各集內容中的顯著置入性行銷做檢視。正如預期，最容易被注意到的置入（不但拍到品牌名稱，還大聲唸了出來）相較於比較不明顯的置入（有拍到品牌名稱但沒唸出來，或是有唸出來而沒拍到），促成了最多的認知與回憶。

除了衡量認知與回憶，這份研究的作者們還做了件創舉，他們提出第三種衡量成功的方式，而這套方式推翻了我們對置入性行銷的傳統認知。他們讓受測者從一份品牌清單中挑出有可能選購的產品。猜猜怎麼著？受測者最不可能挑選的，正是那些置入得最明顯的產品。似乎明顯的置入會讓觀眾意識到廣告商企圖左右他們的偏好，而主動去矯正可能發生的判斷扭曲。47％的受測者選擇了置入得最隱晦的商品，而選擇置入最明顯商品的受測者僅有 27％。

一般人都知道，廣告商的作為會影響我們的判斷，然而，要等到被提醒這種偏見可能存在之後，我們才會採取行動來加以平衡。以上述例子來說，廣告商的企圖太明顯，使得置入性行銷的技倆（建構聯想）昭然若揭。只須一個提醒，就可以觸發受眾採取這種矯正行動。所謂提醒，拆開來看就是提點，然後喚醒。要讓我們根據已知訊息來採取行動，只需在行動即將

展開前，將我們的心思重新引導至那項訊息就可以了。[70、71]

　　我們為了抵抗不當影響所做的調整，有時候是不假思索的立即反應，就像我們被提醒天氣現況之後，會重新調整想法，就是個好例子。而在其他的時候，這種調整是更有計畫性的，進程也比較緩慢。第二種調整是經過深思熟慮，能夠克服基本心理傾向所造成的偏見。當我們走進超市，想購買健康、營養的平價食物，只要我們根據卡路里、營養成分和標籤上的單價仔細權衡，就可以抵禦架上那些廠商大打廣告、包裝誘人且容易取得的商品。

鑽心智空檔

　　從另一方面來看，相較於自然的心理反應（選擇熟悉、看起來有吸引力、容易取得的選項），周延的分析需要投入更多時間、精力與積極性，也因此，它對我們的影響，便受限於我們投入的程度。假如我們沒有本錢（時間、能力、意志）對一個決策好好動腦，我們就不可能深思熟慮。但凡這些要求中欠缺任何一項，我們通常會訴諸捷徑，雖說抄捷徑不一定會帶來壞結果，因為在許多情況下，捷徑能讓我們做出更快速有效的選擇，但也有許多情況是，捷徑將我們帶往原本不想去的地方，至少不是我們三思後會願意去的地方。

無法好好思考的時候，或許是在我們疲倦之際，我們無法憑藉權衡利弊得失來糾正一個基於情緒、可能造成日後追悔的選擇。我曾經參加過一場資訊型節目製作人的會議。我原本以為，這類節目通常在深夜時段播放，是因為那些時段收取的費用較低，但我很快就發現不是那麼回事。雖然在一開始，廣告費低確實是這類節目在深夜時段播出的主要原因，但另外還有一個重要理由：深夜時段播出的廣告效果也比較好。觀眾度過了漫長的一天，已經沒有足夠的腦力來抵禦情緒的挑動（討人喜歡的主持人、興致勃勃的棚內觀眾、持續減少的供應量等等）。

　　利用心神疲勞來削弱分析能力，以及隨之而來的抵禦能力，不只有資訊型節目。睡眠研究人員從炮兵作戰單位的田野測試中注意到，經過充分休息的單位經常挑戰攻擊醫院或其他平民目標的命令。然而，在長達二十四至三十六小時的睡眠剝奪之後，他們往往會毫不質疑地服從上級指令，變得更可能攻擊任何目標。同樣的，在犯罪偵查過程中，即便是無辜的嫌疑人也經常在歷經數小時耗盡心神的審訊後，對偵查人員要求認罪的壓力投降。一般來說，審訊時間會不超過一小時，但促成不實認罪的審訊時間平均為十六個小時。

　　除了疲勞，還有許多狀況會造成我們無法辨識、並且導正做出愚行的傾向。當我們趕時間、承受過重負擔、專注於某件事、漠不關心、感到壓力、心有旁騖，或本身就是個陰謀論者時，我們都比較可能犯傻。

導致犯傻的狀況族繁不及備載，我們先看第一種狀況就好。當我們趕時間的時候，沒有空將一項決定所涉及的各個面向都考慮周全，我們可能會光憑一個因素就做取捨，例如我們可能會相信，自己應該買下優點最多的那個品項。就算我們知道只憑一個因素就做決定有可能是錯的，但既然時間緊迫，我們並沒有煞費苦心剖析所有優缺點的奢侈。

　　一份研究顯示，時間限制會大幅影響閱讀相機產品報告的人的選擇偏好。報告比較了兩個品牌的十二項功能特色，其中一個品牌在鏡頭、操作和照片品質這三個選購相機最重要的考量上都更為出色，另一個品牌在八項功能特色中表現得比較好，但那些功能特色相對來說不那麼重要（例如售價較低、附贈背帶）。若受測者在閱讀這十二項功能特色時，每項只有兩秒鐘的時間可瀏覽，那麼僅 17％的人會偏好高品質的相機。其他多數人挑選的是優點較多、但較不重要的品牌。當受測者有五秒鐘的時間來閱讀每一項功能特色，上述結果就會稍微改變，但也只有 38％的人做了更明智的選擇。只有當受測者有不受限的時間來考量這些資訊，結果才會翻轉，大多數（67％）都偏好優點較少、卻較重要的相機。

　　沒有充分時間分析一段溝通內容的種種面向，是否讓你想到這年頭大家都得應付連珠炮似襲來的訊息？我們來想想這件事吧。要是能夠不限時間地思考就更好了，但這不就是媒體傳播訊息的方式嗎？我們很難讓它慢下來，也無法倒回去，讓自己有時間充分思考。我們沒辦法將心思鎖定在廣播或電視廣告中，審度內容是否言如其實，也沒辦法對政治人物演說的一段新影片做出謹慎回應，反而是把注意力放在其他次要的地方，例如廣告代言人的吸引力或政治人物的領袖魅力。[72]

除了時間限制，現代生活還有許多其他層面會減損我們審慎斟酌的能力（和積極性），即便我們面對的是重大決定。時值今日，光是訊息量龐大的程度就讓我們難以招架。這些訊息錯綜複雜得令我們頭昏腦脹，源源不絕地出現，耗盡我們的心神，五花八門的內容讓我們無從專注，提出的前景令人心旌搖曳。除此之外，現在幾乎每個人身上帶的裝備都有打斷專注的提醒設計，而過去被視為決策所不可或缺的審慎評估，其角色也被急遽弱化。有鑑於此，當溝通者透過聚焦注意力、訴諸自然聯想、運作於潛意識的鋪梗方式，將受眾的注意力引導至特定概念，藉此強化他們對即將到來的訊息的接受度時，他們也不擔心自己的招數會在對方三思後被輕易拆解。深度分析很少能現身扭轉乾坤，因為它幾乎不會被徵召出馬。

由此我們會自然延伸至一個高度相關的問題：我們應該將受眾的注意力聚集在哪些概念，才能取得最廣的鋪梗效果？本書接下來的章節將探討七種概念。

PART 3

最佳實踐：
優化鋪梗工作

CHAPTER 10

改變的六種途徑：
是康莊大道，也是捷徑

　　我們已經看到，如果我們期望他人有所回應，只要在對方即將回應前說對了話或做正確的事，就有可能促使對方朝我們希望的方向前進：

- 假如我們希望對方購買一盒昂貴的巧克力，我們可以安排讓對方事先寫下一個比巧克力售價高得多的數字。
- 假如我們希望對方選購法國紅酒，我們可以在他做決定之前，先讓他聽到背景中的法國音樂。
- 假如我們希望對方同意嘗試未經測試的產品，我們可以先詢問他是否自認為具備冒險精神。
- 假如我們想說服對方挑選熱門品項，可以先讓他看恐怖電影。
- 假如我們想讓對方覺得我們溫暖，可以先給他來杯熱飲。

- 假如我們想讓對方更願意幫助我們，可以先讓他們看幾張人物緊靠在一起站著的照片。
- 假如我們希望提升對方的成就動機，可以為他提供一個跑者贏得比賽的畫面。
- 假如我們希望對方審慎評估，可以讓他看羅丹著名雕像《沉思者》的照片。

　　要注意的是，在某個情境下應該說什麼話或做什麼事，會隨著我們希望對方有什麼反應而改變。刻意安排讓對方聽到一首法語歌，或許能促使他後來選購法國紅酒，卻沒辦法讓他更積極追求成就或變得樂於助人。事先詢問對方是否具有冒險精神，或許能促使他更願意嘗試未經測試的產品，但無法讓他們願意選擇高人氣的品項、或做出審慎的評估。這個道理就如同溝通者所運用的觸發步驟，在說服對方之前，先將注意力引導至有利於溝通者達成特定目標的相關概念上。

　　然而，難道不是所有溝通者都有一個共同的終極目標，也就是得到對方的同意嗎？畢竟每個溝通者都希望對方點頭說「好」，有沒有哪些概念，特別符合贏得首肯這個大目標？我相信是有的。我在前作《影響力》書中，提出了六個這樣的概念，即互惠、好感、社會認同、權威、稀少性和一致性。這些原則可以有效地贏得首肯，因為它們通常能夠正確地促使對方接受我們嘗試要發揮的影響力。

　　以「權威」原則為例，大部分人都認知到，在絕大多數情況下，他們會傾向於接受符合相關專家主張的選擇。這種認知是一種重要的決策捷徑：當他們看到堅實的權威數據資料出現時，就不必再多想了，只要遵循權威的帶領即可。因此，倘若一個訊息有足夠權威的證據撐腰，說服成功的可能性就會大幅躍升。

為成功說服而鋪梗的原理，已經得到越來越多行為科學證據支持，我打算將過去的論據做進一步延伸。再以權威原則來闡釋我的延伸論點：倘若溝通者不只在訊息內容本身強調權威，而且能在傳達訊息的前一刻就凸顯權威，他的說服就會變得更有效。透過預先鋪梗，受眾會對即將聽到的訊息的權威性更加敏感（也因此有了接受的心理準備）。這會讓他們更注意這項訊息，為之賦予重要性，進而受到影響。73

假如說，將注意力（在傳遞訊息之前與當中）引導至互惠、好感、社會認同、權威、稀少性和一致性這些概念上，可以提高對方首肯的可能性，那麼，我們當然有理由好好檢視這六大概念的運作機制，目前有哪些最新的相關資訊出爐。本章的宗旨不在於討論鋪梗的過程，而在於退一步探索這六大概念為何有著驅動心理的莫大力量。

原則 1——互惠

一般人會對他們感到虧欠的對象點頭。這當然也有例外，人類社會互動並非恆定不變，但發生的頻率已經足以讓行為科學家為這種傾向賦予「互惠原則」的標籤，也就是曾經對我們好的人，有權要求我們提供回報。社會的健康運作需要這種寶貴特質，所有人類文化都會自幼灌輸這項法則，並且為只接受而不施予的人冠上惡名，例如揩油、利己、自私鬼、寄生蟲等等。

因此，幼兒不到兩歲就學會了這項法則，當他們長大成人，這項法則已經因為先前的鋪梗而影響了生活所有層面，包括他們的消費模式。一份研究顯示，糖果店的顧客倘若在一進門就拿到免費的巧克力贈品，他們最後掏腰包買東西的機率會提高 42％。根據零售巨頭好市多（Costco）的銷售數據，其他商品如啤酒、起司、冷凍披薩和唇膏，會因為提供免費樣品而大幅增加銷售量，而且新增的銷售絕大多數來自於那些接受免費贈品的顧客。

值得憂心的是，這套法則也影響了民意代表的投票。在美國，企業捐出為數可觀的政治獻金給坐鎮稅法委員會的議員，藉此換取稅率大幅調降。議員們不會承認有這種條件交換，但企業主心知肚明，而我們也應該睜大眼睛。[74]

打算利用互惠原則來發揮鋪梗作用的人，都得先冒個風險，先主動為他人付出。也就是在沒有正式保障或補償的情況下，提供最初的禮物、幫忙、利益或讓步。但由於互惠原則已經深深植入絕大多數人的心中，因此這套策略的效果往往優於傳統的商業交換，也就是請求者只在行動發生之後才提供好處，例如簽訂合約、進行購買或達成一項任務。一群荷蘭居民收到通知函，被詢問是否願意參與一份長期調查，倘若他們在決定參與前就先收到說好的報酬，那麼他們同意參與的機率，會高過那些跟慣例一樣、參與之後才收到報酬的受測者。

同樣的，一群美國飯店住客看到房間裡有張卡片，上面寫著請重複使用毛巾。有些卡片寫著飯店已用住客的名字，捐款給一個環境保護組織；有些則寫著假如他們重複使用毛巾，飯店會用他們的名字捐款給該組織。結果顯示，預先捐款的鼓勵重複使用效果，比住客配合行動才捐款的效果，高出了47％。[75]

在欠缺傳統保障，也就是沒有雙方同意的補償的情況下，先獻出資源仍然是有風險的，我們得到的回報可能不成比例，甚至根本沒有得到回報。有些接受者可能會討厭收到他們不曾要求的東西，有些則不認為他們收到的東西有什麼益處，還有一些人（就是那些愛占便宜的人）有可能根本不把互惠原則當一回事。因此我們要問了，我們率先給的禮物中，有哪些特質能夠提升得到高回報的機率？

要讓回報最大化，我們率先給的東西應該要讓對方感覺到有意義、出乎意料，而且量身打造。

有意義且出乎意料

前面兩項特質的回報最大化效果，體現在餐飲服務人員收到的小費金額上。紐澤西州一家餐廳的顧客會在餐後得到免費巧克力，女服務生將放著巧克力的籃子端到餐桌上，每個顧客可以享用一片。那些顧客給她的小費，比沒拿到巧克力的顧客多出 3.3％。然而，假如顧客獲邀從籃子裡拿兩片巧克力，女服務生得到的小費會增加 14.1％。為什麼有這麼大的差距？首先，第二片巧克力代表著有意義的增長，這可是足足變成兩倍呢。所謂有意義，不代表夠昂貴，畢竟多送的一片巧克力成本才幾毛美金。提供高價禮物通常是有意義的，但價格並非必要考量。

當然了，兩片巧克力不僅是一片的兩倍，也帶來意外驚喜。禮物帶來的意外驚喜所發揮的影響力，清楚展現在餐廳女服務生試用的第三招上。她從籃子裡拿出一片巧克力給顧客之後，轉身離去。後來她又意外地走回來，拿出第二片巧克力給用餐顧客。結果她收到的小費金額平均增加了 21.3％。

迄今眾多研究教導我們的事，可不只有助於餐廳服務生的小費進帳，我們可以從中學到，無論是提出哪一種請求，倘若我們能夠先提供讓對方覺得有意義、而且是意料之外的利益，那麼我們得到高回報的機率也會隨之提升。不過，除了這項特質之外，還有第三種特質能將回報最大化，而且在我看來影響力比前兩者加起來更大。

量身打造

　　假如我們先提供的益處符合對方的需求、偏好或當下處境，我們便能藉此發揮影響力，就以下面這個例子作為證據吧。一家快餐店會在顧客進門時，準備兩件相同價格的禮物，擇一致贈顧客，以表示歡迎。當禮物與食物無關（鑰匙圈），顧客的消費金額相較於沒收到禮物的顧客增加了12％。但如果禮物與食物相關（一杯優格），增加的消費金額攀升至24％。純粹從經濟的角度來看，這項研究發現令人大惑不解。在顧客還沒點菜之前，就先送他們一些吃食，照理說應該會讓他們點得比較少才對，因為他們不需要吃那麼多了。雖然最後得到的結果不符邏輯，卻在心理上言之成理：顧客會去餐廳，就是因為他們肚子餓了，在餐前贈送免費吃食，啟動的不只是一般的互惠原則，而且是更加強有力的版本。倘若我們得到的禮物，是針對我們的特定需求而致贈，我們會格外覺得有義務投桃報李。

　　假如一份禮物、一個協助或一項服務，整合了有意義、出乎意料，以及量身打造這三大特質，它就能變成火力強大的改變來源。但如果我們面對的是強硬派恐怖分子，指望這套策略能創造改變，是否期待過高？這可不一定，理由有二。首先，互惠原則是所有社會都會教導共通文化，包括那些恐怖分子崛起的地方。其次，過去對抗恐怖分子的歷程描述顯示，結合上述三種特質的互惠能展現出強大的影響力。

以賓拉登（Osama bin Laden）的保鏢阿布詹達爾（Abu Jandal）為例，九一一恐怖攻擊事件發生後數日，他遭到逮捕並送進葉門的監獄接受訊問。盟軍沒能成功讓他說出基地組織的領導架構，因為他只是講了一堆批評西方文明的長篇大論。偵訊人員發現他從來不碰隨餐附上的餅乾，得知阿布詹達爾患有糖尿病，於是他們做了一件有意義、出乎意料，而且專為他量身打造的事：下一次問訊時，他們買了無糖餅乾來讓他配茶。根據一名偵訊人員的說法，這個舉動成了轉捩點：「我們表現出對他的尊重，為他做了這項貼心舉動，所以他開始好好跟我們說話，而不是一直教訓我們。」在接下來的幾次問訊中，阿布詹爾達提供了詳盡的蓋達組織行動細節，以及參與九一一恐怖攻擊的七名劫機者姓名。

長年對抗恐怖主義的老經驗都知道，要贏得這場戰役，有時候得先贏得志同道合的盟友。阿富汗的美國情報人員經常拜訪鄉村地區的恐怖分子，爭取部族首領的協助，以共同對抗塔利班。要順利達成上述互動頗為困難，這些首領往往不願意提供協助，原因是他們討厭西方人，或是懼怕塔利班的報復，也可能兩者皆是。一名中情局探員在某次拜訪中注意到，有個族長因為帶領部族和家人的責任而身心俱疲，此外他還有四個年輕妻子。於是這名中情局探員下次拜訪時，準備了一份最佳禮物：四顆威而鋼藥丸，一個妻子一顆。這份有意義、出乎意料，而且是量身打造的人情，功效在探員下次拜訪時明明白白地表現出來。滿面春風的族長對於塔利班的行動與補給路線，可說是知無不言、言無不盡。76

原則 2 ——好感

　　我潛伏於各種銷售訓練課程的那陣子，一再聽到講師信心滿滿地說：「銷售人員的第一法則，就是設法讓顧客喜歡你。」他們向學員保證，大家不會拒絕他們喜歡的對象。這個道理本來就無庸置疑，在我聽來沒什麼意思，當時讓我感興趣的是，講師指出了哪些做法能讓顧客喜歡我們。在這方面常聽到的建議是表現出友善、吸引力和幽默感，因此，我們常在課堂上學習展露微笑、修飾外表的訣竅，以及可派上用場的笑話。到目前為止，有兩個創造正面感受的方法得到了最多注意：講師教我們凸顯雙方之間的相似之處，並且適時恭維讚美。之所以強調這兩種做法，是因為它們都能促成好感和同意。

相似之處

　　我們喜歡和自己相像的人，打從我們呱呱墜地，這種傾向就成為人類生命經歷的一部分。嬰兒會對臉部表情與自己相似的人更常露出微笑。即使相似之處看起來再怎麼微不足道，也可能啟動這種親和感，創造出莫大效果。相配的語言風格（交談時的遣詞用字和口語表達）增強了戀愛對象的吸引力、雙方關係的穩定度，甚至交換人質談判和平落幕的可能性。就算交談對象往往沒有注意到彼此風格的相似之處，上述影響力依舊存在。

此外，這個基本傾向造成的結果也顯現在助人的意願上。倘若一個緊急情況的受害者，跟我們是同一國籍、或甚至只是喜歡同一支球隊，我們伸出援手的意願都會大幅提升。同樣道理也發生在教育領域，青年輔導計畫成功的最重要因素，正是學生與輔導者之間是否興趣相投。

　　不過這種影響力表現得最直接的地方，莫過於商業領域了。接受過訓練、能夠模仿顧客說話風格的女服務生，可以拿到多出一倍的小費。接受過同樣訓練的談判者，也能顯著改善他們與對手的協商成果。模仿顧客語言風格與非語言行為（手勢或姿勢）的銷售人員，賣出了更多他們推薦顧客購買的電器產品。[77]

讚美

　　作家馬克・吐溫（Mark Twain）曾說：「光靠一句讚美，我可以活上兩個月。」這個比喻太傳神了，讚美確實有情緒上的滋養作用。它也會使我們喜歡上讚美自己的人，想為他們做些什麼以作為回報，無論受到讚美的是外表、品味、個性、工作習慣或智能。就以外表為例，當理髮師誇讚顧客：「你弄什麼髮型都好看。」他們得到的小費便增加了 37％。

　　我們似乎太著迷於奉承了，就算奉承背後有明顯企圖，我們還是樂於買單。一群中國大學生收到服飾店的宣傳單，上頭寫著「我們找上你，因為你既時尚又有風格」。儘管這些文字是預先印好的，他們還是對這家店產生好感，前往採購的機率也增加了。其他研究者則發現，在電腦上完成任務的人，倘若從電腦得到與任務相關的奉承回饋，他們就會對這台電腦產生較多好感，即使知道這些回饋是系統自動設定，也完全未反映任務的實際表現。但就算是這樣，他們在收到這種空洞的讚美之後，還是會對自己的表現比較自豪。78

真正的黃金法則

我一直未敢斷然反對知識淵博的專業人士提供的高見，即銷售人員的最高法則是讓顧客喜歡你，相似之處與讚美是達成目標的最佳途徑。然而，一些研究讓我很想重新檢視這些說法何以成立。我在傳統銷售訓練課程中聽到的話，總是這樣說的：相似之處與讚美會讓顧客喜歡你，一旦他們意識到自己喜歡你，就會想跟你做交易。

雖然上述鋪梗過程必然在某個程度上發揮作用，但我相信另外還有一個更具影響力的鋪梗機制：相似之處與讚美會讓大家覺得你喜歡他們，一旦他們意識到你喜歡他們，他們就會想跟你做交易。因為大家深信，喜歡他們的人會給他們正確的引導。所以我要說，銷售人員的最高法則是向顧客顯示，你真心喜歡他們。

有句睿智箴言頗符合上述邏輯：要人們知道你了解多少之前，得先讓他們知道你有多關心他們。79

原則 3——社會認可

歌手約翰‧藍儂（John Lennon）的經典歌曲〈想像〉，描繪了一個沒有飢餓、貪婪、占取或國界的世界，有的只是兄弟情誼、和平與四海一家。這樣的世界截然不同於現今，也不同於漫長人類歷史中的任何時代。約翰‧藍儂承認，這或許只是個夢想，但他希望聆聽者接受下面這個事實：「我不是唯一有這個夢想的人。」

約翰‧藍儂對此深信不疑，正可以佐證社會認可原則所投射的影響力。這項原則主張，人們判斷自己所相信、所感受或所作所為是合宜的，只要他人（特別是和自己相似的他人）也如此相信、感受或作為。他們認定的合宜包含兩個要素，即正確性與可行性，這兩者皆能夠促成改變。

正確性

在得知許多和自己相似的人如何以特定方式做出反應後，這些反應在我們看來似乎就顯得更有根據，也更加正確，無論是在道德上或實務上。當我們見證一個行為的發生頻率增加，我們會判斷該項行為更具道德上的正當性。在一份研究中，受測者得知大多數同儕支持軍隊以酷刑逼供之後，當中的 80％ 對這種做法變得比較能夠接受，而且公開表現出更大的支持。引人深省的是，他們連私下看法也同樣轉向。幸好，這種接受度的增加不僅出現於不可取的行為，也作用在好的行為。職場工作者如果得知有許多人正嘗試推翻刻板印象，他們對於工作上的性別刻板印象也會產生較強的抵抗心理。

除了釐清哪些事物具備道德上的正確性，社會認可還有一個實用之處，可以降低究竟孰是孰非的不確定感。雖然有例外，但群眾的行動智慧往往是正確的，所以一項活動的穩當程度，就看有多少人參與。也因此，我們通常會跟隨那些和我們相似的人。這樣的現象可以促成非比尋常的結果，能夠為一度難以施展的影響力帶來簡單、且幾乎不花費任何成本的解決之道。

餐廳經理若希望顧客多點某幾道料理，用不著花錢採購更高檔的食材來提升菜色、增聘廚房的人力，或者在菜單上把那幾道料理寫得天花亂墜。他們只要標注這些是「最受歡迎」的料理就行了。中國北京的幾家餐廳曾經採用這種直接、卻很少被運用的促銷策略，結果顧客點那幾道菜的頻率，增加了13％至20％。

能夠運用社會認可來影響點餐決定的不只有餐廳，學校如果希望學生多吃水果，無須大費周章召集學生，不厭其煩地宣導水果的營養價值。他們僅須提出一個與學生認知相反的說法，即大多數同學確實有為了健康而多吃水果。荷蘭高中靠著傳遞這樣的訊息，讓水果攝取量增加了35％。雖然學生們秉持青少年的典型作風，堅稱自己無意改變自己。

許多政府耗費大筆資源來規範、監督、處罰那些製造空氣汙染和水污染的企業，然而，這筆資原似乎是虛擲在某些違法犯紀的公司上，這些企業不是根本沒把法規當回事，就是寧可罰款，也不願服從監管而損失更大利益。有些國家發展出一套省錢的辦法，運用社會認可來發揮效果。他們編制了各別產業的環保績效排名，然後公諸於世，該產業的每一家企業都能看到自己與同儕相較排在哪裡。最後的改善程度十分顯著，比率高達30％，而且幾乎所有改變均來自於污染程度相對較高的企業，他們認識到自己的表現相較於其他同業有多麼差勁。[80]

可行性

　　在一群可敬的同事開路之後，我曾著手研究能夠讓民眾節省家庭能源的最佳說帖，我們準備了四種訊息，然後將其中一種寄到每一戶人家，請他們減少能源的使用。我們每週寄一次，連續寄了一個月。其中三種訊息傳達的是常見的節能理由，包括這樣做有助於環境保護、這是每個人應盡的社會責任、這能讓你省下可觀的能源開支。第四種訊息打的是社會認可牌，（誠實地）指出這個社區大部分的居民都在設法節省家庭能源。一個月的測試期結束之後，我們記錄下他們用了多少能源，結果發現，基於社會認可的訊息，相較於其他三種訊息省下的能源用量為三‧五倍。如此大的差異，讓所有參與這項研究的人都跌破眼鏡，包括我自己，我的研究夥伴、甚至參與測試的屋主都大為吃驚。這些屋主原先以為，社會認可訊息是最沒有效果的。

當我將這份研究簡報給能源公司的主管時，他們通常不願意採信，因為他們打從心底認為人類行為的最強驅策因素是經濟上的自利。他們會說：「少來了，我們要怎麼相信，跟大家說鄰居都在節能，效果會是告訴他們可以大幅減少電費的三倍？」儘管這個言之成理的問題有多種回應方式，但有個回應方式總是能說服大家，它涉及到社會認可訊息之所以能有效發揮影響的第二個理由，也就是除了正確性之外，社會認可還提供了可行性。

　　假如我告知屋主說，節能「或許」能讓他們省下一大筆錢，並不表示他們可以做得到。畢竟我也「或許」可以關閉家裡所有電源，整整一個月在黑暗中蜷縮在地板上，這樣我就能把下個月的帳單金額減少至零，但我不會這麼做。社會認可訊息的一大力量在於，它消弭了這件事到底有沒有可能做到的懷疑。倘若大家知道許多像他們一樣的人正設法節省家庭能源，他們就不會懷疑這件事的可行性了。節能就會變得實際，也能夠加以落實。81

原則 4——權威

　　大多數人都認為，一個訊息要發揮說服力，得在訊息的內容下工夫，確保溝通中包含堅實的證據、站得住腳的推理、貼切的例子和明確的關連性。雖然這個觀點（價值在於訊息的內容）在某個程度上來說正確無誤，但有些學者主張，溝通過程的其他層面也同樣重要。這種看法最知名的例子，便是傳播理論學家馬歇爾‧麥克魯漢（Marshall McLuhan）所稱的「媒介即訊息」。也就是說，訊息傳輸的管道，本身就是一種附隨的訊息形式，會影響受眾如何體驗訊息的內容。此外，研究說服力的科學家也已經為這個說法背書：「傳送訊息者即訊息」。

在種種類型的傳送訊息者中，無論他們是正面積極的、嚴肅的、幽默的、堅決的、謙遜的或批判的，有一種類型特別值得矚目，因為它對受眾的影響力既深且廣，那就是權威型的溝通者。那些被認為在某個主題上具有權威性的專家一開口，人們通常都會被說服。有時候，某個訊息之所以有說服力，完全是因為它出自某個權威。當受眾不確定該怎麼做時，這種情況尤其明顯。

接下來，我們就以一份研究的結果作為例證吧。在這份研究中，受測者被連上腦部掃描儀器，同時進行一連串困難的財務決策。當他們得自己做決定時，大腦中負責評估選擇的區域變得活躍。然而，當他們在這些決策上接受專家（知名大學經濟學家）的建議時，他們不僅聽從了建議，甚至根本未曾思考那些選擇的利弊得失，負責評估選擇的大腦區域幾乎沒有活動。特別值得注意的是，並不是所有腦部區域都停止運作，專家的建議啟動了了解他人意圖的區域。傳達訊息者本身，變成了焦點訊息。

從以上的描述我們可以明顯看出，這裡所謂的權威，指的不一定是處於權威地位，也就是那些位高權重、能透過權力來支配他人的人；而是透過專業知識技術來獲得大家認同的人。而在後者當中，又有一種類型特別能發揮遊說效果，他們兼具了兩種極具說服力的特質：專業與信賴。前面已經談過專業的效力，接下來讓我們來集中討論第二種特質吧。[82]

信賴

若說有什麼特質是我們最希望從互動對象身上看到的，那就是信賴了。我們也很看重吸引力、聰明才智、合作精神、同情心和情緒穩定，但這些都比不上信賴。在以說服為目的的互動中，我們都希望對方提供的是誠實公正的訊息，也就是正確描述實情，而非為了圖謀私利的內容。

多年來，我參加了不少教導說服技巧的課程，它們幾乎都強調建立信賴感是增加影響力的有效方法，而取得信賴的過程需要時間。這句話的前半段已經得到證實，但有越來越多研究指出後半段不盡然正確。運用一些策略，其實是有可能立即得到對方的信任。倘若溝通者能夠抗拒先報喜不報憂的人性傾向，不要只講好處，最後才談到缺點或根本絕口不提，而是一開始就先坦承缺點，對方會立刻認為他是比較誠實的人。先報憂再報喜，可以為溝通者建立真誠的印象，因此當溝通者談到有利的部分時，聽眾比較可能會相信他的話。畢竟，這些話出自於值得信任的來源，這個來源不只講好處，也願意坦承壞處。溝通者透過鋪梗建立了誠實形象。

上述策略的效力已獲得證實：在法律場景中，律師在對手指出之前就先坦承己方的弱點，就會被認為比較可信，進而更常贏得訴訟；在政治競選活動中，先為對手美言的候選人會贏得選民的信賴和投票意向；在廣告訊息中，廠商在強調產品強項之前先承認缺點，通常能得到銷量上升的結果。

當觀眾已經注意到缺點時，採用這個策略會特別管用。溝通者主動提到缺點並不會額外造成傷害，因為大家早就知道了，唯一的新訊息是，溝通者是個誠實的人。使用「然而」、「但是」這類連接詞則可發揮另一助力，將受眾的注意力從缺點轉移到能夠加以彌補的優點。求職者可以說：「我在這個領域沒有工作經驗，但是我的學習能力很強。」資訊產品銷售人員也可以說：「我們系統的架設成本不是最便宜的，然而，優越的效率可以在短時間內為貴公司創造更高價值。」

英格蘭女王伊莉莎白一世，在她執政期間兩場最著名的演說中，便運用了上述策略充分發揮影響力。第一場演說發生在1588 年的堤爾波利，當時她面對集結待發的英格蘭軍隊，正準備迎戰從海上入侵的西班牙大軍。士兵擔心她身為女性，無法挺身對抗嚴酷的戰爭，她以這番話打消疑慮：「我知道自己有著女性的柔弱身軀，但是這身軀內有一顆國王的心，也住著一位英格蘭國王！」據說她說完這些話之後，底下響徹雲霄的歡呼持續不歇，官員還得騎馬進入進入軍隊之中，命令士兵節制，好讓女王可以繼續往下講。

十三年後，或許是想起了上回修辭策略的成功，她在最後一次向議會成員正式致詞時，再度採用這套策略。當時有許多議員並不信任她。致詞進行到結束之際，她宣稱：「儘管在座當中，無論過去或未來，有著許多更具勢力、更睿智的親王貴族，然而，無論過去或未來，各位不會再遇到更愛你們的人。」根據英國歷史學家理查·卡文迪西（Richard Cavendish）的說法，當時離開議會大廳的聽眾們「態度改變，許多人眼中含淚」。而且在同一天將女王的致詞稱為「黃金演說」，這個標籤就此跟隨了她一生。

請注意，伊莉莎白一世使用的兩個連接詞，「但是」和「然而」，將聽眾的注意力從他們已經知道的弱點，轉移至具有抵銷作用的優勢，即他們的領袖具備王者之心。這個想法一旦被接受，軍隊原本缺乏（卻是打仗前不可或缺）的信心因而大振。同樣道理，她對臣民至高無上的愛，一旦被相信，議會中最警惕的議員也卸下心防。

女王的鋪梗陳詞完全符合科學研究的結果，先報憂再報喜的策略要發揮最佳效果，不光是在權衡得失時加入正面因素，這個優點還要能針對弱點加以抗衡。舉例來說，伊莉莎白一世在堤爾波利鼓舞士兵時，說的不是「各位不會再遇到更愛你們的人」，因為他們需要的保證是領導者夠強大勇敢，而非溫柔敦厚。她了解到，想發揮最強說服力，先提起弱點不僅是利用鋪梗建立信賴感，也是為了讓接下來的話能夠發揮抵銷作用。她的女性「柔弱身軀」變得無礙於戰爭領導，只要臣民相信「這身軀內有一顆國王的心，也住著一位英格蘭國王」。[83]

原則 5——稀少性

某樣東西越稀少，我們就越希望擁有更多。舉例來說，一件我們想要的東西如果取得方式有限，眾所周知，我們會變得有些失心瘋。連鎖烘培坊 Crumbs 在 2014 年宣布關閉所有分店之後，原本單價約 4 美元的招牌杯子蛋糕，在網路上價格飆至每個 250 美元。

這種效應不只發生在杯子蛋糕。每逢最新款 iPhone 手機上市當天早上，當地新聞頻道都會派出記者採訪那些徹夜排隊搶購的民眾。有個排在第二十三位的女性說了件符合上述觀點、但依舊令我吃驚不已的事。她原本是排在第二十五位，不過排隊的那晚，她和排在第二十三位的女性聊了起來，見對方頗心儀她那只要價 2,800 美元的 LV 肩背包，她趁機提出交換條件：「用我的肩背包交換妳的排隊順位。」聽完受訪女性心滿意足的這番話後，記者可想而知驚訝得話都結巴了：「但是……為什麼？」他得到有如當頭棒喝的答案。這位新的第二十三號回答：「因為我聽說這間分店庫存不多，我不想冒著失去買到機會的風險。」

稀少性之所以能夠刺激欲望，有幾個理由，但人性對於損失的厭惡為關鍵因素。畢竟損失是稀缺的終極形式，讓我們所看重的品項或機會都不再能夠取得。我曾經在一場金融服務的研討會中，聽到某家大型證券公司的執行長指出迴避損失的驅策力，提到他的指導者如此教導：「假如你在凌晨五點叫醒一名富豪客戶，跟他說『現在就下單的話，會賺進 2 萬美元』，他肯定對你狂吼然後摔電話。但假如你說的是『現在不採取動作會損失 2 萬美元』，他會對你表示感謝。」

一樣東西的稀少性，不只提高了損失的可能，也提高了我們對其價值的評估。當手機製造商對新機型採取限量策略，潛在顧客對該款手機的評價也會隨之提高。其他場景的各種限制亦有類似結果。在某家大型連鎖超商，品牌的促銷活動若包括限購（每人限購 X 個），旗下七種不同類型商品的銷量，相較於不限購的情況，高出了兩倍以上。後續的研究揭示了原因何在。在消費者心目中，任何對取得的限制都會提升供應項目的價值。[84]

原則 6──一致性

正常來說，我們都希望能夠（並且被他人認為）貫徹既定承諾，例如先前說過的話、採取過的立場，以及表現過的行動。因此，只要溝通者事先透過鋪梗，即使只是在很小的地方鋪梗，讓我們朝特定的想法或實體前進，就能促使我們同意採取呼應溝通者期望的步驟。我們對於保持一致性的渴望，促成了上述情形。這種保持一致性的強大驅力，被運用在多種影響力場景中。

心理學家曾經提出警告，伴侶關係中的性愛不忠往往造成激烈衝突，引發憤怒、痛苦，以及關係決裂。但他們也發現，有種鋪梗做法有助於預防這些後果產生：祈禱。但他們指的並非一般宗教祈禱，倘若愛情關係中的一方每天為伴侶的幸福快樂祈禱，並且長時間持續這麼做，他或她就比較不會腳踏兩條船。畢竟，劈腿和他們每天主動承諾的作為並不一致。

專事說服的人會發現，人們想與自己先前的話語和行為保持一致性的傾向，其實可以拿來加以運用。汽車保險公司若想減少投保人謊報里程數的現象，可以將誠實告知聲明放在申報表的最前面，而不是最後面。政黨若想提高支持者在下次選舉現身投票所的機率，可以透過催票活動讓他們在前一次選舉就出面投票。品牌若想深化顧客忠誠度，一個辦法是設法讓他們主動向朋友推薦該品牌。組織機構若想提高個人出席會議或活動的可能性，提醒電話最後說的話應該從「我們會將您列入出席名單，謝謝您！」改成「我們會將您列入出席名單，可以嗎？（暫停等候確認）謝謝您。」某個血液提供機構做了上述這種小小的、鼓勵承諾的措詞調整之後，潛在捐血人的參與度從 70％提高到 82.4％。[85]

有時候，說服者完全不需要誘導新的承諾，就能夠運用一致性原則的影響力。他們只須提醒對方他們曾經做過、且符合說服者目標的承諾就行了。以 2013 年婚姻平權法案的遊說為例，當時與最高法院進行論戰的法律團隊，組織了為期數個月的全國倡議活動。當時民眾已經傾向於支持同性婚姻，所以他們的主要遊說目標是最高法院的大法官安東尼‧甘迺迪（Anthony Kennedy）。儘管法院聽證會舉辦之前，他們的主張已經在全美各地造成迴響，但他們仍基於兩點理由亟欲影響大法官。

　　首先，許多人認為他在兩項相關的平權法案上，持有關鍵性的一票。其次，他在意識形態議題上往往是中立派。一方面，他是個傳統主義者，認為法律不宜越俎代庖，涉入不應當干預的領域。另一方面，他又相信法律是活的，必須與時俱進。這種搖擺立場讓甘迺迪成了主要溝通對象，而針對他的溝通方式不在於扭轉兩種相衝突觀點的其中一種，而是僅將其中一種觀點連結上婚姻平權議題。他們在媒體廣告中，套用了甘迺迪先前曾在法庭上表達過的觀念，甚至遣詞用字，即「人性尊嚴」、「獨立自主」與「個人自由／個人權利」。在這些案子的口頭辯論展開之前，甘迺迪有連續好幾個月的時間，無論走到哪裡，都可能會聽到媒體宣傳相關議題時，引用了他提過的這三項主張。這麼做的目的，是要讓他將自己先前的法律立場，連結到他對婚姻平權的立場。

　　當聽證會展開，上述企圖就表現得更加明顯了，法律團隊成員的法庭辯論反覆緊扣甘迺迪的遣詞和主題。這項策略是否就是最高法院以五比四票裁定禁止同性婚姻為違憲的幕後功臣，我們很難確知，但法律團隊成員是這麼相信的，而且他們指出了確鑿證據：甘迺迪的意見書相當側重尊嚴、自主與自由／權利等觀念，而這些都是他們在聽證會舉辦之前和進行當中，花費了苦心要讓甘迺迪在思考婚姻平權時將之視為優先。此外我們或許還見證到了，這種適切喚起的承諾甚至有著持久效果。時隔兩年後，大法官甘迺迪在另一項婚姻平權法案上，再次於意見書中凸顯了上述三種觀念。[86]

影響力還有哪些通則？

每當我向關注於商業的聽眾講完這六個社會影響力原則，經常被問到兩個問題。第一個問題涉及最佳時機：「商業關係中的不同階段，是否有不同的適用原則？」多虧了我的同事葛雷格利‧奈德（Gregory Neidert）博士，我可以回答這個問題，而答案是肯定的。奈德博士研究發展出「社會影響力的核心動力模型」，所以我甚至可以提供一套解釋。當然了，有意發揮影響力的人都會想促使他人做出改變，然而根據上述模型，我們和他人之間的關係進行到不同階段，也會影響到哪些原則比較能產生作用。

在第一個階段，我們的主要目標是「建立正面聯想」，如果溝通者能夠贏得好感，那麼這段溝通過程也比較可能被欣然接受。這時候互惠與好感這兩項影響力原則最適合派上用場。主動先給予（對接受者有意義、出乎意料、且量身打造的事物），凸顯雙方具備的共同點，提出真誠的讚美，皆可建立有助於往後交易的和諧互動。

到了第二個階段，優先事項變成「降低不確定性」。僅僅是正面的互動關係不足以確保說服成功。在改變想法之前，大家想先確定自己做出的是明智決定，這種情況下，社會認可與權威就是最佳指導原則了。提供證據指出該選擇得到了同儕或專家的認可，將大幅提供受眾對這項選擇的信心。然而即使我們建立了正面聯想、而且降低了不確定性，接下來仍須採取一個步驟。

「激勵行動」是第三個階段的主要目標。就算有個我很喜歡的朋友，向我展示了充分證據指出專家建議（而且幾乎所有同儕都相信）每天做運動有益身心，這仍可能不足以促使我去做運動。這位朋友若想成功影響我，就應該把一致性與稀少性放進他的說詞中，提醒我過去曾經針對健康的重要性公開說過哪些話，以及假如失去健康我會錯過哪些生活樂趣。這樣的訊息才會最可能促使我清早起床前往健身房。

我經常被問到的第二個問題是，除了這六項影響力原則，我是否也發掘了其他新的原則。對於這個問題我的回答向來是否定的，不過我現在相信，自己其實錯過了第七項影響力通則，倒不是因為文化現象或科技進展使我注意到這項原則，而是它一直深藏在我的研究數據之中。接下來的一章，我會解釋第七項原則究竟是什麼，以及我是如何發現它的。

CHAPTER 11
成為同夥的方法（一）：
當我們同在一起

　　多年來，我在大學授課的時候都會提到一項研究，這項研究指出倘若我們寄節慶祝賀卡給完全不認識的人，可以收到數量多得超乎意料的回覆卡片。我在課堂上將這種現象歸類為互惠原則，這項原則促使大家覺得有義務回報對方主動先給予的事物，就算當下完全搞不清楚究竟是怎麼一回事。我喜歡把這項研究放進講課材料，因為它體現了互惠原則的力量，而且學生聽了這例子都會笑出來，對於提高我的教師評鑑分數頗有幫助。

　　有天當我在課堂上提到這項研究之後，一名年紀較大的學生（盡完照顧家庭的責任之後回到學校）叫住我並表達感謝，說我解答了令她困惑十年的謎題。她的家人在十年前，收到寄自加州聖塔芭芭拉市哈里森家的卡片，然而，她和丈夫都不記得自己認識任何住在聖塔芭芭拉，而且姓哈里森的人。她相信這張卡片一定是誤寄，哈里森家的人寫錯了地址。但她畢竟收到了他們的賀卡，所以她秉持互惠原則也回了張卡片。「我們已經和這家人交換了十年的賀卡。」她坦承：「但我依舊不知道他們是誰。至少我現在明白，最初我為什麼會寄卡片給他們了。」

幾個月後，她來到我的辦公室，說要告訴我這件事的最新進展。她的么子史奇普準備前往加州大學聖塔芭芭拉分校就讀，但由於宿舍房間正在修繕，他得先找其他地方待上幾天，等待宿舍問題解決。校方為她兒子提供了臨時住宿的汽車旅館，但她不喜歡這個提議，反而想到：「我們在聖塔芭芭拉有認識的人嗎？哈里森家！」她打電話過去，得知對方樂意讓史奇普作客之後鬆了口氣。她離開我的辦公室之際，說互惠原則對人類行為的影響力之深，著實令她驚奇不已。

我當時倒沒那麼確信。這名學生當初決定回覆賀卡，確實是符合互惠的義務，然而，哈里森家讓史奇普入住的決定，就完全不符合這項義務了。他們同意這項請求時，並不欠對方什麼。節慶賀卡（以及伴隨寄出的信）是平等交換的，所以從義務的角度來看，兩家的付出與獲得是均衡的。仔細想想，雖然啟動這個過程的是互惠原則，但是促使哈里森家敞開大門、讓未曾謀面的十八歲男孩入住的因素，其實是長達十年的關係建立。了解這一點之後，我開始體認到社會連結促成同意的力量，是其他六項影響力原則之外的另一重要原則。雙方關係不僅能強化提供協助的意願，同時也會促成這樣的意願產生。

在這裡，我們學到了一課。我們在他人身上創造改變的能力，往往有很大部分來自於個人關係，是個人關係為後來的同意預先設定了脈絡。有鑑於此，假如我們讓日益疏離的社會變遷、以及現代科技造成的隔絕等等分離力量，奪走了人際互動中的彼此連結感，那麼我們的關係就會變得空蕩飄零。87

共同體

什麼樣的既存關係或得到認知的關係，最能讓關係中的其他成員善待我們？要回答這個問題，我們需要做個微細，但重要的區分。

最能讓我們對彼此產生好感的關係，不是那種會讓我們說「喔，我們很像」的關係，而是「喔，我們是同一國的」。舉例來說，就品味與偏好而言，我跟某個同事的共通點，可能比兄弟姊妹還多，但我只會把前者看成僅僅「像」我，後者才是跟我「同一國」。需要伸出援手的時候，我自然比較可能幫助後者。這種「共同體」的體驗並非簡單的相似之處（雖然相似之處也能透過好感原則發揮作用，但效果比較沒那麼大），而是關乎共同的身分，即個人界定自己所屬群體的分類，例如人種、族裔、國籍、家族，以及所屬政治和宗教群體。這些分類的重要特質是，歸屬於特定分類之下的成員們，會認為自己融入了其他成員；某個成員的行為會影響其他成員的自尊。簡而言之，所謂的「我們」，是一個共有的「自己」。

在以「我們」為基礎構成的群體中，自我與其他身分認同的交疊現象，已經有各式各樣值得矚目的證據。常人往往無法正確區隔自我和其他群體成員，例如會將自己的特質不恰當地投射到其他人身上，忘記自己之前評價過的性格特質哪些是在講所屬群體成員、哪些又是在說自己，以及要花上明顯較多時間辨別所屬群體成員的特質和自己之間的不同之處。這些都反映出自我與他人的混淆。神經科學家對於這種混淆現象提出了解釋：「自我」與「關係親近的他人」這兩個概念的心理表徵，在大腦內屬於同一個迴路，啟動其中之一會激發另一個概念的神經，進而造成兩種身分認同界線變得模糊。[88]

在神經科學證據問世之前，社會科學家老早就開始衡量自我與他人重疊的感受，並且辨識出造成的原因為何。他們在研究過程中發現有兩類因素會導致這種「一體感」，包括了共處與共同行動的特定方式。這兩套方式都值得我們深入推敲，本章會先談到第一種。

血緣關係

從基因的觀點來看，同一個家族，即隸屬於同一個血緣關係，是自我與他人合而為一的終極形式。確實，演化生物學的

「總括適存度」（inclusive fitness）概念已廣為接受，它打破了自我與相關他人之間的區隔，主張個體對確保自我生存所投入的努力，比不上讓自己基因得以流傳下去。上述概念有個重要含意，即個人利益中的「自我」可以超乎個人，存在於其他和我們擁有許多共同基因的人身上。也因此，我們特別願意幫助在基因上和我們相近的親戚，尤其當面對關乎生死的決定時，譬如在美國考慮是否捐腎、在日本出手搶救受困於失火建築裡的人，或是在委內瑞拉叢林制止斧頭齊飛的一場打鬥。大腦掃描研究找出了這種現象的一個可能原因：協助家庭成員之後，大腦自我獎勵中心通常會受到高度刺激。這就像是，幫助家人就等於幫助自己，即便青少年也是如此。

從演化的角度來看，任何對親族有利的事物都值得促成，包括那些相對而言微不足道的利益。我自己在職業生涯中採用過的最強效的影響技巧便是一個明證。有一次，我想針對一系列主題，比較大學生與他們的父母有哪些態度差異，這表示，我得設法讓這兩組人完成同樣一份內容頗長的問卷。讓大學生完成這項任務並不難，那時候我正好在一門學生人數較多的心理學課程講課，就把這份問卷當成他們的課堂練習活動。比較棘手的是，該怎麼讓他們的父母配合做問卷，既然我沒錢可利誘，而且我知道這類調查的成人參與率低得可憐，往往不到20％。後來，有個同事建議我打親情牌：倘若家長回答問卷，就可以為他們的子女在下次測驗成績（幾次測驗當中的一次）多加一分。

這招效果好得出奇。把問卷寄給父母的一百六十三名學生當中，一百五十九名（97％）的父母在一個禮拜內就將問卷的完整副本寄回來，只是為了孩子，在一個學期的一門課中，讓一次的測驗成績多加一分。我身為專門研究影響力的人，可從來沒體驗過如此效果。不過後來的個人經驗使我相信，當初我還可以有提升效果的更好辦法：要學生將問卷寄給祖父母，估計這能讓一百六十三份寄出的問卷中，在一週內回覆一百六十二份。少收的那一份，可能是某個學生的祖父在衝向郵局時心臟病發，被送進醫院。

然而，跟我們沒有基因關連的人，是否也能運用親屬關係的力量來贏得我們的好感？一個可能的做法是透過鋪梗，藉由語言和想像，讓我們意識到彼此之間存在類似關係。舉例來說，在成員中創造出一體感的團體，都是善於運用家族意象和標籤，例如兄弟、姊妹、先祖、母國、傳承，讓個人更願意犧牲私利，以換得全體福祉。人類是善於象徵的生物，一支多國研究人員組成的團隊發現，這種想像出來的「虛構家族」能夠激發的自我犧牲程度，相當於成員互動緊密的部族。在另外兩份研究中，若提醒西班牙人國內同胞就像是家人，會立刻讓那些感覺自己融入同胞的人，明顯的更加願意為西班牙奮戰捐軀。[89]

現在再讓我們提出一個類似的問題：基因上與我們毫無關連的溝通者，有辦法利用親屬關係的概念來贏得同意嗎？當我在金融公司座談會演說時，偶爾會提出這個問題：「各位認為當今最成功的投資家是誰？」答案往往眾口一致：「華倫‧巴菲特（Warren Buffett）。」巴菲特自從 1965 年接管了以投資其他公司為主要業務的波克夏控股公司（Berkshire Hathaway），與合夥人查理‧蒙格（Charlie Munger）聯手為股東創造出驚人的市場價值。

幾年前，我因為買入波克夏公司股票而得到一份大禮，這份禮物帶來的不只是金錢，還有其他收穫，讓我得以從有利位置觀察巴菲特與蒙格的投資策略操作方式（對此我所知甚少），以及策略性的溝通（對此我倒是略知一二）。針對我懂的這部分，我可以說，本人親眼所見的溝通技巧之高明，令人大感佩服。由於波克夏公司的財報表現得太好，反而出現了一個溝通上的問題：如何讓現行與未來的股東相信，這家公司將維持如此亮眼的成績？倘若在這方面沒信心，股東可能會賣掉手中持股，而潛在買方則可能轉而青睞其他公司。

別誤會了，基於卓越的經營模式，以及規模帶來的獨特優勢，波克夏公司的未來估值很能夠說服投資人，然而，很能夠說服人和真正發揮說服作用是不一樣的。巴菲特在年度股東大會上就做到了後者。舉例來說，為了在一開始就建立可信度（通常是在致股東報告書的第一頁或第二頁），他會描述過去一年自己犯過的錯或遇到的問題，並檢視它們對未來營運的影響。不像一般其他公司股東大會經常發生的隱瞞、淡化或遮掩問題，巴菲特表現出他充分意識到公司發生了什麼問題，而且也完全願意公開這一切。這麼做自然會產生一個好處，那就是當他後來講述波克夏公司的驚人實力時，股東們已經準備好相信他說的這些話，畢竟這些話是出自於顯然頗為可靠的來源。

　　上述做法並非巴菲特唯一的說服絕招。2015 年 2 月，波克夏公司的致股東報告書似乎有必要發揮比過往更高的影響力，因為當時正逢公司堂堂邁入五十週年，得向股東簡報這段時期以來的總體成績，並且據理保證波克夏公司未來仍然可以維持這樣的成長勢頭。那陣子大家對五十週年隱含的意義有些擔心，網路評論更再次斷言：操持這份事業半個世紀後，巴菲特與蒙格顯然不再年輕，也不會再領導公司營運，波克夏的未來展望和股價都可能受挫。我記得自己讀到這篇評論後有些苦惱。在巴菲特與蒙格的管理下，我手上的股票漲幅超過了四倍，倘若他們其中一人由於年事已高而離開公司，我持有的股票價值會不會受到影響？我是不是該在獲利化為烏有之前，賣掉股票落袋為安？

　　巴菲特在他的致股東報告書中，特定在「波克夏的下一個五十年」這一章節正面回答了這個問題。他指出，波克夏公司已經證明是成功的營運模式、前所未有的龐大金融資產，以及可在恰當時機接任執行長的人選也完成選拔，皆有利於未來持續公司榮景。然而，對我這個熟悉鋪梗技巧的說服專家來說，更有說服效果的是巴菲特在那個重要章節的開場白。按照他的典型作風，他先明白指出弱點來重建信賴感：「現在，讓我們來看看前方的路。不過請各位記得，倘若我曾在五十年前試圖推測未來發展，我的預期勢必有可能錯得離譜。」接著他做了件我從來不曾在任何公共論壇見過或聽過他做的事。他加上了這句話:「儘管有言在先,但本人今天告訴各位的話,也會如此告訴我的家人,假如他們向我詢問波克夏公司的未來。」

接下來他才有條有理地說明波克夏公司的強健財務體質:已經證明成功的營運模式、可觀的金融資產、透過嚴格考核選出的未來執行長。雖然這些說明本身就有一定程度的說服力,但巴菲特預先鋪好的梗,讓我對他的話更加願意買單:他說他給我的建議,跟他給家人的建議是一樣的。由於我對這個人已經有了些認識,所以我相信他這句話。後來我再也沒有認真想過要賣掉波克夏公司的股票。

電影《征服情海》(Jerry Maguire)有一段令人難忘的情節,湯姆·克魯斯(Tom Cruise)飾演的同名主角衝進房間,和裡面的人打了招呼(包括他的分居妻子桃樂絲),然後滔滔不絕說了段獨白,列出他們應該繼續共同生活的原因。桃樂絲聽到一半時抬起頭打斷他,說出那句有名的台詞:「你打招呼時,就已經得到我了。」巴菲特在他的致股東報告書中,以「家人」得到了我的心。

巴菲特的週年致詞出現在報告書的第二十四頁,這或許說明了巴菲特深知鋪梗的價值,他在報告書首頁上方就建議股東先跳到那一頁,在閱讀其他資料之前先看那篇「預設框架」的致詞。蒙格也寫了篇五十週年致詞,放進這份報告書,雖然他沒有在預測公司持續非凡獲利之前先提到家人,但他確實運用了增強信賴感的策略，提及過去曾經犯下的一些管理失誤。關於說服的道德倫理，本書第 13 章將有進一步討論，不過現在我可以說，蒙格（和巴菲特）的這套方式，絕對不是耍詐，我反而認為，這個例子顯示了真正值得信任的溝通者，也可以聰明地（這個案例中的兩位男士尤其聰明過人）體認到，先揭露事實，為成功說服鋪梗，有助於贏得重要的信任。

───────

在巴菲特的五十週年致股東報告書獲得的一片好評中（例如〈華倫巴菲特發表了此生最佳報告書〉或〈不投資波克夏就是傻瓜〉這類新聞標題），沒有任何人談到巴菲特為他的論述巧妙設計的家人概念框架。雖然大家沒注意到這一點，並不令我感到意外，畢竟在這個講究邏輯分析和事實根據的金融投資世界，聚焦在訊息本身的價值才是約定俗成的做法。當然了，論證的價值可以構成值得傳播的訊息，然而，有效溝通還有許多其他的層面可以構成重要訊息。麥克魯漢告訴我們，媒介可以是訊息；社會認同原則告訴我們，多數群眾可以是訊息；權威原則告訴我們，發布訊息者可以是訊息；一體感的概念則告訴我們，自我與他人的統合也可以是訊息。所以我們不妨想想，除了血緣關係，還有哪些其他層面可以激發身分認同一致的想像。

值得注意的是，許多做法都可以追溯到血緣關係的概念。我們顯然沒辦法直接看出對方體內跟我們有多少比例的共同基因，因此，我們演化出從對方的外觀來判別的能力。這些外觀是我們可以立即察覺的，而且也代表著共通基因，其中最顯著的就是身體外觀上的相似之處了。在同一個家族內，我們會比較樂於幫助和自己相像的親人。而在家庭單位之外，我們用容貌是否相似來判斷（正確性頗高）自己與陌生人之間的基因相關程度。不過我們也可能因此做出誤判，偏愛了不該厚待的對象。當我們看著一張照片，照片中的人經過電腦修圖，容貌變得和自己比較像時，我們對照片中的人的信任程度會大幅增加。假如這張看似自己的照片是某個政壇候選人，我們會更願意投票給這個人。90

地緣關係

基因共通性的另一可靠線索，與身體外觀的相似性比較無關，而與位置是否鄰近比較有關。和另一個人屬於同一個地方的想法，會對我們的行為發揮顯著的影響力。最好的例子表現在當代歷史最苦難的事件之一，猶太人大屠殺期間人類行為的不解之謎。接下來，就讓我們從個人所處的最小地方單位說起，再逐漸探討範疇較大的形式吧。

家

人類和動物都會把自小在家裡出現的成員當成是自己的親

屬，這條線索雖然有時候會誤導，但通常是正確的。出現在家裡的往往都是親人，因此，同住在一個家裡的時間越長，這種親人的感覺就會越強烈，為對方犧牲的意願也會隨之提高。

然而，要達到同樣結果，其實有個不必花許多時間共處的相關因素。當我們看到父母親照顧家中另一人，我們也會對那個人產生家人的感覺，進而更願意為那個人付出。這種現象有個耐人尋味的結果，那就是孩子們若看到父母親經常為各式各樣的人敞開家中大門，他們長大後就會更樂於幫助陌生人。對他們來說，這種一體感超越了直系親屬或家族，可以擴及到整個人類家庭。

————

上述觀察如何套用在猶太人大屠殺期間的難解之謎？歷史文獻記錄了當時幾位最知名、也最成功的救援人士。瑞典外交官羅爾‧瓦倫堡（Raoul Wallenberg）持續不懈的拯救行動，最後以付出自己的生命為代價。德國企業家奧斯卡‧辛德勒（Oskar Schindler）的「名單」救了一千一百名猶太人。然而，大屠殺時期最有成效的一次救援行動，迄今尚未得到相同程度的讚揚。

這次行動始於 1940 年夏季某個近破曉時分，當時兩百名波蘭裔猶太人聚集在立陶宛的日本領事館外面，請求日方協助他們躲過橫掃東歐的納粹大軍。他們為什麼找上日本人求助，這本身就是個謎。那時候正值納粹德國與大日本帝國雙方交好，而且有著共同的利益。幾個月後，日本、德國和義大利便在 1940 年 9 月簽署了三國同盟條約，正式宣布彼此為同盟國家。這群猶太人既然是當時第三帝國的仇恨目標，為什麼會把自己交給希特勒的國際盟友呢？他們期望日本能提供什麼援助？

　　日本在 1930 年代末，與納粹德國發展出策略聯盟關係，然而在此之前，日本為逃離家園的猶太人提供了方便入境的管道，藉此交換國際猶太社群的金融資源與親善關係。由於在日本還有一些圈子強力支持這項計畫，所以政府從未完全取消發給歐洲猶太人的旅遊簽證。這種矛盾做法導致第二次是界大戰爆發之前，當世界上絕大多數國家（包括美國）對希特勒「最終解決方案」的絕望受害者視若無睹之際，反倒是希特勒的盟友，日本，在當時轄下的中國上海以及日本神戶，為他們提供了得以安居的猶太移民區。

　　到了 1940 年 7 月，當兩百名猶太人聚集在立陶宛的日本領事館外，他們知道門後方的那個人會提供最有希望、或許也是最後一搏的逃生機會。他的名字是杉原千畝，外表看來完全不像能夠拯救他們的人選。當時杉原千畝在外交界已頗有歷練，長達十六年在各個工作崗位的投入與服從，使他被拔擢為立陶宛的總領事。家世背景也加速了他的升遷之路，他的父親是一名政府官員，而且出身自武士家族。他對事業期望很高，為了成為日本駐莫斯科大使而精通俄羅斯語。就跟另一位更有名的同道辛德勒一樣，杉原千畝也熱愛娛樂競賽、音樂與派對。因此表面上看起來，這名舒適愜意、愛好享樂的終生外交官，實在不像會冒著事業、名譽和前途的風險，拯救那些大清早將他從沉睡中吵醒的陌生人。然而，這就是他所做的事，完全清楚自己和家人可能面臨怎樣的後果。

和等在門外的人群談過之後，杉原千畝理解了他們面臨的危難，於是打電報給東京當局，請求允許為他們核發簽證。雖然日本提供給猶太人的寬鬆簽證與移民政策仍在執行中，但杉原千畝的外務省上級擔心，繼續執行這些政策可能會影響日本與希特勒的關係，於是拒絕了杉原千畝的請求。他後來再提出第二次和第三次緊急籲求也接連遭拒。此時他年屆四十，從未做出不忠或違抗的行為。然而，這個追求享樂、事業上野心勃勃的外交官卻做了沒人意想得到的事。他斷然違抗已經清楚表明兩次的命令，開始核發簽證文件。

這個選擇粉碎了他的事業，杉原千畝在一個月內從總領事職位，被調到立陶宛外的一個小單位，使得他無法再獨立作業。最後，他因為違抗命令而被外務省免職。戰後他為了謀生，淪為賣電燈泡的商販。然而，在他被迫關閉立陶宛領事館的幾週前，他仍忠於自己的選擇，從清早到深夜不停審閱申請表，完成猶太人逃難需要的文件。即使領事館已經關閉，他住進了旅館之後，依舊繼續核發簽證。即便他已經工作得筋疲力竭，妻子也累得無法照顧襁褓中的孩子，他還是馬不停蹄地簽署文件。就連他已經走到火車月台、甚至坐在火車上時，他仍然不停歇地寫著那些救命文件，將它們拋給伸手求援的人。他在這段期間挽回數千條無辜生命。直到最後，當火車將他帶離之際，他深深地鞠躬，向他不得不拋下的人道歉，請求他們原諒他能力不足。

　　杉原千畝之所以決定幫助數千名猶太人逃往日本，不太可能是出於單一因素。通常如此不尋常的善行，需要多個動力互相激發。然而在杉原千畝的例子中，基於家庭的因素頗為凸顯。他的父親是曾經被派駐到韓國的稅務官，當時他們舉家遷移，並開設了一家旅館。杉原千畝記得自己深受父母親的影響，他的父母親願意接納各種客人，在自己家裡照顧他們食宿的基本需求，甚至提供沐浴，洗淨他們的衣服，儘管他們當中有些人窮得無法支付住宿費。從這個觀點切入，我們就可以看到杉原千畝後來願意竭力幫助數千名歐洲猶太人的理由，他從小就在家裡接觸各種人，使得他對家人有著更寬廣的定義。

　　這次事件過了四十五年之後，他在一次訪談中表示猶太人的國籍或宗教都不重要，真正重要的是他和他們都屬於同一個人類大家庭，而他們需要他的幫助。若未來將成為父母的人希望孩子培養出仁慈心性，杉原千畝的經驗頗值得借鏡：讓他們在家裡接觸來自許多不同背景的人，並且對待他們有如家人。

91

地方

　　人類的演化是透過有著基因關連的群體，這個群體規模雖然小，卻相當穩定，因此，我們對於家族之外的人，也演化出偏好所在地鄰近我們的人的傾向，這種偏好甚至還有個專有名詞：地方主義。有時候，這種主義影響力之大，小至街坊，大到整個社群都可以明顯看到。在猶太人大屠殺歷史事件中，就有兩個實例足可佐證。

　　第一個例子是來自社會學家羅納德‧柯恩（Ronald Cohen），他提到了納粹集中營裡，一名警衛以醜惡的方式來表現地方主義。在這類勞動集中營，要是有囚犯違反規定，當局通常會把所有人叫來排隊，讓警衛沿著隊伍邊走邊數到十，然後停下來，槍殺第十個囚犯。柯恩說，有個資深警衛被指派這項懲處任務，他卻莫名其妙地違反了慣例：他走向第十個不幸的囚犯，眉毛一抬，射殺了第十一個囚犯。他的行為可以有幾種解釋，也許是第十個囚犯過去幹活很賣力，或者這名囚犯表現出超乎常人的力量、智能或強健體魄，顯示未來生產力大有可為。然而，當另一名警衛事後問起（柯恩的研究訪談對象），他的回答完全沒有考慮到上述實際層面，他自圓其說的理由簡單扼要，說明了光是這個理由就足以說明一切：他認出第十個囚犯跟他是同鄉。

　　柯恩在一份學術文章描述了這次事件，對其中的矛盾之處做出評論：「這名警衛在遵照職責執行集體屠殺任務之際，仍然對於受害團體中的特定成員表現出仁慈與同情。」雖然柯恩沒有在相關議題上延伸探討，但我們還是必須認識將一個執行集體屠殺的冷血殺手，轉變成具備（針對性的）「仁慈與同情」的強大因素，在這其中扮演關鍵角色的，正是共通性。

現在，再讓我們看看同時期歷史中，同樣因素如何造成截然不同的結果。關於猶太人大屠殺救援者的大量史料，揭示了一個鮮少被分析、卻值得注意的現象。在絕大多數案例中，救援者之所以決定為納粹迫害對象提供住宿、食物和藏身之處，並不是他們主動找到這些需要協助的人，也不是遇到受害者主動求援。相反的，向他們請求協助的人，通常是他們的親戚或鄰居，代表受迫害的個人或家庭提出請求。因此，與其說這些救援者願意幫忙有需要的陌生人，不如說他們是為了自己的親戚或鄰居而點頭。

當然了，這並不是說救援者之所以協助受害者無關他們的悲憫之心。清教牧師安德烈・卓克梅（André Trocmé）最初接納一名獨自於門外徘徊的難民之後，說服法國莉儂河畔尚邦鎮的其他居民在納粹占領期間收留、藏匿，並偷偷送走數千名猶太人。這個了不起的故事教導我們的並非卓克梅如何安置第一個難民，而是他如何安置許多隨之而來的難民：一開始他先向那些難以拒絕他的人要求協助，也就是他的親戚和鄰居，然後敦促後者也向他們的親戚和鄰居提出同樣要求。就是這套運用既存「聯合」的策略，讓他成為不只是具有同情心的英雄，更是成就非凡的英雄。[92]

區域

　　就連來自於相同的地理區域，都能帶來一體感。無論在世界上的任何地方，運動競賽的冠軍隊伍都能在所屬區域居民的心裡激發出一種個人自豪感，彷彿隊伍贏了就等於是自己贏了。光是在美國，就有多樣研究證據強化了這個普遍觀點。一份研究調查如果是由當地州立大學所發出，那麼市民同意參與這項調查的意願就會提高；新聞報導的讀者若得知在阿富汗作戰身亡的士兵是同鄉子弟，他們就會比較反對美國參與這場戰事。時間追溯到兩個世紀前的南北戰爭，如果步兵和同袍們來自於同一個地區，就比較不會叛逃，他們會對同質性較高的部隊同志維持忠誠。從粉絲到戰士，我們都能從他們身上看到這種區域認同激發的一體感，然而，最有說服力的例子，來自於猶太人大屠殺時期一樁看似令人不解的事件。

　　雖然衫原千畝的簽證救了數千名猶太人，但是當他們抵達日本領土之後，他們成了一批人數更多的猶太難民，聚集在日本神戶，以及當時被日本占領的上海市。日本於 1941 年攻擊珍珠港，將美國拖進了第二次世界大戰之後，猶太難民無法再進出日本，而猶太社群的安全也危如累卵。那時候日本與希特勒已經有了全面軍事合作，為了鞏固聯盟關係，得配合納粹政權的反猶太主義。況且希特勒在 1942 年 1 月，於柏林萬湖會議正式宣布滅絕猶太人計畫，納粹政權將「最終解決方案」列入軸心國政策，開始壓迫東京政權對日本的猶太人實施這項方案。萬湖會議之後，納粹政權建議日方進行的措施包括死亡集中營、醫學實驗，以及海濱集體溺斃。然而，日本政府在 1942 年初抵制了德國的施壓，而且一直到終戰都堅拒不從，儘管這可能傷及他們與希特勒的關係。這是為什麼？

上述問題的答案，與在那幾個月之前發生的一系列事件有關。當時納粹政權派人稱「華沙屠夫」（他曾下令處死一萬六千名波蘭人）的蓋世太保上校約瑟夫·梅辛格（Josef Meisinger）前往東京。梅辛格在 1941 年 4 月抵達日本後，便開始強烈要求日方執行殘酷處置境內猶太人的政策，還說他很樂意代為規畫並執行這些政策。日方最初不知該如何回應，希望聽取各方意見，因此日本軍政府的高階官員命令猶太難民社群派出兩名代表，前來參與一個對他們的未來造成深遠影響的會議。被選出的兩名代表皆為備受尊敬的宗教領袖，但受尊敬的理由各有不同。拉比摩西·沙克斯（Moses Shatzkes）勤奮刻苦，是戰前歐洲最出色的猶太法典學者之一。拉比希蒙·卡利希（Shimon Kalisch）年紀大得多，眾所周知，他對於人性有著非凡理解，差不多算是個社會心理學家了。

兩位拉比走進會議室，和隨行翻譯人員站在最高統帥部高階將領面前。這群官員們將決定他們社群的存活與否，而且一見面就提出兩個攸關生死的問題：為什麼我們的納粹盟友如此仇視你們？我們又為什麼應該為了你們而違抗盟友？沙克斯，這位學者儘管完全了解其中涉及的歷史、宗教與經濟上錯綜複雜的背景，卻沒有一個直截了當的答案。卡利希則由於深諳人性，提供了一個我研究說服力三十多年來，所遇過最令人嘆服的回答。他平靜地說：「因為，我們就和你們一樣，都是亞洲人。」

這句話雖然簡短，卻很有激發作用，它將日方官員的團體認同，從戰時的臨時同盟，轉移至基於地域與基因的共通性。它暗指納粹所宣稱「更優越」的雅利安人，與亞洲人天生就不屬於同類。仔細一想，猶太人跟日本人才是同一國的，納粹根本就不是。這位年齡較大的拉比，對日本官員做了深具影響力的回應。經過一段靜默之後，官員們宣布暫時休會，他們要做個內部討論。當大家再度回到會議室時，位階最高的軍事將領起身，向這兩位拉比提出了他們盼望帶回社群的保證：「回去告訴你們的同胞，我們會提供安全與平靜生活。在日本領土內無須有任何恐懼。」事實也確實如此。[93]

———

毫無疑問的，一體感是技巧高明的溝通者可以好好運用的說服技巧。巴菲特與卡利希的有效溝通，恰恰證明了這一點。然而在此同時，想透過一體感來提升說服效果，還有另一種工具可用。這回，一體感並非源自於血統或地理區域相同，而是源自於同步或合作的「一起行動」，我們在下一章就要談到這套說服策略。

CHAPTER 12

成為同夥的方法（二）：
　　　　當我們一起行動

　　我的同事威廉敏娜·沃辛絲卡（Wilhelmina Wosinska）教授成長於 1950 和 60 年代的波蘭。當年的波蘭被蘇聯統治，她對於那段歲月有著好壞參半的回憶。從負面的來看，除了基本生活用品短缺，各種對個人自由的限制也無所不在，言論、隱私、訊息交流、異議與旅行皆由不得己。然而，她與同學們都被教導要正面看待這些限制，認為這是建立公正平等社會秩序的必要手段。這些正面感受透過慶祝活動定期強化，參加者一同唱歌遊行、揮舞旗幟。她說這些活動的效果令人印象深刻，身體受到鼓舞、情緒變得振奮、心理更加堅定。親身參與這些經過精心編舞和高度協調一致的活動，最能讓人感受到「人人為我，我為人人」的概念。

　　每回我聽到沃辛絲卡教授提及這些活動，都是在冷靜的群體心理學演講場合。雖然演講內容是嚴肅的學術內容，但她在描述自己參與那些活動時，往往會提高音量、臉龐泛紅、眼睛閃爍著光。這類大家一起同步的體驗深植人性，是人性中原始而核心的部分。

確實，考古學與人類學的文獻紀錄都清楚顯示了這一點。所有人類社會都發展出透過歌曲、行進、儀式、吟誦、祈禱和跳舞，齊聲或同步做出共同回應。人類從史前時代就開始這樣做，譬如新石器時代和銅石並用時代的圖像、岩石藝術和洞穴繪畫中，便有集體舞蹈的大量描繪。行為科學文獻則對這種現象發生的理由提供了同樣清楚的解釋，當我們以齊一的方式行動，我們會變成一個整體，隨之帶來的團結感覺，有利於整體社會利益，創造出某種程度的忠誠和自我犧牲精神，而後者通常存在於小得多的家庭單位之中。因此，人類社會，即使是在遠古，似乎已經發現了透過協調一致的回應來凝結群體向心力的技術。

這種一體感聽起來奇怪，但其實很自然，而且可以用多種方式輕易創造出這種感覺。在一個系列研究中，受測者要參加一種遊戲，贏錢的方法是受測者和同伴要做出同樣的選擇，或是做出不一樣的選擇。相較於必須做出不同選擇才能贏錢的受測者，那些必須做出同樣選擇才能贏錢的受測者，會認為他們的同伴和自己特質相近。和另一個人做出同樣的動作，可以引導我們更加覺得對方與自己有相似之處。

另一份研究則顯示，兩人之間的同步反應，不一定得透過具體動作來創造上述感受，也可以是透過感官知覺。受測者看著影片中的陌生人被柔軟的刷子刷過，部分受測者同時也被用一模一樣的方式撫觸臉部，其他受測者則被用不同的方式（例如不同方向或順序）撫觸。實驗結果令人驚訝，知覺體驗與影片中陌生人相近的受測者，認為自己與該名陌生人在外表與個性上都比較接近。更值得注意的是，受測者的個人認同融入了影片中的陌生人，並做出情感較為強烈的陳述：「感覺像我自己的臉變成了影片中的那張臉。」「有時候我覺得，假如我轉動眼珠，影片中的人也會轉動眼珠。」「彷彿我感受到的觸覺，是因為影片中的人的臉被刷子刷過。」

　　倘若一起行動，無論是透過肢體動作、言語發聲或感官知覺，能夠創造出足可替代家族關係的一體感，那麼，這兩種凝聚形式應該能創造出類似的效應。對於希望發揮更多影響力的人來說，這類效應中就屬以下兩種最為重要：提高好感，以及獲得更多支持。這兩種效應都可以透過鋪梗來達成。[94]

提高好感

　　行動一致時，我們不僅會認為彼此之間較為相像，之後也會對彼此有更正面的看法。這種彼此相像的感覺會轉化為好感的增強。在實驗室裡敲手指、對話時露出微笑，或師生互動時調整身體姿勢，如果雙方動作一致，就會提升相互的好感度。不過，有一組加拿大研究人員想知道，他們是否能藉此促成更具重要性的社會協作：這種將相像轉化為好感的作用，能否運用在減少種族偏見？

研究人員指出，我們通常會試著跟自己所屬群體的成員產生「共鳴」（協調一致），但我們通常不會跟其他群體成員這麼做。他們推測，這種一體感可能就是我們對所屬群體懷有私心的部分原因。倘若事實確實如此，那麼設法讓我們的行動與其他群體成員的行動達成協調一致，或許能夠減少彼此的偏見。

為了測試這個想法，他們做了一項實驗。他們讓白人受測者觀看七支影片，影片內容是幾名黑人從杯子裡喝了一小口水，然後將杯子放在桌上。有些受測者純粹只看影片，觀察片中的動作；其他受測者則被要求模仿這些動作，隨著影片裡的人同步喝水。接下來，研究人員透過一套步驟衡量出受測者未表露的種族偏好，只看影片的受測者展現出偏袒白人甚於黑人的典型傾向，但與片中黑人演員同步喝水的受測者，則未展現出這樣的傾向。

我們不宜過度解釋這項實驗結果，受測者呈現的正向改變，是在同步實驗結束後的幾分鐘內發生的結果，研究人員並未提供證據指出這樣的改變可以持續更長的時間，或是在不同場景發揮同樣效果。儘管有這樣的前提，我們還是可以樂觀地認為，上述降低偏見的方式可以在求職面試、電話行銷或初次會面等特定場合發揮效果。[95]

獲得更多支持

現在已經有可靠證據顯示，與他人一起行動，即便對象是陌生人，也能產生雙方融為一體的感受，同時提高好感度。但是，這種源自協調一致的融合與好感，強度是否足以改變社會影響力的黃金準則——即隨之而產生的行為呢？有兩份研究回答了這個問題，其中一份研究檢視了個人之間協作，而另外一份研究則檢視了團體內的協作。在這兩個案例中，受測者都被要求做出自我犧牲的行為。

在第一份研究中，受測者戴上耳機，聆聽一串預錄好的音頻訊號，同時用手指在桌上敲出他們聽到的音頻。有些受測者和實驗同伴聽的是同一段音頻，因此他們可以看到自己和對方的敲打動作一致。有些則與同伴聆聽不同的音頻，因此兩人的動作並不一致。接著，實驗對象被告知他們可以自由離開了，但他的同伴得留下來回答一長串數學與邏輯問題，如果他願意，他可以選擇留下來分攤同伴的部分任務。這次實驗結果清楚顯示，我們確實可以透過協調一致的動作，增強自我犧牲的行為。與同伴聆聽不同音頻的受測者當中，僅18％的人選擇留下來幫忙，而與同伴聆聽同一段音頻的受測者中，則有49％的人願意放棄自由時間為同伴提供協助。

負責第二份研究的研究人員，採取的是軍隊長久以來用以凝聚向心力的技巧。他們先將受測者編組，然後要求其中幾組踢正步。其他幾組受測者也被要求走上一段時間，但只要像平常一樣走路就行了。接著所有受測者開始玩一項遊戲，他們可以在遊戲中選擇讓自己賺到最多錢，也可以放棄贏錢機會，好讓彼此利益均霑。那些踢正步的受測者，相較於用普通方式走路的受測者，表現出協調合作的比例高出了五成。後續的研究解釋了原因何在，事先展現的協調同步反應，帶來了一體感，進而使得我們更願意為了群體福祉而犧牲個人利益。[96]

━━━━━

這樣看來，我們可以透過預先設計的同步反應，在多種情況下促進群體的凝聚力、好感和隨之而來的支持行為。然而，本章目前為止提過的技巧，譬如一起用手指敲桌子、喝水、用刷子刷臉，似乎都不是隨時可以進行的行為，至少無法以任何方式大規模地進行。從這個角度來看，踢正步似乎可執行性較高，但也只是稍微比較有可能的選擇。究竟有沒有哪些更實用的方法，可以創造出上述的同步行動，促使團體成員們朝共同的目標前進？

答案是肯定的，那就是音樂。值得慶幸的是，個別溝通者也可以借用音樂之力，推動受眾朝共同的目標前進。

用音樂創造影響力

為什麼音樂從人類有歷史紀錄以來便存在於各個社會群落，其實已經有了一個很好的解釋：音樂有著獨特的一套規律（節奏、拍子、強弱、鼓點和時間），因此擁有罕見的協調同步能力。聆聽者很容易隨著樂曲，在身體、感官、聲音和情緒層面與其他聆聽者變得一致，而這樣的境界有助於創造出一體感、社會凝聚，以及支持行為等等，這些我們熟悉的一體感標記。

就拿德國一份針對四歲兒童所做的研究為例吧。實驗中部分孩子要和一名同伴繞圈圈，同時跟著預錄的音樂唱歌。其他的孩子也和同伴繞圈圈，只不過他們沒有音樂可以聽。後來，當這群孩子被要求提供幫忙，曾經和小夥伴隨著音樂一起唱歌、踏步的孩子，比起沒有在音樂中同步行動的孩子，幫助同伴的意願高出了三倍。

研究人員針對他們觀察到的現象，提出了兩個頗具啟發性的重點。首先，他們注意到，那些助人行為需要自我犧牲，放棄部分的遊玩時間來幫助同伴。一起聽音樂、跟著音樂踏步，對於孩子們之後表現出來的自我犧牲行為有著顯著影響，這足以啟迪任何家裡有四歲小孩，想勸導孩子更為別人著想的父母。（就像我在家裡經常聽到的：「莉雅，把玩具給哈利，輪到他玩了。」「莉雅？莉雅！現在就拿回來這裡！」）

研究人員的第二個評論在我聽來重要性不遜於前一個：孩子們的自我犧牲，並非來自於理性衡量提供協助的利弊。是否要幫助他人，依據的完全不是理性，而是一種自發性的直覺反應，憑藉在共同音樂體驗中自然形成的情感連繫。想推動社會影響力，上述觀點背後的意義再重要不過。97

善用不同的系統

　　行為科學家從很早以前，便提出人類存在著兩種評估與認知方式。這類主張近來最受到廣泛注意的是丹尼爾・康納曼提出的系統一和系統二思考方式。系統一的思考速度快，採用的是聯想與直覺，往往也依靠情緒。系統二的思考速度較慢，透過深思熟慮和分析，仰賴的是理性。思考分成這兩種方式的證據，來自於當我們動用一方，便會妨礙另一方的事實。如果我們在事件當中感受到充沛情緒，就很難清晰思考。然而，當我們進行邏輯分析時，也會很難投入身心，充分體驗。

　　這種現象對影響力的啟發是，遊說者可配合受眾的心理傾向，選擇要採用系統一或系統二思考方式。倘若你購車主要是從情感角度來考量（外觀吸引人、瞬間加速的快感），那麼銷售員最好用情感相關元素來打動你。研究人員建議，就算只是說一句「我『覺得』這部車就是你要的」都會提高成功率。假如你購車時，主要考量的是理性層面（省油、未來易手價格），那麼說「我『認為』這部車就是你要的」會比較容易成交。[98]

音樂的影響力，屬於系統一思考的範疇，我們隨著樂音齊聲唱歌，跟著節奏協調一致地搖擺身體，這些是感官與天生本能的反應。當音樂占據我們的意識舞台時，我們很少會做分析性思考。在音樂的影響力之下，大腦內深思熟慮的路徑變得難以企及，因此我們多半做不到理性思考。伏爾泰（Voltaire）曾說說過一句挖苦的話：「蠢到沒辦法說出來的，就用唱的。」廣告業則有這麼一句格言：「無法用事實來說服觀眾時，就改用唱的。」有鑑於此，假如溝通者的論點欠缺理性火力，也不要因此而放棄，你可以改從側面攻擊，拿音樂和歌曲當武器，將戰場轉移到理性無用武之地，在那裡，和諧、同步、一體感才是致勝之道。

理解了這個道理之後，我也終於明白了一個長年以來的迷惑。我從身為毫無音樂天分的年輕人時就開始納悶，年輕女性為什麼對音樂人趨之若鶩？這其中毫無道理，對吧？大家都知道，跟搞音樂的人要成功維繫關係的可能性很低，這是透過理性思考得出的機率。而且搞音樂的人當下和未來的錢途也同樣不看好，這是經濟上的理由。但音樂與現實考量無關，重點在於一體感──旋律上的和諧，能夠創造出隨之而來的情感與彼此關係上的和諧。

除此之外，由於音樂與浪漫愛情都是建立在情感與和諧之上，所以它們在生活中也有很強的連結。各位猜猜當代歌曲中，有多少比率的曲子是以浪漫愛情為主題？根據最近一份系統化計算，比率為 80％，等於是絕大多數。這實在令人嘆為觀止。浪漫愛情不只在我們的口說、思考和書寫中占了極高分量，也是大多數的歌唱主題。

所以現在我明白了，年齡正值對浪漫愛情和音樂最感興趣的年輕女性無法抗拒音樂人的理由。這兩種體驗之間的強大關連，使得音樂人魅力無法擋。想知道這有什麼科學證據？有一份法國研究，幾名（原本不信邪的）研究人員讓一個男子接近年輕女性並且向對方要電話，同時身上背著吉他；有時候則是拎著運動提包或什麼都沒帶。結果如何？我就唱給各位聽吧：

結果讓法國科學家很擔心
你不用想破頭
一把吉他就能讓女士點頭
同意陌生人的請求
他拿到的電話有兩倍多

任何希望將成功說服機率提升到最高的人，從本章節學到的道理不應該只是用音樂搭配系統一思考方式，讓受眾做出輕率行為。更重要的是，先弄清你的目標受眾的心理傾向是屬於系統一，還是系統二思考方式，然後讓你的溝通內容貼近系統一或系統二思考方式的特徵。面對訴求屬於非理性、享樂的受眾，你的溝通訊息可以包含非理性元素，譬如搭配音樂。至於訴求屬於理性與實用的受眾，你的溝通訊息就應該包含事實等理性元素。

　　行銷專家史考特‧阿姆斯壯（J. Scott Armstrong）在他的精彩著作《說服性廣告》（*Persuasive Advertising*）提到一份發表於 2008 年，針對三十秒電視廣告的分析研究，其中 87％的廣告都用到了音樂。不過，這種把音樂加入廣告訊息中的慣常做法，並非萬無一失。阿姆斯壯讀了相關研究後指出，音樂只能用在民眾熟悉、情緒訴求的產品廣告（例如零食或體香劑），也就是深思熟慮不太可能發生的地方。至於那些對個人有重大影響、需要強力支持論點的（例如安全設備或套裝軟體），也就是受眾比較會認真動腦筋、需要經過明辨慎思才能得到啟發的地方，背景音樂反而會減弱廣告效果。[99]

利用互惠原則，建立親密關係

　　2015 年初，《紐約時報》（*New York Times*）一篇文章激起了眾多讀者興趣，留言如潮水般湧現，後來成為《紐約時報》流傳最廣的文章之一。對於像《紐約時報》這樣的新聞媒體來說，上述現象並不足以為奇，《紐約時報》在國內外重大議題報導上向來擁有崇高地位，然而，這篇文章並非刊登在政治、經濟、科技、科學或健康專頁，而是在時尚流行專頁。誠如文章標題〈如何快速與陌生人相愛〉所述，作者曼迪‧萊恩‧卡特隆（Mandy Len Catron）宣稱她找到了一種神奇方法，可以在四十五分鐘內創造出濃濃的親密感與愛情。她還說，她之所以知道這個方法管用，是因為她已經有了成功的親身體驗。

　　這套技巧來自於由心理學家夫妻檔主持的一項研究計畫。亞瑟和依蓮‧亞隆夫婦（Authur and Elaine Aron）在研究親密關係時，無意中發現了這套技巧。它涉及一種特定的合作形式，由伴侶依序輪流進行。已經有其他心理學家指出，長期互惠行為可以創造投桃報李的心態，無論雙方之間是誰提供了上一次的好處，正是這種心理傾向，使得本書先前提過的哈里森一家人同意接待未曾謀面的十八歲學生。並不是因為他們欠對方家庭一個人情，而是因為他們有交換賀年卡的長年歷史。促使哈里森一家首肯的，並非這種相互過程帶來的未實踐義務，而是它所創造的相互關係。

　　亞隆夫婦與夥伴的研究可以解釋這一點，他們的研究展示了互惠行為如何創造出社會關係。他們採用一種足以讓我們產生一體感、甚至愛上對方的互惠形式：個人的自我揭露。這個過程並不複雜，先讓參與者湊對，輪流把問題讀給對方聽，其中一個人回答問題之後，再聆聽同伴對同一個問題的回答。總共有三十六個問題，回答的過程會讓參與者逐漸揭露更多關於自己的個人訊息，同時得知更多關於同伴的個人訊息。剛開始的問題可能是：「對你來說，怎樣算是完美的一天？」進行到後來的問題可能是：「對於友誼，你最重視的是什麼？」最後的問題則可能是：「在所有家人當中，哪一個人過世會最令你難受？」

　　受測者彼此關係的加深程度，超乎了所有人預期。上述過程在四十五分鐘內，就創造出前所未有情緒上的親密感與一體感，而且對象還是同在冰冷實驗室裡的全然陌生人。這樣的結果絕非偶然，根據一篇對依蓮・亞隆的採訪報導，她表示已經有數百個採用這套方式進行的研究，證實了上述流程的效果，有些受測者後來還真的結了婚。她也在同一篇採訪中解釋，她認為這套方式之所以有效，存在著兩個關鍵元素。首先，這些問題是以逐步方式增加個人的自我揭露，因此，受測者回答問題時，會帶著信任感，漸漸開放自我，而信任感正是關係緊密伴侶的代表性特質。其次，受測者是一起行動的，也就是說，他們採取合作和輪流的方式，讓彼此互動自然而持續保持協調一致。100

藉由共同創作，營造一體感

　　早在自然生態保育成為美國人的主流價值之前，奧爾多・李奧帕德（Aldo Leopold）就已經是這個議題的倡導先鋒，活躍於 1930 和 40 年代。當時他獲得了美國有史以來第一個自然生態管理教授職位，任教於威斯康辛大學，同時針對這項議題發展出獨到的倫理學論述方式。正如他在暢銷著作《沙郡年紀》（*A Sand County Almanac*）所闡釋，他挑戰了當時的環境保育主流模式，即自然生態的管理必須符合人類運用目的。他提出反其道而行的主張，認為所有植物和動物物種都有權利以自然狀態存在。

他的立場如此清晰而真誠，卻錯愕地發現自己在某一天，手裡拿著斧頭，準備做出與上述原則衝突的行為 —— 他要砍了自家土地上一棵紅樺，好讓他的白松得到更多日照和生長空間。

為什麼自己會為了嘉惠白松而犧牲紅樺？根據他所倡議的倫理原則，自家土地上的任何一顆樹都有自然存在的權利，李奧帕德想為自己的偏見思考出合乎「邏輯」的解釋，這兩棵樹之間究竟有哪些差別導致了他的偏好。最後，他只想到一個他認為最重要的原因，這個原因無關乎邏輯，完全是基於情感：「白松是我親自鏟土種下的，而紅樺是自己爬進圍籬長出來的。我的偏心某種程度上來說，是出自一種父親情感……」[101]

對親手創造的東西抱持特殊情感，李奧帕德並非特例，這其實是很常見的人性表現。舉例來說，在研究人員所謂的「IKEA 效應」（Ikea effect）中，自己打造物件的人會認為自己的業餘創作，價值並不遜於專家的創作。

既然我們現在把重心放在同步行動的效果上，我們何不進一步開發上述效應的可能性呢？假如我們和其他人攜手合作，創造出一樣東西，這是否不僅讓我們對作品產生情感連結，也會對共同創作夥伴產生情感連結？而這種特殊的情感連結，是否源自於與他人的一體感，並且帶來對同伴的好感，以及自我犧牲的支持行為？

我們先來解答第一個問題。我為什麼要先提到李奧帕德的例子，描述親手種白松所帶來的影響呢？這是因為，我相信他本人也會同意，他並非當初將樹苗種進土壤過程中的唯一行動者，而是與大自然共同創作。這其中值得一探的可能性是，與大自然合作是否讓他更覺得自己與自然合而為一，進而更敬愛這位合作夥伴。倘若事實確實如此，這表示共同創作可以成為營造一體感的途徑。遺憾的是，李奧帕德在 1948 年便溘然長逝了，我們無法向他請教這樣的可能性，但我對於答案是什麼，已經很有信心。

部分的信心，來自於我協助進行的一份研究結果。這份研究調查主題為主管參與產品創造帶來的影響。我預期，如果主管覺得自己和員工通力合作，一起創造出最後的成品，就會給這項成品較高的評價，而這也是研究結果所指出的事實。那些相信自己對於最終成品（譬如腕錶廣告）扮演重要角色的主管，相較於自認涉及不深的主管，對廣告的評價高出了 50％，即使最終的廣告其實是一模一樣的。此外我們也發現，自認為涉入最多的主管，也更認為自己對廣告的品質有責任，因為他們覺得自己在管理工作上，有很大的程度左右了員工，而這也是我預料中的結果。

我完全沒預料到的是第三項研究發現：越是把計畫成就歸功於自己的主管，也越認同成功歸因於員工的能力。我記得自己當時手裡拿著數據表，著實錯愕了一陣。我的驚訝程度就算比不上李奧帕德手持斧頭的那一刻，但也夠詫異了。自認為參與程度較深的主管，怎麼會認為自己和合作同一個案子的同事，都對於最終的成功有更大的貢獻？雙方的貢獻比率加起來應該不超過100%，不是嗎？其中一方的貢獻比率上升，照理來說，另一方的貢獻比率就應該下降才對。當時我完全摸不著腦，但現在我明白了。倘若共同創作可以帶來（至少臨時性的）一體感，那麼可以歸諸於一方的，也可以歸諸於另一方，分配邏輯在此站不住腳。

尋求建議是個好建議

　　共同創作不僅能讓主管對一起投入計畫的部屬給予更多認可，也可以減少許多其他向來難以消弭的棘手狀況。年齡在六、七歲以下的孩子在分享獎賞時，往往表現得自私，很少與玩伴們公平均分，除非他們是透過與玩伴共同合作才得到這些獎賞。這種時候，就連三歲小孩都懂得要公平分享。

　　在教室裡，學生們通常會依照種族、族裔和社會經濟條件集結成群，並且在自己所屬的群體內找尋朋友與相互幫忙的對象。然而，在學生進行「合作學習」之後，也就是為了一起拿到好成績，和其他群體的學生互相教授一部分知識，上述那種分群模式就顯著減少了。

對企業來說，想和顧客建立情感連繫，進而讓顧客產生品牌忠誠度，一個行之有效的方式就是邀請既有和潛在顧客共同打造全新或規格升級的產品或服務。做法通常是讓顧客針對想要的產品或服務特色，提供建議給公司。在這樣的夥伴關係中，消費者的回饋必須限定為給公司的「建議」，而不是對公司的「意見」或「期望」。這或許看似只是措詞上的小差異，卻對公司想達成的一體化目標有著重大影響。提供建議，會讓我們在心理上覺得自己與對方是一體的，雙方身分有了連結。提出意見或期望則相反，會令人處於內省狀態，心思集中在自己身上。顧客回饋形式的細微差異，以及這些差異所造成的融合或分離，對於顧客的品牌投入程度產生了莫大影響。

上述現象實際發生在一群網路調查問卷的受測者身上，這群來自全美各地的受測者，閱讀一份新創立的連鎖快餐店的經營計畫。這家快餐店希望藉由菜單中的健康元素和其他競爭者做出區隔。所有受測者都被要求在讀完經營計畫之後提供回饋，其中一些人被要求提供對餐廳的「建議」，另一些人則被要求提供他們想得到的「意見」或「期望」。最後，他們都被問到是否想在這家餐廳用餐。提供建議的受測者，想光顧用餐的可能性遠高於提供其他形式回饋的受測者。至於提供建議是否確實為促成融合的機制，調查結果正如我們所預期，當他們感覺自己與品牌之間關係更緊密，就更願意支持這家餐廳。

這項調查的另一個發現，讓我更加肯定先前的推測。受測者對於三種回饋形式給餐廳經營者的幫助，給予同等評價，也就是說，提供建議的受測者之所以對品牌產生一體感，並不是因為他們認為自己幫忙比較多，而是提供建議這個動作本身就能讓參與者進入到融為一體的心理狀態，不會因為思考自己應該針對品牌說些什麼而進入了分離的心理狀態。這項發現令我開心了一番，這表示上述心理過程所具備的鋪梗效應，對提供建議的參與者發揮了作用。

這些調查結果也讓我更加確定，在與朋友、同事和顧客進行面對面的互動時，向對方尋求建議的智慧（與倫理——以正當的方式尋求有用的資訊）。尋求建議在我們與上司的互動中應該更能發揮效果。當然了，我們或許會擔心這可能造成負面結果，向老闆尋求建議，可能會被看成能力不足、依賴性重或欠缺安全感。這些擔憂雖然合理，卻是錯誤的想法。因為主管對共同合作部屬評價的研究調查已經指出，共同創作所產生的心理效應，並非透過理性思維或邏輯分析反映出來，而是透過當下處境中的社會支持感受，也就是（對你非常有助益的）一體感。

小說家索爾·貝婁（Saul Bellow）觀察到：「當我們尋求建議，我們通常也是在尋求同謀。」我要根據科學證據加上一句：若我們得到建議，我們通常也得到了同謀。一項計畫的最佳同謀，不就是那個負責掌控這項計畫的人嗎？ 102

我們都住在地球村

我們來回顧本章提過的,「同在一起」與「一起行動」所能創造最有助益的結果。看透這其中的玄機,我們會更感詫異。舉例來說,我們學到了,在進行說服之前,先透過同在一起或一起行動這兩種體驗來鋪梗,我們可以鞏固企業股東或顧客的支持,並確保士兵堅守崗位捍衛同胞,不會在戰時私自逃跑。此外我們也發現,我們同樣可以運用這兩種體驗來讓玩伴、同學和同事彼此產生好感、互相協助與合作;也可以在不提供任何金錢獎勵的情況下,讓家長填寫冗長的問卷;甚至能讓愛情在實驗室中滋長。

然而,我們仍有個問題尚待解答:同樣道理是否適用於更大的場域,譬如國際之間經年累月的宿仇、宗教暴力衝突、瀕臨爆發的種族對立?我們從「同在一起」與「一起行動」中學到的智慧,能否提高不同種族之間建立一體感的機會?

這是個很不容易回答的問題,主要是因為這類事件本身就具有相當程度的複雜性。然而,即使是面對這些棘手情況,我相信我們還是能夠透過鋪梗,建立彼此一體的感覺,藉此為我們希望做到的改變預設好背景條件。假如雙方都能感受到彼此是一體的,就不會有任何一方覺得自己被剝削,也會產生歸屬感,進而提高後續正面互動的可能性。

這套理論聽起來似乎可行，但由於程序上與文化上的複雜性，假如我們以為懂了理論就能順利實行，這種想法未免太過天真。在計畫與實踐具體細節時，必須謹記真實情況中的複雜性。這類議題的專家們必然都同意這一點，而且相關材料也足夠再構成一本新書了。不用說，我個人是相當歡迎這些專家提供這方面的意見，或者說是「建議」。[103]

CHAPTER 13

良心做法：
鋪梗之前該有的考量

本書的一個核心主張是，我們在提出請求之前，說什麼或做什麼的選擇，將大幅影響說服的成功率。然而在此之前，我們還有一個相關選擇必須先考慮，那就是用這種方式來發揮影響力是否符合道德原則。在這方面感到疑慮的不只有我一個。每當我在分享關於影響力的主題時，總會遭遇道德上的質疑。這種特定類型的質疑，也來自某個特定類型的受眾。這些質疑與本書的鋪梗主題尤其相關：我會不會因為揭露了「社會影響力的祕密」，導致弊多於利的結果，讓一些居心不良的人學到取巧的方法，誘使消費者買進更多他們想推銷的商品？最可能向我提出這些質疑的人，往往是媒體從業人員。

雖然我對這些質疑的印象已經有些記憶模糊，但我確實記得，我第一本著作出版之後，在唯一一次的巡迴宣傳期間，不斷有媒體向我提出這個問題。那次的馬拉松式巡迴，我在十天內跑了十座城市，行程包括多次接受平面記者、廣播或電視主持人的訪談。他們對我所知甚少，而且絕大多數根本沒讀過我那本著作。我們的交談形式也不一而足：有的在人都沒清醒的大清早進行，有的持續了一整天，有的幾分鐘內就結束，有的持續了一個鐘頭，有的是一對一交談，有的是兩名主持人上場，有的則接受觀眾打電話進來提問。觀眾的提問經常涉及個人隱私，而且也不是我的專業能夠回答的：「影響力博士，所以說我該怎麼讓混蛋妹婿別再來跟我借工具，還假裝忘記還？而且我覺得他正背著我妹到處亂搞女人，我該怎麼做？」

不過有一種提問倒是大同小異，訪問者到了某個時間點，就會提出弊大於利質疑，要我回應倘若奸商看了我的書，學到了運用心理學來糊弄民眾，我要如何負起責任。我可以向那些沒讀過書的訪問者，指出兩個他們不知道的要點，打消上述疑慮。首先，那本書的目標讀者是消費者，提供給他們辨識並拒絕不請自來或不公平遊說的必要知識。其次，書中的大部分資訊來自於遊說專家，通常是在說服力訓練課程中，親口告訴我哪些比較牢靠的做法能夠促使消費者點頭。雖然他們不見得明白是哪些心理層面讓他們的手法發揮作用，但大多數遊說專家早就知道怎樣做最有效。因此我敢說，那本書並沒有為這方面的專家提供任何可以採用的新手法，反而是因為讓消費者認識這些慣用手法而發揮了平衡作用。

但上述說法就不適用於你手上這本書了，因為這本書就是著眼於我們可以如何強化影響力，而非如何閃避這種影響力。消費者防禦策略不在本書的討論範圍。此外，本書提供的鋪梗技巧，在專業圈子裡還未被普遍運用，所以我不能說自己只是點出業界人士都知道的有效手法。熟悉鋪梗技巧，還能夠系統化地運用，並且從中獲益的人仍屬於極少數，因此我們確實有理由擔心，揭露這些資訊說不定會讓別有居心的組織機構從中學到誘導他人同意的技倆。尤其許多鋪梗過程都是在我們不知不覺中進行的，這種未經察覺的情況，更使得上述可能性令人擔憂。

因此，每當我向來自商業界的觀眾進行演說時，只要談到鋪梗這部分，我就得改變方向，轉而批判欺騙性的商業手法。我是這麼說的：雖然這些策略或許能在短期內提高利潤，然而，一旦被識破，要付出的代價恐怕高得難以承受，除了公司信譽，信任感與未來獲利也會遭受嚴重打擊。有好一陣子，我認為這套論述在兩方面都站得住腳，首先，它觸及到企業經營的續航力，為了公司的成長與生存，高階主管們必須將之納入考慮。既然是要建議聽眾在商業環境該如何做，上述理由似乎比道德譴責更能發揮激勵效果。

我確定世界上沒有任何一條法律會禁止我們在滿座的會議室大喊：「道德至上！」因為這不同於在滿座的戲院大喊：「失火了！」道德兩個字產生不了讓大家採取緊急行動的推進力。但這也並不表示商業界都是一群寧可當奸商的人，只要所有條件相等，大多數人都會毫不猶豫地選擇高尚作為。然而，除了在純粹假設的情境下，所有條件永遠都是不相等的。我們經常可以看到，越有激勵效果的因素，例如銷售數字、財務報告、市場競爭力考量、事業進展等等，在商業決策中越是凌駕那些高尚的選擇。

除此之外，有些高階主管們把增進並確保員工的經濟利益當成自己的道德責任，對他們來說，如果採用不道德的方式能夠增進公司獲利，那就是值得驕傲的事。倘若透過這層（偏頗的）濾鏡來看，為了企業財務穩定而稍微誇大事實，就沒有道德問題。有鑑於此，我相信指出欺騙性做法其實是會威脅到企業收益，聽眾或許就會買單。

我相信公司信譽受損能夠打動商業決策者的第二個理由，在於已經有堅實的證據支持這個說法。信譽受損造成的財務損失非同小可。廣告不實、以欺騙手段參與投標和財報作假，都會使企業因信譽受損而導致財務損失。舉例來說，一份 2005 年的研究調查了五百八十五家被美國證券交易委員會糾舉財報作假的企業，發現這些企業在財報作假行為被公諸於世後，市值平均下滑了 41%，其中近三分之二的損失源自於信譽受損。確實，80% 的美國民眾表示，他們對一家企業的商業操作是否符合道德的看法，會直接影響到他們是否購買該企業產品或服務的決定。

上述影響在 2015 年的案例中得到了更多證實。福斯公司（Volkswagen）的柴油車排氣數據造假被公諸於世之後，銷售量跌至同業均值的十六分之一，年度虧損達該公司有史以來最高，同產業公信力也從 70% 的好感度，變成 80% 的無好感。

尤有甚之，這種損害是很難回復的。

研究顯示，信譽受損的公司若想挽回信任，就得持續不斷地展示新建立的廉潔作風，並且透過多次場合說服心存疑慮的大眾相信，該公司重視的價值已經有所不同。恢復公司信譽的過程得花上好幾年，這段期間該公司原有的顧客可能早就轉身投向競爭對手的產品或服務。

當時我滿意地認為，這套強有力的財務影響說詞，應該可以說服商業決策者避免走旁門左道。於是我志得意滿地向他們描述鋪梗的影響力，反正我一定會同時提到「信譽災難」的嚴重性。但後來讀到的幾份全球性調查研究，讓我改變了想法。這些研究指出，在業界打滾多年的高層們都很清楚信譽受損的危害，但他們之中還是有多得離譜的人願意鋌而走險。即使明白風險，近半數的高階主管仍表示他們會為了爭取或保住生意，採取不符合道德原則的做法。此外，最有可能為了贏得交易，而採取有道德疑慮做法的行銷或業務部門員工，也最不會被公司質疑做法不當。這些企業的員工很少看到高層採取行動，防阻為了增加獲利而罔顧道德的做法或懲罰實際涉入其中的相關員工。結果就是，商業組織機構的不道德行為，依舊頻繁得令人喪氣。

顯然，對於不道德作為若是曝光可能釀成的後果，歷練多年的高層們泰半心知肚明，但他們依舊照做不誤。一個可能的原因是，他們在心理上為兩者做出分隔，也就是他們在認知到不當作為將造成信譽受損風險，和主動參與或被動默許不當作為之間，切斷了兩者的關連。然而，我並不認為這是真正的理由，那些組織高層人物之所以能晉升到現在的位置，憑藉的可不是忽視清晰而近在眼前的危險。我偏好一個更簡單的解釋：他們只是不認為自己會被逮到。假如他們相信隨時準備好做出懲罰的顧客、客戶和監管人員會拆穿他們的技倆，就不會做出這些不當行為了。上述解釋也吻合犯罪防制的一些相關研究，做出重大犯行的人，並不認為自己會被逮到，否則他們一開始就不會做這些會遭受處罰的事了。104

　　這當中的兩難之處顯而易見。一方面，這些組織高層確實可能因為財務後果的考量而接受勸阻。但是在另一方面，相關告誡之所以未能減少不當行為發生，涉及到犯行是否會曝光，而大部分犯行者正是因為不認為自己會被逮到，才決定幹出那些事。我們該如何從這困境中脫身？

　　一個可能方法是體認到，商業組織高層在進行決策時，格外看重財務因素，因此我們可以蒐集即使未被公諸於世、依然造成嚴重財務損失的不道德操作案例。我和同事潔西卡・李（Jessica Li）、亞卓安娜・桑佩爾（Adriana Samper）近期針對公司內部人員所做的研究，提供了證據指出，不道德操作勢必要付出相當代價。我們也試著詳細說明這些傷害是如何造成的，以及它們如何躲過大部分商業運作系統的監控雷達。

組織欺詐的三重毒瘤

> 勿貪欺瞞之益；欺瞞之益總為弊。
> ——古希臘詩人，赫西奧德（Hesiod）

我們想呈現這樣的結論：慣常同意、鼓勵或縱容員工在進行外部交涉時（對象包括顧客、客戶、股東、供應商、經銷商、監管人員等等）採用欺瞞手段的組織機構，將遭受有如惡性腫瘤般的後果。這些後果不僅會肆虐成災，在內部增長、擴散，逐漸侵蝕組織的健康與活力，而且還很難透過一般會計方法來追蹤鑑別，將之列為獲利下滑的真正原因。因此，這些欺瞞手段可能容易導致代價不菲的誤診，讓我們錯過了造成營運不彰的真凶。

眾所周知，商業組織有三大健康危害，分別是員工績效低落、員工流動率高，以及普遍性的員工欺詐與瀆職。這三種危害都可能讓企業付出驚人代價。我們想主張的是：倘若組織機構存在漠視道德的職場文化，雇主主動參與或被動默許慣常出現的不當行為，組織機構就會受困於上述三種後果。這些後果不是源自於局部性、不常發生的道德違犯，而是源自於容許、甚至鼓勵欺瞞手段的組織文化。

工作績效低落或許就是侵蝕公司獲利的最大元凶，我們就先從這一項開始討論吧。

員工績效低落

　　職場上存在壓力，這一點人盡皆知，但大部分的人可能都沒有意識到，這種壓力造成了多少代價。一份近期的研究分析發現，為職場壓力付出代價的不僅是個人，也包括公司財務狀況。光是在美國，各種工作上的壓力集結起來，導致了每年約十二萬人死亡，以及 2,000 億美元的額外醫療照護支出，這項支出的負擔主要落在雇主頭上。然而，這份分析並未著眼於另外一種同樣得付出代價的職場壓力，這種壓力直接源自於組織機構中的不當行為。我們可以稱之為「道德壓力」，發生在員工與組織的倫理價值相互衝突之際。從員工績效的角度來說，這種壓力造成的損害，甚至大過於其他已知具有高度破壞性的壓力因素。

　　舉例來說，一份研究針對金融服務電訪中心的客服人員進行了道德壓力與其他壓力的比較。所謂其他壓力包括應付難纏顧客、得不到上司或同事支持、互相衝突的任務要求，以及前景黯淡的工作內容。當中只有道德壓力顯示了兩個造成績效下滑的後果：員工疲勞（情緒和體能上的低落）和工作倦怠（對工作失去熱忱和興趣）。這兩種結果絕非研究人員隨興選來當成研究主題，它們各自帶來嚴重的管理問題，結合起來便成了管理夢魘，奪走員工的活力、渴望與工作能力。

　　企業是否因為創造出違反道德的工作環境，在不知不覺間也為自己製造了夢魘？有沒有可能，即便員工自己不做任何違反道德的行為，光是眼看著同事做這種行為，就足以導致他們績效降低？

　　為了找出答案，我們安排了一個實驗情境，不僅從中測試不誠實的職場活動會對工作績效表現造成什麼影響，也測試這類活動對其他特定組織毒瘤的影響。我們邀請了大學商學院學生參與實驗，讓他們各坐在一部電腦前，這部電腦與來自其他大學的團隊成員相互連結。受測者被告知，他們的團隊要和來自全國各地的其他隊伍比賽解決問題，倘若首輪比賽表現得好，就能在下一場賽事取得競爭優勢。之後他們又被告知由於他們的電腦出現技術上的問題，沒辦法傳訊息給隊友，但他們可以在線上看到其他隊友的互動。

　　團隊成員完成第一項解決問題的任務後，隊長告知他們的答題正確率只有 67%。他們也得知，隊長打算給成績灌水，告訴研究人員他們的正確率有 80%。他偷偷告訴隊友，研究人員不可能發現他們虛報成績。這時候，沒有任何隊友表達反對意見。

　　當然了，這連串過程都是我們刻意為受測者安排的，他們從隊長與隊友得到的訊息其實都是我們預先設計好，故意顯示在電腦螢幕上讓他們看見。第二組受測者也一樣，他們都收到完全相同的訊息，除了一個重要差別，他們的隊長會誠實呈報正確率 67% 的成績，此刻也沒有任何隊友表達反對意見。這時候，我們有一半參與比賽的受測者為了取得競爭優勢，同意並加入了欺騙行列，另一半受測者沒有涉入這些事。接下來我們就可以觀察，這兩種不同的經驗，將如何導致我們預期中代價高昂的後果。

首先，我們檢驗了接下來的表現。受測者被告知，接下來的任務必須由他們獨自完成，他們要先讀一段有關某個經營情況的文章，然後提出相應的批判分析。這次實驗引援的經營情況與相關提問，皆取材自經過驗證的商業智慧，為的是確定我們得到的回答是足以影響經營成功與否的判斷。我們接下來得到的數據揭示了顯著差異。答題正確率造假的隊伍，成員的得分比誠實呈報者少了 20％。另一項發現，則為第一組受測者為何表現低落提供了線索。思考上述問題一陣子之後，第一組受測者乾脆放棄動腦筋。他們比第二組受測者更快放棄，表示他們可能欠缺同樣的精力或幹勁來持續下去。

雖然這次實驗結果鼓舞了我們原先的看法，但我們可以想像，一定會有許多人跳出來反對，說他們不相信這個結論，因為實驗證據來自於實驗室的模擬情境，受測的大學生置身於實驗人員刻意製造出來的違反道德處境，這是不適當的做法。這很令人沮喪，但最讓我們氣餒的是，這些想像中的批評其實不無道理。我們體認到，要讓這次實驗得到的模式適用於真實職場，就得從實際在工作的人身上觀察出道德相關因素如何對他們發揮影響。因此，我們針對在目前或前一份工作平均任職三年的成年人，進行了一項全國性調查。這份調查的內容包含了受測者個人與職場的許多問題，其中有三類問題對於本書的主題尤其重要，它們分別是：

1　受測者如何評價所處職場中，經理人與領導者設定的道德環境
2　他們在職場上感受到的壓力
3　他們自己的工作成果品質

　　當我們分析這些受測者的回應時，我們找到了和大學生實驗吻合、甚至表現得更明顯的結果。根據他們的回報，首先，職場環境越違背道德準則，員工的績效表現就越差；其次，職場環境越不道德，員工會感受到越多壓力；第三，這種壓力導致他們工作表現欠佳。

　　拿到了這樣的證據，之後再用財務損失這個理由來說服企業領袖切勿做出不誠實行為，應該可以一擊成功了吧。[105]

員工流動率

　　對企業領導者來說，員工流動率成本有個方便之處：它們可以被精確計算。但好消息也僅止於此了。員工流動率造成的損失多寡，要看走的是那一類型員工，財損數字可以從龐大、到龐大到讓老闆想哭。員工流失導致的直接支出（離職金、重新招募、僱用和訓練成本），在基層職位可高達年薪酬的50％，在經理人職位則可超過200％。若是把間接成本也算進來（知識傳承中斷、銷售與生產力受干擾、留下的團隊成員士

氣低落），總成本還會墊得更高。

我們暫且保守估計一下員工自願離職導致的成本吧，將直接成本與間接成本加起來，平均差不多是一整年的酬勞。在美國，每年員工自願離職的比率超過 15％。然而，即使是員工人數一千人（平均年薪資福利為 4 萬美元）的中型企業，10％的流動率就會帶來每年 400 萬美元的成本支出。

如何在經濟代價與工作上的背德操作之間建立連結？我們認為，關鍵就在於員工感受到了道德壓力，他們的個人價值觀持續與工作上慣常發生的不當作為發生衝突。誠實的人會想離職的理由之一，正是因為留下來就代表必須跟著做這些口是心非的事。為了測試這個理由的可能性，我們針對大學商學院學生做了另一項實驗，內容跟第一次實驗很像，即半數受測者的隊長打算對外欺瞞，而另外半數則保持誠實。後來，受測者在展開第二次任務之前被告知，他們可以選擇留在隊裡或轉到另一隊。統計指出，誠實的團隊中有 51％的人想換隊伍，而不誠實的團隊則有 80％的人想離開。

為了證明上述結果不僅適用於實驗室環境，我們也從全國員工調查數據中找尋佐證，後者清楚顯示員工流動率有著相似模式。置身於不誠實企業文化的員工，不僅容易感受到壓力，也比較可能想辭職。心理壓力促使他們離去，進而給雇主留下流動率造成的財務大洞。於是我們暗忖，第二次出擊也成功了。[106]

員工瀆職與欺詐行為

　　根據我們的設想，不是每個員工都會從不誠實企業出走。由於離職是價值觀衝突引發心理壓力所造成的，因此會走的都是道德標準較高的人。至於對運用技倆來獲得金錢利益感到自在的人，應該會很樂於留下。第三種惡性腫瘤就是這麼來的。如果要對負責形塑企業道德的領導者提出警告，我們可以這麼說：那些今日為你耍弄技倆的員工，改天也會把技倆用在你頭上。假如你今天鼓勵他們這麼做，你就會得到現世報，並且為此付出不小代價。

　　有鑑於員工會離開道德標準與自己不同的組織機構，因此，慣常採用不誠實做法的公司必然會讓許多誠實員工轉身離開，留下一堆習於違法亂紀的人，而這些人一有機會便會對公司造成危害。因此我們認為，這種企業等於是在自己的外套下放了條毒蛇，其毒液將危及財務，畢竟世界各地發生的員工瀆職與欺詐，已累積數兆美元的支出成本。這些損失（盜用公款、偷竊存貨或設備、虛報費用、採購報告造假、與廠商或交易對象私相授受）很少能得到彌補。

　　上述說法似乎合情合理，不但道理顯明，指出財務影響，還用上了傳神的毒物比喻，然而，證據何在？為了找出證據，我們再度訴諸實驗，並且更改了最後一個步驟。各位還記得第二次的實驗吧，一半的受測者置身於不誠實的團隊，另一半則置身於誠實的團隊，當他們有機會決定去留時，離開不誠實團隊的受測者，遠多於離開誠實團隊的受測者。這時候，我們告訴所有受測者由於發生了意料之外的問題，沒辦法讓他們轉隊了，接下來的任務還是得跟原來的隊友一起進行。事實上，接下來任務是要受測者跟隊友競爭，看誰能在最短時間解開字謎。能夠在一分鐘之內解答的人，贏得 100 美元獎金的機率便會提高。在受測者提交答案之前，我們刻意讓他們有機會偷看到答案。我們從事前的測驗得知，一般大學生一分鐘的平均答題數為三・一七，所以我們依此標準來比較受測者的答題數，從中觀察哪種類型的受測者容易為了壓倒同儕以取得金錢利益，做出欺騙的行為。

實驗結果很明顯，置身於誠實團隊、而且選擇留下的受測者，欺騙對他們來說根本是不存在、不值得考慮的事。這個結果值得我們與許多正直的企業領導者擊掌，他們有足夠的管理智慧，建立恪守道德的企業文化。在誠實或不誠實團隊中，決定離開的受測者，多少有稍微作弊，但統計數據不到顯著程度。真正的大新聞，來自於那些即便有機會離開不誠實團隊，卻依然決定留下的受測者。他們作弊的機率，比平均值高出77％。別忘了，他們作弊除了是為自己獲取金錢利益，也同時對周遭人造成不利。為這種行為貼上毒瘤標籤或許太嚴厲，然而，如果我們仔細審視研究數據，透過真實職場環境來找證據，這種行為的危害確實夠明確了。

我們檢視了員工如何評價領導者設定的職場道德標準、他們離職的意願，以及他們在多少程度上認可員工在職場中的欺詐行為（也就是會對雇主造成經濟損失的行為，例如竄改費用報表、為了逃避工作而破壞設備、為了個人目的而擅用公司資源等等）。其中最重要的發現是，願意留在不誠實公司的員工，從事這類欺瞞、造成公司財務損失的行為，機率比一般員工高出許多。就和實驗室內的情境一樣，樂於待在不道德職場的人，也樂於對他們待的地方做出不道德的事。

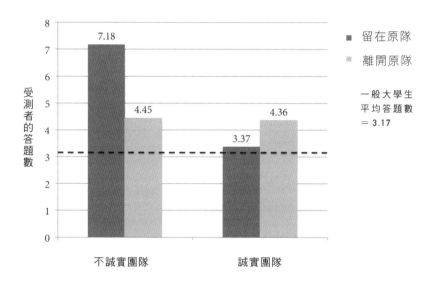

魔鬼的交易。對欺騙不覺得不安、願意留在不誠實團隊的人，欺騙其他隊友的意願也特別高。

資料來源：羅伯特‧席爾迪尼

我曾在本書一開始坦承，這本書延遲了好幾年才完成，就是因為有個大學行政人員運用鋪梗技巧，說服我在休假寫書期間，先接下教授一門企業管理研究所課程的差事。這個決定打亂了我當時的寫作計畫，但確實也帶來了正面結果，例如讓我蒐集到足以體現鋪梗力量的案例，以及適合放進本書中的最新相關研究，這些研究在我一開始著手寫書時，還尚未發表。

　　此外還有另一個正面結果，這份差事也讓我有機會要求課堂上那些工作多年後重返校園的學生們交一份報告，描述他們待過的組織是否重視道德原則，而這對他們的工作經驗有什麼影響。大部分學生會挑他們曾經待過的不道德企業來寫他們的感受，以及親身目睹的不當手段，或許是因為這些負面記憶烙印較深。一名學生提供了頗具啟發性的實例，他描述曾經受雇的某家公司，從原本的營運健全，到最後損失 10 億美元：

> 執行長不時濫用他的影響力，資源明明夠充足卻說不夠，用職權壓迫其他人做違背常理判斷的事，還虛構一些不存在的實證。起初大家都相信他，但沒多久發現真相後，公司的信譽全毀了。現在已經很少有公司願意跟他做生意，而少數願意的公司，也會開出苛刻的違約補償條件。

> 不誠實的企業文化，會自上而下地散布開來。業務部

門被迫誇大事實，公關部門發出內容大多不實的新聞稿，銷售人員得逼迫顧客點頭。員工對工作的不滿及流動率高得離譜。員工受到高薪的吸引而來（執行長正是用這個理由來合理化苛待員工的行為），但一有機會跳槽就會離開。員工看著主管們也有樣學樣，隨時伺機竊取公司資源，通常是在差旅費和費用報表上動手腳，有些同事還會跟供應商暗中抽成牟利。幾個月前我再度拜訪那家公司時，將近一半的員工都已經離職了，公司裡的道德風氣也跌落谷底。

第三次出擊成功？我強烈希望如此。當然了，這個希望能否實現，要看企業領導者在多大程度上接受違背道德，勢必造成財務損失這個論述，並且將這想法化為實際行動。小仙女揮一揮魔法棒能實現願望的情境，不會出現在這裡，除非那些領導者著手打造適切的企業文化，否則以上論證不會因為其他人真心誠意地相信，就能夠風行草偃。這一切都需要高層主管的協作。

所幸，只要他們願意，打造並維繫值得讚揚的企業文化，就跟創造不道德的職場環境一樣無須費勁。要怎樣才能讓在商場上打滾多年的企業領導者更願意改走道德路線？對許多領導者來說，他們沒有必要改變路線，因為他們早就決定要這麼做，也值得我們的尊崇。然而有其他近半數的領導者認為，營利考量可以合理化他們的不誠實做法。對於這類領導者，我們有必要攤開這筆帳，指出隱藏成本（員工績效低落、流動率高、詐欺盛行等等），即使這些作為不一定被外界所知。

　　在適用於所有商業組織的一般性建議中，有三種做法特別值得投入努力：雇主不妨將來自顧客與客戶的誠實度評分列入員工的獎勵計畫。此外，企業的道德聲譽也應該列為年度績效評估項目。高階主管（尤其是執行長）的薪酬核定，應該包含員工對公司整體道德風氣的評價。這些步驟不僅能鼓勵符合道德原則的作為，也能持續性地彰顯公司的道德標準。把注意力聚焦在這些事物上，我們就很有理由相信企業行事時會更重視道德的重要性，也更了解違反道德的後果。[107]

CHAPTER 14

後續效應：
延續鋪梗之後的影響力

我們已經知道，成功的鋪梗，可以透過暫時將受眾的注意力，引導至有利對方接受後續訊息的心理概念上。然而，假如鋪梗是建立在被暫時引導的注意力，那麼所有遊說者都得面對這個重要問題：倘若競爭對手、甚至日常事件，將受眾的注意力轉移到其他概念上，該如何避免受眾的好感因此而淡化？

這是個很值得思考的問題，任何有意促成受眾想法改變的人，都會希望發揮長久的影響力。雖然本書的前幾章已經指出，只要做法巧妙，短暫的改變就足以發揮莫大的效果。但要將影響力發揮到最大，遊說效果如果能夠維持得久一點，還是比較理想。對此我提出兩個有效策略，各源自於不同的社會影響效果，其中一個屬於傳統派，另一個則屬於創新派做法。

透過承諾來延續效果

傳統上，行為科學家對於如何讓我們最初做的正面回應能夠延續，提供了一個直截了當的答案：設法讓他們對這個正面回應做出承諾，而且是主動做出承諾。

我們可以從以下的例子想想，這個建議可以為代價昂貴的社會問題降低多少成本。那些預約了門診時間、最後卻沒出現的父母親，非但造成不便，也為醫療照護體系增加了可觀支出。為應付這種約診卻未到的狀況，一個標準做法是在看診的前一天打電話提醒。我的同事史帝夫·馬丁（Steve J. Martin）針對英國醫療診所做的研究指出，上述做法僅減少3.5％的未到診比率。而且打電話提醒得花時間與人力，也不一定連絡得到家長。倘若我們能借用承諾的力量，事情就不一樣了。當我們在診所裡預約下次看診時間，我們都知道會發生什麼事，櫃台人員會在一張卡片上寫下次看診的時間與日期，然後交給病患。假如我們反過來，讓病人自己在卡片上寫時間與日期，那麼他們就會比較信守承諾。在馬丁的研究中，英國診所實施這套不花分文的做法之後，未到診比率減少了18％。

這套做法對於降低未到診比率影響不小（降低18％意味著光是在英國，就可減少1億8,000萬美元的支出），但運用行為心理學原理來讓民眾信守承諾，還可以改變政治選舉，進而發揮更大的社會影響力。2008 年，在歐巴馬（Barack Obama）與約翰・麥坎（John McCain）角逐總統大位的前不久，一份線上民調針對個人政治傾向與觀點，調查了數個州的美國民眾，其中半數受調者在開始作答之際，會在問卷的左上角看到一個小小的美國國旗，另外半數受調者則不會看到國旗。看到國旗的人，變得較支持推出麥坎的共和黨及其保守政治觀；甚至在選舉過後，研究人員發現那些問卷上有國旗的受調者，投票給麥坎的比率遠高於其他受調者。最後、或許也是最值得注意的，即便在大選結束的整整八個月後，那些問卷上有國旗的受測者依然傾向於支持共和黨的態度、信念與判斷。

　　看過一次國旗，真的就能創造如此持久的效果嗎？這樣的研究結果亟需解釋，而且原因可能不只一個。首先，這很類似鋪梗的效果，受調者看到背景中的國旗，讓他們聯想到共和黨的意識形態。這群研究人員先前做的前導研究已顯示，在2008 年，美國人確實會將國旗與共和黨的政治主張聯想在一起。這就像本書之前提過的例子，在店裡播放法國音樂，可以暫時讓大家傾向於選購法國相關商品（例如法國紅酒）。在家具公司官網背景中看到蓬鬆的雲朵，大家也會暫時傾向於選購柔軟的商品（例如舒適的沙發）。所以，看到美國國旗，我們也會暫時傾向於支持共和黨候選人和他們的立場。

　　光是秀出國旗，就有如此立竿見影的效果。那麼我們應該如何解釋，它發揮的影響竟然能維持那麼長的時間？研究人員認為他們已經得到答案：受調者看到國旗，暫時受到影響並傾向於支持共和黨理念後，在整個作答過程中主動深化這個傾向，可以說是在行為上做出了承諾。當他們後來真正去投票時，投票行為又強化了這樣的承諾。這就是為什麼在大選結束的八個月後，他們依舊站定共和黨立場。

這個調查結果讓我想起了另一份研究。那份研究的主題是不同的遊說前體驗（例如開心的情緒），會對不同類型的偏好（例如藝術作品）產生什麼影響。受測者讀了一則快樂的故事之後，高昂的情緒讓他們喜歡上一幅畫作。然而過了五天之後，只有那些曾經在情緒高昂之際為畫作打分數的受測者，依舊喜歡那幅畫作。當時未打分數的受測者，也就是不曾以實際行為將自己「鎖定」在承諾中的人，在快樂情緒消散後便完全不再對那幅畫作感到特別偏愛了。108

鋪梗的影響力顯而易見，遊說前預先鋪梗，可以在他人身上創造立即的戲劇化轉變；然而，要讓這些轉變更加持久，我們就得向對方取得承諾，做法通常是讓對方做出相關行為。從這個角度來說，不是任何承諾都能產生同等的效力。最有續航力的有效承諾，包含了能夠影響個人身分認同的行為。如此一來，遊說對象才會採取主動、自願、不疑餘力的行動來維繫承諾，因為這些行動彰顯著我們的個人偏好。

舉例來說，假如遊說者事先刻意讓我們看到群眾站在一起的影像，我們就會暫時傾向於支持較包容的社會政策，例如為所有勞工提高最低薪資。當我們以行動來表示支持（以捐款來支持這項目標），便會更加忠實於這個想法。此外，假如上述行動是出於自由意志（完全出於我的個人選擇）、不容易做到，或是得付出相當代價（不小的金額），我們就更可能把這個行動視為它展現出我希望自己成為怎樣的人。正是這種受到實際行為影響的自我觀感，為後來的回應發揮了錨定效果，即使注意力暫時被轉移到其他地方，上述效果也不會因此消失。[109]

利用提示，創造持續性的改變

過去，當我還設法從遊說專家身上學到所有技巧時，我收到了一封邀請函，說他們提供一個絕佳機會，能帶來超乎夢想的財富、成功和經濟獨立。我很確定那封邀請函的寄件方必定涉及某種傳銷體系，照慣例我是不會有興趣的。然而我當時產生了好奇，想知道主辦單位打算如何推銷他們的體系。於是我打電話預約報名。這整個過程中，最讓我覺得有意思的是舉辦地點。我和其他差不多五十個人，從想多賺點錢的、到手頭很吃緊的，都在某個週六早上來到了鳳凰城一家餐廳。但我們並未在那裡久留，我們被送進一部看起來老舊、漆著黃藍兩色的巴士，經過兩小時車程抵達土桑市。主辦單位說教育訓練會在那裡進行，但這其實是謊話，只有某個講師在午餐時間簡單重述了我們路上就已經聽過的內容。

為什麼主辦單位要花這麼多錢，讓我們走這趟莫名其妙的行程？當時我已經知道，訓練課程本來就不打算在土桑市進行，而是為了巴士旅程而設計的。我之所以如此肯定，原因在於前往土桑市的半途中，我看著窗外，發現了另一輛外觀老舊的黃藍色巴士，正載著乘客從土桑開往鳳凰城。這景象使我立刻頓悟：打從一開始，主辦單位就刻意讓我們在巴士上接觸所謂財富計畫的細節（我懷疑是多層次傳銷）。我相信這個做法有心理學上的基礎，首先，在搖晃、吵雜、顛簸、擁擠、令人煩躁的環境中，我們很難深思熟慮。而深思熟慮正是多層次傳銷的大敵。

其次，當我們無法好好思考、無法全神貫注時，就比較容易被環境中出現的提示牽著鼻子走。在巴士旅程中，主辦單位控制了這些提示，在整個環境中布置許多要讓我們變得容易接受主辦單位訊息的細節。巴士的兩側與天花板貼滿鼓勵追求成就的海報，椅背後方則貼著財富相關口號。每個講師開始演說之前，主辦單位就會放主題跟成功有關的音樂（主要是電影《洛基》〔 Rocky 〕的配樂，尤其〈虎之眼〉這首歌）。講師們傳遞的基本訊息總是：「你可以做到，你可以做到，你可以做到，你可以做到，只要你加入我們的體系。」這個不變的訊息伴以一整套支持性提示：講師身穿價格不菲、剪裁漂亮的西裝，拿著「光是這個月就賺了」1 萬 1,000 美元的支票，朗讀某個會員神采飛揚的見證信，內容說自己在參加體系之前「就跟你們大家一樣」。我們返抵鳳凰城時，有三分之二的人都簽名參加了。

現代生活已經變得越來越像那部奔馳在公路上的巴士：高速、騷亂、充滿外在刺激、不斷移動改變，結果，在許多情況下，我們越來越難好好思考自己該怎麼做。這導致即便是最審慎的人，也容易自動遵循那些出現在周遭的提示。既然現今世界已經變得節奏快速，而且不時打斷我們專注力，難道我們只能束手就縛，當巴士上接受擺佈的傻瓜嗎？我們無須對這種不請自來的影響感到憤怒，只要透過系統化的控制它對我們的影響就行了。我們得變成自己生活空間的設計師，在其中安排能促使我們不假思索前往最符合目標方向的事物。這套方法提供了另一種做法（除了做出立即而有效的承諾），可以引導我們未來的行動。我們可以在生活空間中，事先安排能讓我們自動連結並且行動的提示，並確保自己能經常看到這些提示，我們就可以讓這套機制來為自己服務。

　　本書前幾章已經列舉了一些可能做法：倘若你的寫作是鎖定特定對象，譬如撰寫報告或簡報內容，那麼你就應該在周遭安排一些跟那群對象有關的提示，例如他們的照片。倘若你的任務具備成就導向，譬如工作上的成就，那麼你就應該讓自己接觸與成功、奮鬥、成就相關的意象，好比贏得賽跑的選手的圖像。當你的任務屬於分析導向，像是編列預算，你就可以讓自己接觸與默想、思考、審視有關的意象，好比羅丹的雕塑作品《沉思者》，依此類推。你甚至不必換地方、也不必換電腦，面對各種任務都能達到最佳成果，只要把電腦桌布換成適合用來鼓舞當下任務的意象就行了。

「當……就怎麼做」計畫也可以為我們的長期目標強化相關的聯想連結，方法就是將我們的目標與應採取的行動，連結上我們之後會經常碰到的提示：「當我吃完商業午餐，服務生詢問要不要飯後甜點時，我就點薄荷茶。」或「當早上八點鐘一到，而我已經刷好牙，我就服用處方藥。」

　　這些建議策略都符合本書先前提過的調查研究，但還有一項研究值得我們探討，研究指出，小小的提醒，就可能帶來重大改變。110

你的注意力，決定你是什麼樣的人

　　每當我向醫療照護機構管理階層進行影響力相關主題的演說時，我問他們：「在這個系統中，那一種人最難被影響？」答案總是很肯定：「醫師！」這似乎有其道理，為了在醫療照護體系爬到現在的位置，醫師們得熬過數年的受訓與練習，包括醫學院的專科學習、擔任實習醫師和住院醫師，如此才能累積相當的知識與經驗，藉此做出判斷。可想而知，這使得他們頗不情願改變自己的判斷。但是從另一方面來看，倘若醫師不願意接受調整，做出有益於病人的改變，那麼問題就會產生。這也讓我們想到一個更大的問題：大部分醫師為什麼在一開始就決定走入這個行業？究竟是為了他人的福祉，還是為了自己的益處？目的是嘉惠病人，減少他們的痛苦？還是贏得一定程度的權威、尊敬、地位，以及通常會隨醫師身分而來的金錢報酬？

　　一份針對美國醫院進行的研究，為我們在這個議題上提供了寶貴的啟發。研究人員亞當·葛蘭特（Adam Grant）和大衛·賀夫曼（David Hofmann）注意到，即使院方強烈建議醫師在每次的病患檢驗之前，都應該要先洗手，但大部分醫師洗手次數不到建議次數的一半，而且各種旨在減少這個問題的措施皆以失敗告終，使得醫師與病患都處於極大的感染風險。葛蘭特與賀夫曼認為一個改善方法是在醫師一走進檢驗室的時候，就將醫師的注意力引導至兩個強大動機：為自己考量，或是為病患考量。

　　為了把注意力引導至為醫師自己考量，研究人員在檢驗室的肥皂或洗手液上方貼了警語：「手部衛生保護你免於感染。」另外，為了把注意力引導至為病患考量，他們在幾處洗手液上方貼了警語：「手部衛生保護病患免於感染。」兩種警語僅僅是一詞之差，效果卻截然不同。提醒醫師保護自己的警語，幾乎沒增加他們使用肥皂或洗手液的頻率。然而，提醒他們保護病患的警語，卻讓使用率增加了45％。

　　這樣的研究結果，為另外兩個相關問題提供了重要資訊。首先，院方已經祭出許多干預措施，卻都未能解決問題。光是把醫師的注意力引導至洗手與保護病患之間的連結，就讓問題有了大幅改善。當然了，先前的例子中醫師未能照建議洗手，並不表示他們沒有把病患福祉放在心上，他們都了解洗手與病患福祉之間的關連。然而，造成改變的是什麼？在先前的例子中，院方沒有安排任何提示將醫師的注意力引導至此，讓它成為最鮮明的想法。這時候醫師想的是：病患看起來如何、護士說了什麼、病歷資料的內容等等。所以，我們只須安排一個醫師進入診間就會看到的警語，提醒他們洗手與避免感染之間的連結，就能顯著改變他們的行為。111

此外，我們也可以從這份研究數據回答先前問題，即大部分醫師在本質上是什麼樣的人。醫師似乎是利他導向，致力於提升病患福祉；也似乎不是我們需要擔心，會為自身利益而犧牲病患的人。

雖然第一個結論似乎是對的，但一份卡內基美隆大學所做的研究對第二個結論提出質疑。研究探討醫師們向來被警告、可能會讓病患得不到最佳醫療的惡習，那就是醫師經常收受來自業界的禮物，尤其是製藥公司，有時候也包括醫療器材設備廠商。禮物的形式或許是送給員工享用的披薩、免費招待醫師的午餐和晚餐、參加論壇的所有開銷、代為進行研究或提供諮詢的費用、出席會議的演說或講師費，甚至參加產品相關的視訊會議也有報酬可拿。

已經有強力證據顯示，這些禮物或贊助會促成醫師投桃報李，在開處方簽或為病患建議用藥時偏私贊助廠商，而不是考慮對病患最好的用藥。儘管研究調查提供了證據，也依此發出警告，還是有許多醫師繼續利用職位之便收受好處，就算他們知道這會造成不良影響。

這究竟是怎麼一回事？為什麼醫師們在洗手研究中，表現出他們重視病患福祉甚於自己，卻在另一份關於收禮的研究呈現截然不同的面貌？或許是因為相較於拒絕業者提供的好處，洗手的付出代價較小，而高價值的利誘讓自利精神勝出，這是普遍發生的常態，不限於醫師，畢竟醫師也是人。

然而，互惠原則，也就是先付出的人「有權」要求回報，以及卡內基美隆大學的研究，提供了較寬容、也較細膩的觀點。這份研究的調查對象是美國的三百零一名住院醫師，首先向他們提出的問題便是：哪些原因可能讓醫師變得更會或更不會收受廠商的好處？有批受測醫師純粹做線上問卷，他們被問到收受廠商好處是否、或者在多少程度上是可以接受的。依據研究人員的分析，只有五分之一（21.7％）受測者認為可以接受。然而，第二批受測者被問到同樣問題時，先回答過為了當醫師已經犧牲了多少個人生活與金錢，結果有近半數（47.5％）認為收禮是可以接受的。最後，第三批受測者也被提醒為了當醫師所做的犧牲，然後再詢問他們，既然之前付出了那麼多金錢，收受廠商禮物作為彌補是否合理，結果大多數受測者（60.3％）認為這是可以接受的。

我們要如何詮釋這些結果？我對此做出了多個結論，包括比較鼓舞人心的，只有少數醫師認為收禮是可以接受的，大部分醫師都認為不值得做這種事。然而，一旦他們被提醒為了進入醫療照護體系而付出的龐大金錢投資，他們就會比較願意從中獲取大筆回報。互惠原則的影響力提高了他們收禮的意願，這個效應正是醫師收禮風氣盛行的罪魁禍首。

最後，這些發現也告訴我，針對醫師族群究竟是以服務病患為主要心態，還是企圖謀求己利，我的答案會是⋯⋯沒錯，兩者都有，這要看他們當下的注意力放在哪裡。醫師的選擇偏好展現出來的彈性，彰顯了那些占據思維最明顯位置的因素是如何對我們產生莫大影響，而醫師絕對不是唯一受到這種思維方式影響的人。

━━━━━━

這個結論也適用於為本書畫下句點：就個人選擇的角度而言，我們是誰，很大程度取決於我們在做決定的前一刻，注意力放在什麼地方。我們可以被引導至所謂的特許時刻，方法是透過日常生活場景中無意間遇到與選擇相關的提示，或是洞悉人性的溝通者巧妙安排的提示，雖然這比較令人憂心。也可能是透過效果比較好、也比較持久、我們在經常出現的場景預先安排的提示，這樣的提示能讓我們持續朝理想的方向前進。無論是那一種提示方法，都可以為接下來的說服預先鋪好梗，無論我們對它的潛在作用是感到擔憂，或是深受吸引，抑或兩者皆有，都應該體認到鋪梗所具備的強大力量，試著了解它的內在運作機制，才是明智之舉。112

ACKNOWLEDGMENTS

致謝

　　我要感謝許多協助讓這本書得以問世的人。感謝名單上的首位是 Bobette Gorden，她從頭到尾陪伴我完成本書，讓我在這段期間受益於她的寶貴智慧、睿智傾聽與愛心。以及 Doug Kenrick、Greg Neidert、Linda Demaine、Jennifer Jordan、Gerry Allen 與 Charlie Munger，他們逐章閱讀，提出了極好的建議。此外，還有其他人對本書草稿持續提供了建設性的回饋。Nigel Wilcockson 為本書做出說服力十足的概述與精彩推薦。Andrew White 讓我知道，擷取自網路的資訊可以為文本素材大大加分。Richard Cialdini 與 Katherine Wanslee Cialdini 耗費冗長時間閱讀草稿，卻始終維持專注，提出令我十分感謝的觀察與支持。Anna Ropiecka 從一體兩面的角度，以及非英語系讀者的立場，提供了出色的評論，促使我的思考變得更敏銳、遣詞用字更精簡流暢。

　　最後，我要特別提出兩位出版界專業人士，他們不僅值得我的感謝，也值得我不帶私心推薦給任何有志出書的作者。我的經紀人 Jim Levine 是天賜貴人，在整個寫作過程中以從不打折的專業、操守和精明睿智引領我。Simon & Schuster 出版社編輯 Ben Loehnen 傾力推動本書的策畫，在寫作過程中提供了編輯方面的寶貴建議，在他的參與之下，本書成品有了顯著提升。

能夠擁有這些人的協助，我很幸運。

NOTES
附註

AUTHOR'S NOTE

1　奧登的詩句截自他的詩作〈誰的里拉琴下：時代的反動路線〉（Under Which Lyre: A Reactionary Tract for the Times）。博伊爾的評論出自他的法學著作《公共領域》（*The Public Domain*）。其他引言出自《孫子兵法》和卡內基的《如何贏取友誼與影響他人》（*How to Win Friends and Influence People*）。

發人深省的問題是，為什麼很多決策者會用行為經濟學來替社會心理學背書？我認為，這和經濟這門學科往往牽涉到商業和政府行為，而受到高度重視有關。很多行為經濟學　家（George Akerlof、Daniel Kahneman、Robert Shiller、Herbert Simon、Vernon Smith、Richard Thaler）獲得諾貝爾經濟學獎的肯定，和行為經濟學共享部分核心概念的社會心理學也隨著聲勢壯大。

CHAPTER 1

2　Critcher and Gilovich（2007）探討餐廳名稱和球衣號碼數字對消費者和球員行為的影響；Ariely, Loewenstein, and Prelec（2003）研究比利時巧克力；Switzer and Sniezek（1991）研究工作績效；Oppenheimer, LeBoeuf, and Brewer（2008）研究畫長線；North, Hargreaves, and McKendrick（1997）則研究紅酒專賣店。

這種形況不限於溝通的時候，無論先前的體驗是什麼，都會改變我們對後續事物的反應，而且這種改變往往是超乎尋常、難以解釋的。近期研究開始用量子機率模型，來解釋「人類判斷錯誤」的各種類型，而非沿用古典機率模型。理論的核心理念在於，人在做決策時心境會改變，而與決策前的預期行為產生落差（Busemeyer et al., Trublood, 2011; Busemeyer and Wang, 2015; Shiffrin, 2010; Weber and Johnson, 2009）。

3　移除既有壁壘，比起摧毀壁壘更有助於成功。印度教象頭神迦尼薩的真言「起始之神，是移除阻礙」代表這個理念。除了吉姆的方法，其他鋪梗方式也可以成為開啟工具，排除不信任感。首先，要建立聽眾的熟悉感。就算再自負的遊說者，也會先建立信任關係，再進行遊說（Packard, Gershoff, and Wooten, in press）。

4　Michael J. Mauboussin（2009）回顧了大量「健全思維策略」的文獻，反而退一步得出結論：最好的決定，往往出自相同之處。確實，在某些局勢裡，值得留意的相同之處，就是最與眾不同之處。美國歌手 Jakob Dylan 唱得比我說的更動聽，他的歌〈差異〉（The Difference）唱到：「我知道的唯一差異／就是你一如往昔」。

5　二戰期間，各國政府推行通訊傳播計畫，「說服」的科學研究蓬勃發展（Hovland, Lumsdaine and Scheffield, 1949; Lewin, 1947; Stouffer et al., 1949）。這時候，美國和盟國從事的就叫情報計畫；敵國的計畫，則稱為宣傳。

6　世界第一位數學家、物理學家阿基米德（西元前 287 年到西元前 212 年）從槓桿運作，提出「力矩」的物理概念，他曾說過：「給我一個支點，我可以舉起整個地球」。至於「時機成熟」（是採取行動的時候了）的概念就更早了，古希臘文的 kairos，就有「天時地利的一刻」含意。希臘哲人亞里斯多德教導演說術可謂無人能出其右，他在著作《修辭學》中，就建議在陳述論點時，必須把握良機。但直到最近，學者們才開始認識到亞里斯多德《修辭學》中賦予 kairos 在說服過程中的重要分量（Kinneavy and Eskin, 2000）。

CHAPTER 2

7　針對幫人看相算命等超自然形式，很多縝密的研究，都得到制式的結果：並沒有可靠證據指出這種方法有效（Blackmore, 1987, 1996; Charpak and Broch, 2004; Hyman, 1989, 1996; Reichart, 2010; Shermer, 2002; 2003; Wiseman, 1997）。這支影片幽默地詮釋了超自然算命師的角色：www.youtube.com/watch?v=aSR-uefPmME；另外一支影片則分析通靈這件事：www.youtube.com/watch?v=ZAI2f3vnWWU。

8　故事中，蘇格蘭場探長格雷戈里蒐集大量證據，矛頭指向落網嫌犯，當時，福爾摩斯和他之間的著名對話如下：

探長：還有什麼，需要注意的點嗎？

福爾摩斯：那天晚上，那隻狗的反應很奇怪。

探長：那隻狗那天晚上沒反應啊。

福爾摩斯：就是那樣才奇怪。

有更多證據可以說明，人類會自然而然注意到發生的事件，賦予它更多意義，而忽略沒有發生的事件。想想一盤錯綜複雜的棋局，棋師精心設計的走位，都可能誤判情勢而前功盡棄（Bilalic, McLeod, and Gobet, 2010）。還有更多例子可以窺見偏誤造成的不當決策；

不過，也有被出色的數學家亞伯拉罕・瓦爾德（Abraham Wald）識破智取的案例，詳見 http://www.dangreller.com/the-dog-that-didnt-bark-2/。很多傑出人士在蒐集資訊時，也有福爾摩斯和瓦爾德的風格，像是臉書創辦人馬克・祖克柏（Mark Zuckerberg）。臉書營運長雪柔・桑德伯格（Sheryl Sandberg）就觀察到，「和祖克柏說話時，他不是聽你說了什麼，而是你沒說什麼。」我們之中，很少有人會被這般描述，畢竟，我們之中，也沒有多少人能在三十歲生日以前，擁有一個網站，市值超過 300 億美元。

9　加拿大大學生的研究，參見 Kunda et al.（1993）。更多有關「正向測試策略」和「驗應性的假設驗證」導致認知偏誤的實驗，可參見 Klayman and Ha（1987）、Lilienfeld, Ammirati, and Landfield（2009）、Nickerson（1998）和 McKenzie（2005）。

由於單向式的問題會嚴重誤導問卷的統計結果，所以我建議應該拒絕回答。舉例來說，Schuman and Presser（1981）的經典研究，選出一群美國人，問他們：「如果這個冬天燃料短缺，你認為應該明文規定民眾調降家用暖氣的溫度嗎？」有 38.3% 的人表示支持；不過，只要研究者在後面加上「或者你反對這項立法」的句子，使得問題兩面並陳，結果只剩 29.3% 的人支持。

10　我開始系統性地研究說服和社會影響力的時候，我只是窩在大學實驗室裡，謹慎設計實驗，調查為什麼特定訊息能夠有效改變聽話者的態度和行為。我還是很重視這樣的學術工作，但也不再堅持這是唯一方法，我已經知道，除了科學研究，還有很多資源值得探討，可以了解影響力的運作。誠如我在第 1 章所言，專業人士，像是廣告業者、業務、市場行銷、募資的人，他們實踐說服的話語，就是個巨大的知識寶庫。我會為了分析他們的門道，潛入內部訓練課程學習。唯一我沒探險過的，是邪教招募儀式。有些研究者成功脫身（Galanti, 1993），不過更多的故事是，有人好奇進入、卻沒能全身而退。所以，本書中提及有關邪教方面的研究證據，多是經過前教徒、前招募人員的同意進行訪談得來。研究者向他們詢問，用過什麼方式遊說他人，以及他們當時為什麼會被說服（Hassan, 1990, 2000; Kent and Hall, 2000; Lalich, 2004; Singer and Lalich, 1995）。Almendros、Cialdini 與 Goldstein（撰寫中）的研究，分析這些人的回應和訪談，找出他們經常用於招募人、留住信徒的話術，可供參考。相關研究進展，可以參考國際邪教團體研究會（ICSA, www.icsahome.com）與其學術刊物《國際邪教研究期刊》（*International Journal of Cultic Studies*）。

11　波肯和安德森的研究成果也可以有其他詮釋：受測者同意提供他們的電子郵件信箱，不是因為冒險精神的自覺被強化，而是因為受測者和研究者經過問答，有了言語互動，繼而對研究者抱持比較正面的印象，才接納他的請求。這個推測很合理，確實有研究指出，先有開場和互動，不管它多簡短，接著提出的請求就比較容易得到答應（Dolinski, 2001）。然而，波肯和安德森的第三個、也就是最後一個實驗的結果，證明言語互動的解釋不通。兩人發放廣告傳單來上傳播課的大學學生。傳單上邀請他們，假使想知道怎麼取得一款新的非酒精飲料樣品，就提供電子郵件信箱。這份傳單上不問他們的冒險精神，回覆率一如預期地很低，只有 30% 的學生給出信箱；在另一個班級裡，傳單上開頭的地方印有前導式提問：「你認為自己具備冒險精神，是個喜歡嘗試新事物的人嗎？」結果大不相同，有 55% 的學生留下聯絡方式，實驗過程中都不曾有過言語互動。關於這三個實驗，可以參考兩人的研究全文（Bolkan and Anderson, 2009）。

另外，選舉投票的研究發現，前導式提問的一個小細節，可以將影響力推到極致：針對受測者本身提問，會比針對他的行為提問來得見效。研究者在兩次選舉的前一天召來登記投票的選民，詢問他們的投票意向。前導問題有的跟他們的選民身分有關，像是：「你身為選民，明天的選舉對你來說有多重要？」有的則是跟選舉行為有關，像是：「明天的選舉對你來說有多重要？」兩種鋪梗做法都讓隔天實際來投票的人增加了，不過，前導問題著重在選民身分上的，相形之下效果更佳（Bryan et al., 2011）。

12 網路詐騙快速增長，2010 年 6 月《消費者報告》（*Consumer Reports*）的問卷發現，每年有一百萬戶遭到垃圾郵件詐騙，呼籲讀者要保持警覺；三年後，數量攀升到一千六百萬戶受騙（Kirchheimer, 2013）。不幸的是，詐騙案還在持續增長。皮尤研究中心（Pew Research Center）的報告發現，在 2013 年 7 月到 2014 年 4 月期間，美國的網路用戶中，成年人表示，個資遭竊的比例增加 63%（Madden, 2014）。駭客掏空的犯罪手法和受害案例，可參考 Sagarin and Mitnick（2011）和 Muscanell, Guadagno, and Murphy（2014）。其中一封詐騙郵件，手法類似波肯和安德森的研究策略，用一個藉口取得民眾的電子信箱，然後寄給他們內容相符的信件，但附上有病毒的檔案或超連結（Acohido, 2013; Anderson, 2013）。

13 研究普遍發現，當人們意識到一個念頭，便會抑止其他相互競爭的想法（Coman et al., 2009; Hugenberg and Bodenhausen, 2004; Janiszewski, Kuo and Tavassoli, 2013; Macrae, Bodenhausen and Milne, 1995）。這有很多種運作方式，好比說，鼓勵人們達成一項目標，人們會比平常更低估自己達成其他目標的可能性（Shah, Friedman and Kruglanski, 2002）；當人們受到引導，把注意力放在特定的求職方式，像是參加面試，會讓他們不容易想到其實還有更新履歷，或是主動打電話給潛在雇主等求職方式（McCulloch et al., 2008）；要求人們記憶某個物品，會使他們更快忘記同時進行的談話內容（Bauml, 2002; Murayama el al., 2014）；如果強調某個字的一個意義，它的歧義就會受到壓抑，舉例來說，人們被提醒 prune 這個字，名詞是指梅乾，人們就比較不容易想到，同一個字的動詞，還有修剪的意思（Johnson and Anderson, 2004）。

14 一次只能覺察一件事物的規則，不僅限於視覺和聽覺，也適用其他接受資訊的管道。我注意到，當我品味食物時，會閉起眼享受；相反地，如果我邊看電視邊吃東西，但我全神貫注欣賞節目的話，便會食之無味。證據顯示，我們都是一樣的，我們無法讓認知功能同步接受訊息，相關研究可參見 Levy et al.（2006）、Dijksterhuis（2004）、Sergent and Dehaene（2004）、Sheppard et al.（2002）、Sunny and von Mühlenen（2013）和 van der Wal and van Dillen（2013）。當然，早在 1890 年，可能是美國史上最偉大的心理學家 William James 就曾經斷言這個認知缺陷，他說：「心智之前，並不同時存在多個念頭。」要注意到，這裡他所說的心智，是「有意識」的心智；我們針對這個觀點稍後會有更多說明。

同時間注意兩件事情的難處，也能解釋為什麼邊開車邊講電話，肇事率高得嚇人。可以參考 Hyman et al.（2009）的整理，其中有研究指出，邊開車邊講電話的駕駛人，表現比酒駕還差；至於邊打簡訊也好不到哪裡去，可參見 http://newsroom.aaa.com/2013/06/think-you-know-all-about-distracted-driving-think-again-says-aaa/。不過，駕駛人和乘客在車裡對談，相對於講電話、打簡訊，風險來得較低，原因在於，乘客會因應駕駛面對的交通狀況，調整談話的時機和內容（Gaspar et al., 2014）。

15　關於人類知覺的注意力瞬盲，相關研究證據可參見 Adamo, Cain, and Mitroff（2013）、Barnard et al.（2004）和 Shapiro（1994），還有 Dux and Marios（2009）的文獻回顧。人類需要集中注意力的證據，可參見 Olivers and Niewenhuis（2005）、Zylberberg, Oliva, and Sigman（2012）；最後，注意力在大腦皮質的運作機制，可參見 Marti, Sigman, and Dehaene（2012）。嬰兒和成人視線方向的研究結果（Baron-Collins, 1995; Emery, 2000），也支持人類集中或轉移注意力時，整體協調感有多麼重要（Mason, Tatkow, and Macrae, 2005）。

16　艾瑞克森的趣聞，出自傑弗瑞．薩德（Jeffrey Zeig）博士，他也是艾瑞克森基金會的創辦人與執行長。零食的實驗出自 Labroo and Nielsen（2010）。人們對於距離比較接近自己的東西，會感到更有價值，相關研究證據參見 Cacioppo et al.（1993）、Finkel and Eastwick（2009）、Neumann and Strack（2000）、Priester et al.（1996）和 Slepian et al.（2012）。人對於自己保留的東西也會產生相同的效果。在一項研究中，受測者被要求在紙條上寫下對地中海飲食的特定感想，有的感想是正面的，有的是負面的，然後要他們把紙條收進口袋中、皮夾裡，或是扔掉。接著請受測者為地中海飲食評分。比起把紙條扔掉的人，把紙條留著的人，他們評分會更容易受到先前寫下的感想所引導（Brinol et al., 2013）。

CHAPTER 3

17　哈頓證券公司已經被花旗集團併購了，不過「哈頓說」的廣告，還是可以在 YouTube 上找到：www.youtube.com/watch?v=SX7ZEotoFh0。

18　值得留意的是，康納曼拿到諾貝爾經濟學獎，並非他對聚焦幻覺的研究貢獻，而是因為他的「展望理論」（prospect theory），解釋了人們衡量損失和獲利的預期心理存在落差。聚焦幻覺並非他投注最多心力研究的領域，他也沒有因為這項研究獲得提名，研究結果相形之下也較不為人所重視。不過，消費者領域的相關研究其實支持康納曼的主張。一樣商品為什麼賣得比較好？是因為它被放在貨架上眾多商品的正中央，比起左邊和右邊的競爭品牌，更容易受到關注。越能抓住消費者的注意力，就越可能被買下（Atalay, Bodur and Rasolofoarison, 2012）。

你可以在 https://www.edge.org/ 網站上看到康納曼的討論與回答。聚焦幻覺的全文可參見 https://www.edge.org/q2011/q11_17.html#kahneman。相關研究可參見 Gibert（2006）、Krizan and Suls（2008）、Schkade and Kahneman（1998）、Wilson et al.（2000）和 Wilson and Gilbert（2008）。如果對展望理論有興趣的話，可參見 Kahneman and Tversky（1979）。

19　McCombs and Shaw（1972）首先提出研究數據，證明媒體有議題設定的效果。兩人研究 1968 年尼克森（Richard Nixon）勝出的那場美國總統大選，發現選民認為重要的政治議題，和媒體關注報導的議題，相關係數高達 0.97，震驚社會科學的學術圈；更證實了，民眾認知一項議題的重要程度，是受到媒體報導所影響，而不是其他因素。另一個研究中，人們被隨機安排收看主題不同的新聞節目。待他們看完受測，結果發現，新聞中最被強調的議題，重要程度明顯提升（Iyengar, Peters and Kinder, 1982）。

政治學者柯恩的引文，出自他 1963 年的經典著作《新聞和外交政策》（The Press and Foreign Policy）。德國的案例出自媒體研究機構 Media Tenor。九一一事件的報導出自 Corning and Schuman（2013）。順道一提，媒體的議題設定效果，不僅限於政治方面。研究發現，投資標的如果短期內在媒體上曝光，價格會突然成長；隨著媒體關注減少，價格也漸漸下滑（Engelberg, Sasseville, and Williams, 2011）。當然，媒體報導的主題也會影響民眾感受到的重要程度。舉例來說，當媒體特別關注草根運動，議題就越受人重視（Smidt, 2012），可能是因為，人們傾向於把很多人認為重要的事，視為是重要的事。我們在第 10 章還會針對「社會認同」這個人性的原動力有更多的說明。媒體如何設定議題，過程中考量的因素，詳情可參見 Boydstun（2013）。

20　Deaner, Khera and Platt（2005）的研究，記錄了猴子有吸引群體中的明星注意的行為。

名人是現代生活消遣的一部分，歷史學家丹尼爾·布爾斯廷（Daniel J. Boorstin）在《形象》（The Image）一書中，描述現代公眾人物是因眾所皆知而成名，以前的公眾人物則是以成就而聞名。今昔大不相同，新型態公眾人物的成就，只是為了「為人所知」。實境秀明星，不論是挾怨報復的主婦、二十來歲春心盪漾的年輕人，還是注重打扮、腦袋空空、一無所長，只能惹事生非的人，都能為布爾斯廷的分析佐證。這些人取得的「明星」地位，也能佐證康納曼的說法。想了解更多名人角色的文化轉變，可參見 Inglis（2010）。

聚焦幻覺的根本理念和結果不難找到證據來證明，重要的事物會吸引我們的注意力，而我們注意的事情，又會再變得重要。觀點方面的研究說明了，我們有種認知整合機制，我們會留意自己覺得重要的事（Bizer and Krosnick, 2001），並因為多加留意，而讓這些事更顯得重要（Roese and Oleson, 1994）。也就是說，我們的觀點和強度會互相影響。另外，有研究發現，我們越集中視覺注意力在某項商品上，會讓大腦主掌知覺價值的區域提升它的價值（Lim et al., 2011; Krajbich et al., 2009）。

21　Mandel and Johnson（2002）研究了家具網站首頁。Fang, Singh and Ahluwalia（2007）研究了網路橫幅廣告。廣告效果疲乏方面，可參見 Reinhard et al.（2014）。必須澄清的是，這些廣告研究中的注意力，不全然都是有意識的行為，也可能是無意識的反應（Marchetti, 2012; Norman, Heywood and Kentridge, 2013）。像這個案例就滿幽默的：www.facebook.com/photo.php?v=10200513223453109。

紐約捷運噪音對學童學習能力影響的研究，出自 Bronzaft and McCarthy（1974）。慕尼黑機場的研究，出自 Hygge, Evans and Bullinger（2002）。背景噪音影響人類生理健康的相關研究與結論，可參見 Clark and Sörqvist（2012）、Steward（2011）和 Szalma and Hancock（2011）。教室牆面的研究，出自 Fisher, Godwin and Seltman（2014）。

22 把注意拉到人們不關切、不喜歡的想法上，可能招致反效果，可參見 Armel, Beaumel and Rangel（2008）、Houghton and Kardes（1998）、Laran and Wilcox（2011）、Millar and Tesser（1986）、Posavac et al.（2002）和 Tesser（1978）。

23 品牌市調的數據，出自 Dhar and Simonson（2009）、Dhar et al.（1999）、Kardes et al.（2002）、Posavac et al.（2002, 2004, 2005）和 Sanbonmatsu et al.（1998）。經理人進行決策選擇的研究，其中還包括世界前十大銀行之一的數據，出自 Posavac et al.（2010）。大多數消費者在做決策時，「足夠滿意」都是鐵則，尤其在時間、注意力、資源有限的情況下會更明顯，相關研究可參見 Kardes（2013）、Wang and Wyer（2002）。最後，反向思考，預防偏頗判斷的效果如何，或是想知道其中的巧思和變項，可參見 Anderson（1982）、Anderson and Sechler（1986）、Herzog and Hertwig（2009）、Hirt and Markman（1995）、Hoch（1985）、Koriat et al.（1980）和 Lord et al.（1984）。

Lovallo and Sibony（2010）的研究，談討了偏頗判斷對投資報酬率的影響。Kahneman, Lovallo and Sibony（2011）緊接著寫出一篇文章，記下常發生的偏頗判斷和解決方案，深具教育意義。

24 研究指出，當一件事情或一個環境讓人有近身感受時，比起問「為什麼」，會更在意「情況如何」（Liberman and Trope, 1998; Trope and Liberman, 2010）。這個結果也支持文中提到的，隨軍採訪報導的研究發現。關於隨軍報導計畫的形成與發展，還有它如何影響印刷或電子媒體的後續報導，可參見 Aday et al.（2005）、Cortell et al.（2009）、Lindner（2008, 2009）、Pfau et al.（2004, 2005, 2006）。軍方除了篩選記者，有時還會因為不利自己，拒絕媒體採訪，這項調查出自 Reed（2009）和 Reed et al.（2009）。

CHAPTER 4

25 奧伯霍爾澤－吉在 2006 年出版了排隊的研究。人覺得有義務要幫助其他人，否則會產生罪惡感，而且越感覺到對方有需求，就越願意出手相助。相關研究可參見 Berkowitz（1972）、de Waal（2008）、Dijker（2010）、Schroeder et al.（1995）和 Stijnen and Dijker（2011）。

26 泰勒博士的相關研究可參見 Taylor and Fiske（1978）。後續研究延伸到小說內容上，觀察者傾向認為引發事件的主因，是對話中音量較大的人（Robinson and Zebrowitz-McArthur, 1982），或是服裝比較引人注目，好比說穿著一件破襯衫的人（Zebrowitz-McArthur and Ginsberg, 1981）。比賽中，如果運動員穿的衣服顏色比較搶眼，也比較容易被裁判認為是挑起事端的人（Hagemann, Strauss and Leissing, 2008; Rowe, Harris and Roberts, 2005）。

27 不實自白的相關研究證據來源不少（Davis, 2010; Kassin, 2008; Lassiter and Meissner, 2010; Leo, 2008）。如果讀者想要一覽大量不實自白的細節，可參見 Drizin and Leo（2004）的研究，裡面有一百二十五個案例。不實自白導致的悲慘事蹟，不論是逼供者還是被逼供者，可以查閱 https://www.thisamericanlife.org/radio-archives/episode/507/confessions?act=1。

28　我不想找律師，並非我要息事寧人，而是採取法律行動不僅花錢、曠日廢時，還會強化個人嫌疑。舉例來說，在 1996 年，六歲的美國童星瓊貝妮特‧藍西（JonBénet Ramsey）遭到謀殺，當她的父母得知自己被警方懷疑涉案，便拒絕在沒有律師陪同的情況下和科羅拉多州波德市警方談話。結果很多旁觀者，不論是執法人員、媒體或公眾，認為這個找好律師的行動，暴露了他們的犯罪行為。當時科羅拉多州州長甚至發表聲明，敦促他們停止躲在律師背後。即便缺乏他們涉案的可信證據，在很多人眼中，藍西夫婦還是這起二十幾年懸案的頭號犯犯，直到 DNA 鑑定結果，洗刷他們的嫌疑。但在當時，藍西先生還是收到波德市檢察官的來信，檢察官還是傾向認為他們涉案。

29　審訊技巧反而提高無罪之人做出犯罪自白的可能性，相關數據可參見 Blagrove（1996）、Kassin et al.（2010）、Leding（2012）、Loftus（2011）；Mazzoni and Memon（2003）、Perillo and Kassin（2011）、Rajagopal and Montgomery（2011） 和 Shaw and Porter（2015）。

　　會採取這種審訊方式，原因有很多，像是想要盡快破案；但更讓人不安的原因，其實是取得犯罪自白，可以邀功。廣為流傳的審訊教戰手冊（Inbau et al., 2001）揭露了審訊的目的：「每個執行審訊的人都想要提升效率績效，或是向部門、處室證明自我價值；更不用說，在群體中備受關注，是何其自我滿足的事。」作者群不假思索地小結：「這全然是可以理解的，而且是再平常不過的人類行為。」效率績效、追求曝光、自我吹噓等因素，發生在具備高風險的審問過程，讓我不禁倒抽一口氣。

30　韋伯斯特的說法，出自他對懷特船長謀殺案的答辯書（1830）。大法官布瑞南的意見，出自最高法院對科羅拉多州訴康奈利案的判決（1986）。不實口供會使得後續蒐證出錯，最後導向被判罪的結果。一旦自白被存檔，法醫檢驗得到的科學罪證，像是彈道鑑定、毛髮纖維鑑定、筆跡鑑定、指紋分析等，還有目擊者、警方線人，皆會建立在這個錯誤的基礎上繼續指證。顯然，犯罪自白，不論真偽與否，都會說服法官和陪審團相信被告的罪行，不只這樣，也會使得相關證人先入為主（可能是無意識地）進行舉證（Kassin, Bogart and Kerner, 2012）。這種司法受到暗示的討論，可參見 Kassin（2012, 2014）。

　　雷利案較完整的描述，可以查看 Donald Connery（1977）或 Joan Barthel（1976）的書。其中，第二本書有整場審訊的逐字稿，根據這本書，還改編了一齣電視劇《殺母疑案》（A Death in Canaan），由東尼‧李蔡遜（Tony Richardson）執導，1978 年播映。關於這個案件，我所引述的段落，出自我寫的教科書，當中談到說服的章節（Kenrick, Neuberg and Cialdini, 2015）。亞瑟‧米勒和鄭念相遇的故事，可以在 Connery（1995）的另一本書裡面找到。

31　萊斯特操作多項實驗，證明單一視角會影響犯罪自白看起來的效果。相關研究結論統整得不錯，可參見 Lassiter（2002, 2010）。全世界目前至少有一個國家應用這項研究發現，在紐西蘭，警察審問的過程，均被要求從側面錄影。

32　企業組織裡，會高估領導者在事件中扮演的角色（Flynn and Staw, 2004; Mendl, Ehrlich, and Dukerich, 1985; Pfeffer and Salancik, 1978; Salancik and Mendl, 1984; and Schyns, Felfe, and Blank, 2007）, 在 政 府 部 門（Salancik and Pfeffer, 1977）、教 育 機 構（Birnbaum, 1989）和運動團隊（Allen, Panian and Lotz, 1979）裡也可以看到這種現象。

執行長和員工的薪資數據, 來自 S&P 500 當中三百三十四家公司的統合分析（Beck, 2011）。這個落差現在並沒有縮減, 美國經濟智庫（Economic Policy Institute）2014 年的研究發現, 前三百五十大的上市公司裡, 員工的平均薪資只有執行長 1% 薪水的三分之一。另一項研究指出, 到了 2015 年, 差距再擴大, 已經接近 1% 薪水的四分之一（Krantz, 2015）。這種貧富差距對社會有負面影響（Stiglitz, 2012）。一項研究, 從 1972 年到 2008 年間的資料中, 發現貧富差距較嚴重的那幾年, 低薪美國人較不幸福。令人驚訝的是, 並非收入的落差造成不快, 而是貧富差距使得他們感到不公平和不受信任。無論何時, 一個國家薪資高度不平等, 收入較低者會深感挫折, 他們會覺得人們無法信任、社會公平不存在（Oishi, Kesebir and Diener, 2011; Twenge, Campbell and Carter, 2014）。經濟不平等對信任的毀滅性影響, 後果也會導致學生作弊。在貧富差距嚴重的區域, 有較多學生點閱作弊網站, 學習造假作業或論文。這種趨勢的原因在於學生不相信他人, 而且假定別人也同樣舞弊（Neville, 2012）。

CHAPTER 5

33　法國手機的研究, 出自 Lamy, Fischer-Lokou and Guéguen（2010）。在廣告中加入性元素效果有限的研究證據, 可參見行銷專家史考特・阿姆斯壯（J. Scott Armstrong）的精彩著作《說服性廣告》（*Persuasive Advertising*, 2015）和 Lull and Bushman（2015）。異性戀男女受測看異性照片時間的數據, 參見 Maner el al.（2003, 2007, 2009）, 研究發現和許多文獻相符：注意力在任何情況下, 都會受到個人目標很大的影響（Dijksterhuis and Aarts, 2010; Vogt et al., 2011, 2012）。情侶注意外人和分手相關性的研究, 出自 Miller（1997）。

順道一提, 常有人說, 男性比起女性更常想到性, 而且差別很誇張, 好比說, 男生每分鐘想一次、女生一天想一次（Brizendine, 2005）, 不過, 這說法毫無實證基礎。針對這個問題, 有一份研究的結果較為合理：年輕男子每一個小時會有一次或幾次和性有關的想法；女性約是每一個半小時一次（Fisher, Moore and Pittenger, 2012）

34　嬰兒時期對潛在威脅特別敏感, 相關研究可參見 Lo Bue（2009, 2010）和 Leppanen and Nelson（2012）。這和成人研究的結果一致, 壞事大多比好事更讓人印象深刻。一直以來, 負面（或是從結果來看有威脅）的事實、關係、雙親、道德準則、人格特質、話語、事件、股市波動、消費經驗等, 都比起正面感受來得難忘, 而且影響深遠。因為不好的事更能抓住我們的注意力, 而負面經驗停留得更久（Akhtar, Faff and Oliver, 2011l Barlow et al., 2012; Baumeister et al., 2001; Compbell and Warren, 2012; Dijsterhuis and Aarts, 2003; Risen and Gilovich, 2008; Rozin and Royzman, 2001; Trudel and Cotte, 2009; Vaish, Grossman and Woodward, 2008）。

九一一恐怖攻擊的恐懼風險分析, 可參見 Gigerenzer（2006）和 Gaissmaier and

Gigerenzer（2012）。九一一發生在 2001 年 11 月，之後的一年間，只發生過一起民航機空難，而且和恐攻無關。倫敦自行車的研究，出自 Ayton, Murray and Hampton（2011）。恐懼風險反而招致風險，還有另一個案例引起了醫療專業人士的注意。人們為避免感冒而過度使用洗手液，結果反而讓細菌產生抗藥性，對健康的危害更嚴重，可參見 https://www.healthychild.com/antibacterial-hand-sanitizers-unnecessary-and-risky/。

35　恐懼訴求對態度、意圖和行為的影響顯著，相關研究可參見 Tannenbaum et al.（2015）和 Witte and Allen（2000）。但如果太超過，就會招致反效果，案例可參見 Nestler and Egloff（2010）。菸盒說服效果的有力證據，可參見 Hammond（2010）、Huang, Chaloupka and Fong（2013）和 Blanton et al.（2014）。低血糖症警告的研究，出自荷蘭研究團隊 De Hoog, Stroebe and de Wit（2008），證實在警語中增加行動方案，效果顯著。氣候變遷的相關研究也有類似的發現，如果鉅細靡遺地描述氣候變遷有多麼迫切、災難會多麼可怕，人們卻漸漸不相信，不過，如果在警告中加入問題的解決方案，信念便會不減反增（Feinberg and Willer, 2011）。

36　我們做完舊金山現代藝術博物館的宣傳測試後，為了確認廣告效果並不僅限於博物館，接著又做了兩個廣告實驗，分別宣傳一家餐廳和賭城假期，得到的結果一致（Griskevicius et al, 2009）。概念相仿的後續研究也得出類似結論（Deval et al, 2013; Zhu and Argo, 2013）。

37　巴夫洛夫有時候把「偵查反射」反應叫作「這是什麼？」，發想的過程，可以參考他 1927 年的著作《制約反射：大腦皮質生理活動的研究》（Conditioned Reflexes: An Investigation of the Physiological Activity of the Cerebral Cortex）。這支幽默的影片解釋了古典制約：www.youtube.com/watch?v=nE8pFWP5QDM。關於定向反應，Margaret Bradley（2009）的研究統整得不錯。Radvansky 的研究團隊發現了「一走出門口就忘記」效應（Radvansky and Copeland, 2006; Radvansky, Lrawietz and Tramplin, 2011）。較新的研究還發現，只是「想像」自己走出大門，也會讓人忘記事情（Lawrence and Peterson, 2014）。

38　當今的廣告趨勢中還有一種類似的失誤，用太過鮮明的刺激來引導注意力，好比如奇怪的角色、花俏的用語、幽默的情節走向和眩目的視覺效果。不過，這樣的拍攝手法和畫面會使觀眾把整體重點放在廣告本身（Hanson and Wanke, 2010; Fennis, Das and Fransen, 2012; Herr, Kerdes and Kim, 1991）。而且，如果只是粗製濫造，把所有鮮明的元素摻在一起，而非巧妙安排來呈現產品特色，還很有可能削弱原有的廣告傳播效果。舉例來說，有一個研究分析了一千支商業廣告後發現，如果各式各樣的背景搶過人物風采，觀眾較難理解角色，也較難產生共鳴，被廣告說服（Stewart and Furse, 1986）。另一方面，廣告如果能夠精挑細選符合主旨的素材，加以活用，將會非常有說服力（Fennis et al., 2011; Cuadagno, Rhoads, and Sagarin, 2011）。

史考特．阿姆斯壯（2010）回顧大量文獻，證實一件事，電視廣告快速變換場景和拍攝角度，雖然能夠吸引觀眾的注意力，但說服效果不彰；反之，如果廣告元素的變化單一，吸睛效果雖然比較弱，卻更具說服力。近期研究的結果值得注意，安排產品比較有趣的一面，在每個廣告播出的時候，變換曝光的位置，觀眾就會不自主地被吸引，進而在購買時，選擇這項產品，而不是它的競爭品牌——觀眾沒有意識到，變換位置影響了他們的注意力和選擇偏好（Shapiro and Nielson, 2013）

39　我和西北大學的研究者確認過，研究的結果（Hamilton, Hong and Chernev, 2007）鮮少被應用在企業實務上，但這似乎稀鬆平常。

除了西北大學，還有很多研究證實，強調一個產品、服務或概念優於其他產品的特色，會更受歡迎（Boland, Brucks and Nielsen, 2012; Chambers, 2011; Kim, Novemsky and Dhar, 2013; Yang et al., 2014）。成功的行銷差異化，有時候還能一舉暢銷。哈佛大學企管系教授揚米·穆恩（Youngme Moon）的著作《哈佛最受歡迎的行銷課》（*Different: Escaping the Competitive Herd*, 2010）詳細收錄許多案例，值得一讀。新奇可以抓住注意力，這個廣泛而歷久彌衰的觀點，也能用定向反應來解釋，參見 Yantis（1993）和 Bradley（2009）。

40　觀眾自然而然會受到文化因素影響，注意到不同的事情。西方人傾向注意畫面中安排在前面和中間的事物；但對東方人來說，背景更具吸引力（Masuda and Nisbett, 2001; Masuda et al., 2008; Nisbett, 2003）。因此，如果目標群眾是西方人，傳播者會把重點安排在畫面前景；如果是東方人，便會考慮把重點呈現在主題周遭的環境或脈絡裡。

CHAPTER 6

41　有個與個人高度相關的資訊，傳播者可以好好利用，讓受眾更有可能選擇較健康的生活方式——那就是生日。人們在剛過完生日的幾個月內，會過比較健康的生活，好比說，比平常運動得更勤。因此，在生日這個時間點，很適合在「生日快樂」的訊息中，鼓勵接受者設立往後一年的健身目標。順道一提，如果傳播者力促受眾過得更健康，比起訂定特定目標（像是減重四磅），有區間的目標（像是減重三到五磅）會更適合。因為有區間的目標，巧妙地包含一個較可行的和一個較具挑戰性的參考值，讓受眾選擇要不要繼續努力（Scott and Nowlis, 2013）。生日訊息的研究，可參見 Dai, Milkman and Riis（2014, 2015）。他們把生日作為其中一個時間轉捩點（其他還有一個星期的第一天、月初或年初），這時候，人們會覺得自己準備好重新開始，也傾向用更理想的方式開始行動。

關於廣告文案中和自己有關的提示能發揮影響力的證據，可參見 Burnkrant and Unnava（1989）。另一篇分析了九十二個廣告樣本的後續研究，可參見 Armstrong（2010）。人們關注事情，普遍以自我為中心，相關研究支持還不少（Burrus and Mattern, 2010; Humphreys and Sui, 2016; Kruger and Savitsky, 2009; Moore and Small, 2007; Ross and Sicoly, 1979）。量身打造健康訊息的正向效果，可參見 Martin, Haskard-Zolnierek and Dimatteo（2010）、Noar, Beanc and Harris（2007）、Rimer and Kreuter（2006）。不過，如果只是粗淺地在訊息開始時提到姓名，而沒有其他個人細節的話，就沒什麼效果，參考案例如下：http://targetx.com/when-personalization-backfires。

42　當然，我不只錯過了維雷拉的演出，這種情況我經常發生。不過，我卻想不出來，有哪一次是我讓別人的演講相形失色。雖然相隔許久,而且在附錄裡這樣做有些降格,不過我想在這裡向 Gerry 和 Ilse Allen 兩位會議主辦人致謝,他們考量我的尷尬處境,隔年安排我的演講時段時,好心地避開了藝術串場。

輪流發言效應,不只讓前後兩次發言容易被忽略和遺忘(Brenner, 1972),自己的發言也容易因為沒能完整接受前後任何一方的資訊,而出現缺漏(Bond, 1985)。

43　我曾經聽說蔡格尼效果還有不同的故事版本,像是地點發生在維也納的小餐館,不過,我的版本應該相對精確,因為我是從研究所教授 John Thibaut 聽來的,而他是勒溫的學生,曾經直接聽他講述這段經歷。

蔡格尼效果第一次出版是在 1927 年,雖然時隔許久,不過時至今日,以它為基礎的後續研究依然穩定產出(Ovsiankina, 1928;Lewin, 1935, 1946; McGraw and Fiala, 1982; Kruglanski and Webster, 1996; Marsh, Hicks and Bink, 1998; Shah, Friedman and Kruglanski, 2002; Forster, Liberman and Higgins, 2005; Fiedler and Bluemke, 2009; Leroy, 2009; Walton, Cohen, Cwir and Spencer, 2012; Carlson, Meloy and Miller, 2013; Kupor, Reich, and Shiv, 2015)。期間也有研究無法確認這個效果(Van Bergen, 1969)。大多失敗的原因可以解釋為這種現象的根本特色:個人必須對任務、行動或目標抱有完成的責任感。Johnson, Mehrabian and Weiner(1968)更證實,如果一個人為達成目的有所堅持,甚至不擇手段,他會更鮮明記憶還沒完成的任務。

女性對男性評價臉書照片的反應實驗,出自 Whitchurch, Wilson and Gilbert(2011)。這項發現和先前的研究可說是相得益彰,受測者不確定誰可能喜歡自己、而且不知道原因時,感覺比較幸福(Wilson et al., 2005)。不完整的廣告讓人印象更深刻,出自 Heimbach and Jacoby(1972)一篇幾乎被人遺忘的研究,於是就有人想說,如果作者從自己的研究發現中擷取智慧,拿掉最重要的研究結論,可能會更走運一些。

44　美國詩人桃樂西·派克(Dorothy Parker)的詩句:「我討厭寫作,我喜歡寫好的。」常常被引用來形容這種感受。還有其他值得留意的作家,他們用更華麗的詞藻來描寫寫作的難處,好比說,馮內果(Kurt Vonnegut)曾經說過:「寫作時,我感覺像個斷手斷腳,口裡含著蠟筆的畫家。」以及海明威(Ernest Hemingway)的知名抱怨:「每當文思枯竭,只能身坐打字機前淌血。」

45　我不否認自己是外表不趕流行的眾多大學教授之一。有一次,我剛從另一所學校擔任訪問學者一年回來,發現學校附近的髮型師為迎合前衛的顧客,風格有所改變。我想問問他們的主管(一名我認識好幾年的女性),看看她能否排解我的緊張情緒,因為這個地方好像不再適合我了。當我等待時,我開始翻雜誌,裡面的模特兒的穿著和髮型都很誇張,讓我越來越擔心。不只這樣,女性顧客似乎正在把頭髮染成不自然的顏色,然而,我這個男人頂著的,不過是一顆剛睡醒的頭(大學時期這顆頭還曾經被稱作「宿醉清晨」風格)。主管走過來,我向他表達我的擔心,還打開雜誌強調:「我不要看起來像他們一樣,我不要像這裡面的任何一個人。」我指著的是一張 Prada 的廣告照片。她告訴我:「沒問題的。我會安排髮型師,他剪過所有你學校同事髮型的人。別擔心,他來自印第安納州。」她回應我對大學教授髮型的觀點,用言語表態支持,有效舒緩我的恐慌。

46   現在用遙控器就能簡單切換電視頻道，所以精明的電視製作人和劇本寫作者想方設法，確保觀眾不會在廣告破口轉台。他們會在廣告前先鋪個梗，製造懸念，然後在廣告回來後解答（Child, 2012）。

思考解釋有助於了解，不乏相關研究證據，可參見 Koehler（1991），或是更近期的，像是 Moore（2012）的文獻回顧和舉證。

47   執行這些步驟時，不應該像佈道大會的演說那樣滔滔不絕，而是要適度中斷，邀請聽眾進入探索的過程。理想狀況是，讓他們有機會提出自己的懷疑和解釋，引導他們思考既有的觀點和你提供的新證據，可以怎麼提出解釋，並且在最後請他們發展其他論述。雖然這不符合說服原則，不過卻是很好的教學方式，尤其是面對成人的時候。好的教學，應該是邀請參與、刺激批判性思考，這時候謎團就能派上用場。

娛樂和品牌建立可以如何有效利用謎團，可參見 www.ted.com/talks/j_j_abrams_mystery_box.html、www.ign.com/article/2008/01/15/cloverfield-a-viral-guide 和 www.innovationexcellence.com/blog/2012/11/12/the-power-of-mystery-in-branding。

許多研究用數據證明，提出反論證，可以成功減弱對方論證的說服力（Blankenship, Wegener and Murray, 2012; Eagly et al., 2000; Killeya and Johnson, 1998; Maaravi, Ganzach and Pazy, 2011; Petty and Brinol, 2010; Romero, Agnew and Insko, 1996; Wood and Quinn, 2001）。值得注意的是，如果能夠直接反擊對方的論證（McGuire, 1961; Pfau and Burgoon, 1988; Petrova and Cialdini, 2011; Szybillo and Heslin, 1973），破壞對方的可信度，當對方的意圖被拆穿，人們就會排斥他的論點與影響力（Eagly, Wood and Chaiken, 1978; Sagarin et al., 2002）。舉例來說，指出說服者試圖操弄的意圖，原本具說服力的也會失效（Fein, McCloskey and Tomlinson, 1997）。行銷方面的研究發現，如果行銷代理人被發現耍花招，說服效果將大幅減少（Campbell, 1995; Darke, Ashworth and Ritchie, 2008; Ellen, Mohr and Webb, 2000; and MacKenzie and Lutz, 1989）。

48   1960 年代中期，美國聯邦通訊委員會開始實施菸草廣告的「公平原則」，規定每三條電視或廣播上播出的廣告，要給予反方一條免費廣告的時間，這讓美國癌症協會得以提出一系列反論證，嘲諷各大菸商。反菸廣告從 1967 年開始，造成香菸銷量下滑。在這之前，人均煙草消費量已持續攀升了整整二十五年，卻因為反菸廣告的電視播出，第一年就面臨急遽減少，接下來三年也持續低落。研究追溯起來，認為這是反菸廣告造成的重大影響，即便停止播出後，消費量還是一度陷入低迷（Fritshler, 1975; McAlister, Ramierez, Galavotti and Gallion, 1989; Simonich, 1991; Warner, 1981）。

除了和自己有關的訊息和謎團之外，還有其他方法可以深植意識，讓人印象深刻，像是一個有獎勵回饋的歷史故事（Anderson, Laurent and Yantis, 2013）。Chip and Dan Heath 在著作《創意黏力學》（Made To Stick: Why Some Ideas Survive and Others Die, 2013）中詳列了更多：簡潔、意外、具體、可信任、有感情、有故事。這個主題相關的記憶研究，可參見 Carmen Simon 的好書《不容忽視》（Impossible to Ignore: Creating Memorable Content to Influence Decisions, 2016）。

49　支持這項觀點的研究認為，所有動物，包括人類在內，各種心理運作的核心，就是聯想過程，或稱作連結過程（Tyron, 2012）。研究得知，非人類動物擁有的心理機制有：制約反應、協調、概念形成和物體辨認（Donahoe and Vegas, 2004; Soto and Wasserman, 2010; Stocco, Lebiere and Anderson, 2010; Wasserman, DeVolder and Coppage, 1992）；至於人類的心理機制，則有選擇、學習、記憶、干擾、類化、創造、閱讀理解、觸發和態度改變（Bhatia, 2013; Helie and Sun, 2010; Hummel and Holyoak, 2003; McClelland et al,. 2010; Monroe and Read, 2008; Schroder and Thagard, 2013; Seidenberg, 2005; and Yermolayeva and Rakison, 2014）。已經有可靠證據指出，個人意義（目標或人生志向）是源自於眾多事物的聯想（Heintzelman and King, 2014）。

50　語言的主要目的，不僅是描述，而是作為策略運用，對此早期概念化可參見 Semin and Fiedler（1988）。更近期的理論研究和回顧，可參見 Semin（2012）。相關研究支持，可參見 Cavicchio, Melcher and Poesio（2014）。另外有研究指出，不只是抽換字詞，轉換語言的類型，也會產生聯想，並且促成改變。阿拉伯文和希伯來文的雙語人士，在評價對阿拉伯人和猶太人的看法時，如果說的是阿拉伯語，會使得他們比較贊同阿拉伯人，反之，說希伯來語時，則傾向猶太人（Danziger and Ward, 2010）。

　　SSM 醫療集團的非暴力語言政策，可以追本溯源到這個醫療集團的創辦單位，也就是1982 年從德國遷移到美國，投入醫療服務的聖瑪麗修女天主教會。如今，這個組織是用瑪麗修女方濟會之名成立，持續透過醫院，在公共衛生方面發揮高度影響力，這也包括他們反對任何形式的暴力的堅決立場。

51　暴露在敵意語言中，會促使受測者加強電擊強度的實驗，參見 Carver et al.（1983）。其他研究也發現，敵意語言和侵略性密切相關，即便敵意語言呈現得很隱晦，受測者沒有意識到，也有顯著效果（Subra et al., 2010）。還有研究提及，和成就有關的激勵文字（Bargh et al., 2001）或圖像（Shantz and Latham, 2009, 2011），也會影響行為。類似實驗設計也發現，受測者接受到相關字詞，像是樂於助人（helpfulness, Macrae and Johnston, 1998）、粗魯（rudeness, Bargh, Chen and Burrows, 1996）、善於合作（cooperativeness, Bargh et al., 2001）、忠 誠（loyalty, Fishbach, Ratner and Zhang, 2011; Hertel and Kerr, 2001）、洞 察 力 強（insightfulness, Slepian et al., 2010）、不藏 私（disclosiveness, Grecco et al., 2013）、公 正（fairness, Ganegoda, Latham, and FolgerFolger, in press），行為表現也會受到影響，變得更樂於助人、粗魯、合作等。把字詞作為激勵行為的開啟工具時，如果用字能觸及越重要的目標，好比說某種成就，效果越好（Weingarten et al., 2016）。不過，幾個很重要、但還沒有解答的問題是：這種激勵標語，例如放在一張海報上，它的影響能否持續？一旦習以為常，是不是就失去效用？電話募款專員的後續研究發現，受測者當中，持續看到成就意象照片的專員，接下來四天，每天的績效都比較好（Latham and Piccolo, 2012）。如果一項任務需要思考解決問題的方案，使用羅丹《沉思者》的照片，可以增加 48％做出正確決策的機率（Chen and Latham, 2014）。

康拉德啟發人心的引言，認為用字比論辯重要有幾個原因，他是一名作家，而作家這個職業，一直都在選字擇詞。再者，他的母語是波蘭語，第一外語是法語，但他卻用英語寫作，這使得他更注重用字的細節和回饋，精湛地安排正確的字詞，以促成最佳溝通。最後，他不是注重推論的哲學家或科學家，而是小說家，慣於使用闡述或感性的文字，而非論說。

52 很多研究證實，碰觸物品會讓人聯想到相關的比喻。國際研究團隊發現，錢同時有正負兩面的象徵意義（Yang et al., 2013），既可以是骯髒（不法取得，聯想到詐騙），也可以是乾淨（正當取得，聯想到公正或正派）。七個研究個別證實，人拿到比較髒的鈔票，後來從事商業行為或人際互動時，比較可能說謊。舉例來說，中國華南地區一個農夫市集裡的攤販，收到一張沾滿泥土的鈔票，接著就會哄抬蔬菜的價格；如果收到的是乾淨的鈔票，就不會有這種舉動。所以，你應該要考慮，帶著清爽乾淨的鈔票上市場購物，減少被坑錢的可能性。

用野獸和病毒比喻犯罪，調查受測者偏好的犯罪解決方式，出自 Thibodeau and Borodistky（2011）。加重物理上的重量，會使人感到更重要，或是付出更多努力，研究出自 Ackerman, Nocera and Bargh（2010）、Jostman, Lakens and Schubert（2009）、Schneider et al.（2015）和 Zhang and Li（2012）。東西的熱度或體溫，對心理感知的影響，參見 Ijzerman and Semin（2009, 2010）、Inagaki and Eisenberger（2013）、Kang et al.（2011）和 Williams and Bargh（2008）。

回顧近期針對比喻說服的研究，可以歸納出兩個重點：首先，適當的比喻，強而有力，令人信服；再來，這種效果出人意料地，只是經由簡單的聯想過程，大多時候都是自然而然地，一個概念便成為另一個概念的象徵（Chernev and Blair, 2015; Gu, Botti and Faro, 2013; Kim, Zauberman and Bettman, 2012; Landau, Meier and Keefer, 2010; Landau, Robinson and Meier, 2014; Lee and Schwartz, 2012; Morris et al., 2007; Ottati and Renstrom, 2010; Sopory and Dillard, 2002; Zhang and Li, 2012; Zhong and DeVoe, 2010）。

53 有些隱姓自我主義的研究發現，受到許多媒體關注，不過其正確與否尚有爭議，舉例來說，像是名字叫丹尼斯（Dennis）的人，比較多人當上牙醫（dentist），叫路易斯（Louis）的人，會搬進路易斯安那州（Louisana）居住（Pelham and Carvallo, 2001; Simonsohn, 2011）。不過，我列舉的案例沒有這個疑義，相關研究指出，不論人們是在網路上相遇（Galak, Small and Stephan, 2011; Martin, Jacob and Guéguen, 2013）或者不是（Burger et al., 2004; Brendl et al., 2005; Finch and Cialdini, 1989; Jhang et al., 2009; Jones et al., 2002; 2004; Miller, Downs and Prentice, 1998），當他們的生日、出生地、名字一樣或首字母相同，會增進彼此好感、合作、接納、互相幫忙，甚至提供資助的可能性。可想而知，較缺乏自尊、較不看重自己的人，相對比較不會受到隱姓自我主義的影響（Perkins and Forehand, 2012; Prestwich et al., 2010）。

當自己和另一個事物之間有了連結，意義變得重大，影響力也會跟著變大，這並不教人意外。不過，行為受到親緣關係、教育程度或價值觀等訊息提示的影響，大得讓人瞠目結舌。親緣感受方面，受測的法國大學生需填寫一份有四十個項目的網路問卷，當請求填寫問卷的人和受測者的姓氏相同時，高達 96% 會完成填答；不一樣時，則只有 52% 人填答（Guéguen, Pichot and LeDreff, 2005）。教育程度方面，當受訪者和訪談人的學歷相近時，比較不會拒絕採訪（Durrant et al., 2010）。價值觀方面，一個販售清潔用品的女性推銷員，宣稱和客戶的音樂喜好一致時，她的銷售量是平常的三倍（Woodside and Davenport, 1974），這什麼原因呢？人們認為音樂偏好相似，意味著彼此的價值觀接近（Boer et al., 2011）。

54　檢驗西方和非西方自我觀念的研究相當多（Cialdini et al., 1999; Cohen and Gunz, 2002; Hoshino-Browne et al., 2005; Markus and Kitayama, 1991; Morling and Lamoreaux, 2008; Sedkides, Gaertner and Vevea, 2005）。美國與南韓雜誌廣告分析的研究，出自 Han and Shavitt（1994）。社群的利益重於個人利益的情況，並不僅限於韓國，這在東方世界很常見。中國在 2013 年 7 月實施一項老年人權益保障法案，當父母覺得成年子女太少探望自己，可以對他們提告（Lawson, 2013）。

金萬福的案例後續倒有些諷刺，他回國之後，談論這場搶救人質事件的表現，與其說是為了國家群體，更像是在拉抬他個人的名聲、吹捧自己的功勞，飽受國內批評。

55　認知詩學相關理論和研究回顧，參見 Obermeier et al.（2013）。押韻即真理的研究，參見 McGlone and Tofighbakhsh（2000）。Daniel Pink 將它描繪成一支深具教育意義且有趣的影片：http://vimeo.com/69775579。

臉部特質容易辨識、或是名字容易發音的人，受到較多關注，研究參見 Winkielman et al.（2006）、Laham, Koval and Alter（2012）。理解過程相對輕鬆，會影響臉部肌肉的研究，參見 Winkielman and Cacioppo（2001）。法律事務所和律師姓名的研究，參見 Laham, Koval and Alter（2012）。食品和食品添加物名稱的影響，參見 Petrova and Cialdini（2005）和 Song and Schwarz（2009）。這類研究的概論可參見 Greifeneder et al.（2010）和 Reber and Schwarz（1999）。至於上市名稱和股價表現的研究，可參見 Alter and Oppenheimer（2006）。

不流暢也不盡然只有壞效果。如果民眾願意花時間停下來思考你提供的訊息，這時候，難懂的字體或形式，比較能夠促使他們這麼做，後來的理解和記憶也會更加深刻（Alter, 2013; Alter et al., 2007; Diemand-Yaurman, Oppenheimer and Vaughan, 2011）。這也可以解釋，詩刊編輯為什麼偏好沒有押韻的詩作。編輯假定，讀者可能會為了理解這個作品，保留更多時間和心力。至於更多流暢和不流暢造成的影響，可參見 Alter and Oppenheimer（2009）、Lick and Johnson（2015）和 Petrova, Schwarz and Song（2012）。

CHAPTER 8

56　這一點需要再澄清，為大眾而寫的文章，不必然捨棄嚴謹的科學證據；不過，如果目的是要觸及更廣泛的讀者，學術的常規，好比句法規範、期刊或會議論文格式規定等，就比較不適合了。為了確保我寫的文章不會讓學術社群和一般讀者失望，我有一個小技巧，寫作時，我會想像自己肩頭上有兩個小人，一個是記憶所及該領域的學術泰斗，另一個是我認為會對這個題材感興趣的鄰居。只有當我覺得兩人需求都被滿足了，寫作才能告一段落，畢竟丟掉任何一邊都是浪費，我得盡可能努力才行。

57　我通常不會把一兩個傳聞的事情當成可靠證據，這個案例中，牆上貼出客戶照片有助提升員工生產力，所幸有相關研究支持，好比說，在病人的 X 光片放上他的個人照，放射師看到以後，所寫的病例報告內容會增加，完整記載檢查過程和 X 光片所透露的臨床資訊（Turner and Hadas-Halpern, 2008; Wendling, 2009）。

58　咳嗽行為具有傳染特性的研究，出自 James Pennebaker（1980）。這項研究也證明，觀眾越專注欣賞演出，就越不容易受到其他觀眾的咳嗽聲所影響。這個發現讓演員又多了一個理由可以嫌惡演出期間接二連三的咳嗽聲，因為這代表演出很無聊，使得觀眾分神。

劇作家阿德利的引言，出自他的著作《非洲起源》（African Genesis）。華頓醫生的引言，出自《為何擔心？》（Why Worry?）。這段落提到的其他資訊，在這裡分別附上出處：報紙社論作家晚宴（Coughing Fits Overcome 200, 1993）、澳洲蜘蛛（Eight-Legged Invasion, 2006）、田納西州瓦斯外洩（Tennessee gas leak，Jones et al., 2000）、加拿大罹癌恐慌（Guidotti and Jacobs, 1993）、德國皮膚症狀講課（Niemeier, Kupfer and Gieler, 2000）、好發的醫學生症候群（Howes, 2004）。說這些全部都是心理因素造成的，恐怕不盡正確。目前的研究數據指出，這類事件裡有大約六分之一，本質上是由心理因素引起的（Page et al., 2010）。這裡有個問題很有意思：究竟科技進步，會不會使得醫學生症候群更普遍？畢竟現在所有人都可以上網查閱疾病或各種身體不適的症狀。

59　快樂對健康和財富多項指標的影響，詳細研究可參見：Diener and Biswas-Dienar（2009）、Lyubomirsky（2013）、Lyubomirsky and Layous（2013）、Lyubomirsky, King and Diener（2005）和 Ong（2010）。當然，快樂並非只有正向效果，場合不適合、或是沒有適切反映在行動上，它也可能帶來不好的結果。一個明顯的例子，比方說在喪禮上表現得很快樂（Gruber, Mauss and Tamir, 2011; Mauss et. al., 2011）。

60　值得一提的是，年長者並非無視不愉快的事物存在（Shallcross, Ford, Floerke nad Mauss, 2013）。他們接納它，只是不掛心，選擇專注在美好的事情上。舉例來說，年長者和年輕人最大的不同，是遇到爭執的時候，會嘗試轉移話題，到其他更快樂的事情上（Holley, Haase and Levenson, 2013）。這種「接納負面情緒，但擁抱正向情緒」的方式，也能幫助每個人在創傷後調適心理狀態，無論他們年紀多寡（Kalisch, Müller and Tüshcer, 2015; Pennebaker, Mayne and Francis, 1997）。人們可以選擇要不要深陷負面情緒，喜劇演員馬克‧馬龍（Marc Maron）曾幽默地説：「大多時候，失望和絕望的差別，取決於你投身其中的程度」。

不只是卡爾史丹森的研究團隊解釋了越老越快樂的矛盾（Carstensen et al., 2011; Reed and Carstensen, 2012；另外提供 Livingstone and Issacowitz, 2015 作為延伸參考），還有其他人也貢獻了許多相關研究（Gross and Thompson, 2007; Isaacowitz, Toner and Neupert, 2009; Shiota and Levenson, 2009; Urry and Gross, 2010）。

控制注意力，有助銀法族提升快樂指數的實驗，出自 Issacowitz et al.（2009）、Mather

and Knight（2005）、Noh et al.（2011）。研究也指出，並非老年人才有這種特質（Cheung et al., 2014；Claessens and Dowsett, 2014；Duckworth and Steinberg, 2015; Geng, 2014; Joorman and Vanderlind, 2014），創意十足的藝術家也是如此，雖然彈性思考被認為是他們的創作泉源，但他們在任務或計畫初期也傾向注意事情好的一面。越能夠堅持、專注執行任務的藝術家，藝術成就也越高（Zabelina and Beeman, 2013）。基於這個發現，不教人意外的，有研究指出，有策略地配置注意力，能夠有效帶來正向情緒，增加短期和長期的快樂感受（Quoidbach, Mikolajczak and Gross, 2015）。

正向心理的矛盾，不總是能延續到人生最後的階段，部分是因為，老年人當時已無力控管他們內在或外在的環境。內在控管需要複雜的精神力，但是晚年的認知衰退或腦部病變，對精神有巨大的影響，甚至造成崩壞（Langner and Eickhoff, 2013; Mather and Knight, 2015）。至於外在環境方面，試著想想年輕人會怎麼控制它？在生活起居裡的每個轉角，妝點讓自己開心的線索，像是家人的合照（孫子沒有缺席）、充滿旅行回憶的紀念品、收聽讓人放鬆的音樂。但這些線索，對比行動不再方便，只能單獨處在陰暗房間裡，或是面對無菌病房白牆的老年人而言，恐怕效果不彰。不過，這種現象並非老年人才會遇到。研究指出，擅長打理自己內在環境的大學生，會透過外在環境來調適心情。就策略上來說，他們會花費更多時間和他人相處，進行社交，這也有助於良好的內在控管（vanDellen et al., 2015）。

61　轉移注意力可以有效打破情緒寒冬，這對未成年人也奏效。挑選一個和悲傷原因無關的題材，讓一個悲傷的孩子畫畫，能顯著改善他的心情，經實驗證明，不只幼童，這用在六到十二歲的孩子身上都有效（Drake and Winner, 2013）。

柳波莫斯基博士的研究概論，可以參考她的兩本著作（Lyubomirsky, 2008, 2013）。學術統整可參見 Lubomirsky and Layous（2013）。iPhone 應用程式的實驗，出自 Parks et al.（2012）。柳波莫斯基提出的十二個建議，可以到以下連結下載，練習讓自己快樂：http://thehowofhappiness.com/about-the-book。

62　我必須很遺憾地用過去式來談論艾倫，他一生都在對抗囊腫性纖維化，投身學界不久，便溘然離世。我們一起在北卡羅萊納州的教堂山上課，我親眼見證他從不埋怨命運弄人，為生命奮鬥的英勇身姿。反倒是我，深陷久長的無奈，感嘆命運讓我失去像他這樣一位好人、一名摯友。他建議我考試時，先專注在自己的強項和熟練的知識上，才能在能力測驗裡拿到高分，可惜他終究沒能看到，有人用科學方式驗證這席話。研究發現，通常拿不到好成績的人（比方說低收入戶），如果讓他們考前先分享一段自己感到驕傲的、成功的個人經歷，能顯著改善測驗的表現（Hall, Zhao and Shafir, 2014）。

63　性別刻板形象如何影響女性數學測驗的表現，參見 Rydell, McConnell and Beilock（2009）、Schmader, Johns and Forbes（2008）、Shapiro and Neuberg（2007）。關於我提到的四項解決方案，參考的研究如下：第一點可參見 Inzlicht nd Ben-Zeev（2000）和 Sekaquaptewa and Thompson（2003）；第二點可參見 Marx and Roman（2002）、McIntyre, Paulson and Lord（2003）、Latu et al.（2013）和 McCormick and Morris（2015）；第三點可參見 Cervone（1989）和 Miyake et al.（2010）；第四點可參見

Danaher and Crandall（2008）、Rydell et al.（2009）　和 Shih, Pittinsky and Ambaby（1999）。

性別刻板形象和數學的研究，還發現兩件值得注意的事。首先是，並非只有性別這種刻板形象會對學業表現造成影響。舉例來說，一般認為運動員比較不聰明，當普林斯頓大學的學生運動員被提醒他們的運動員身分後，數學測驗成績會顯著變低（Yopyk and Prentice, 2005）。社會結構所形塑的族裔刻板印象也會造成影響，當非裔美國學生被提醒他們的出身，學業表現就會變差（Nguyen and Ryan, 2008; Steele, Spencer and Aronson, 2002; Walton and Spender, 2009）。所幸，協助女性克服性別刻板形象影響的幾項建議，像是自我肯定、尋求成功案例來鼓舞自己，對非裔學生也能見效（Cohen et al., 2006; Taylor and Walton, 2011）。

再者，幾乎沒有客觀證據顯示，女性數學測驗的成績比男性來得差（Ceci et al., 2014）。性別沒有被提點的話，男女的考試結果沒有太大的不同（Lindberg et al., 2010）。那是什麼原因，讓女性在科學、科技、工程、數學領域就業的比率比較少呢（Ceci, Williams and Barnett, 2009）？大多時候和職業取向有關（Ceci and Williams, 2010; Robertson et al., 2010; Wang, Eccles and Kenny, 2013）。數學密集型的工作，像是天文、化學、資訊科學、工程或數學物理等，需要理解沒有生命的數字、機械和物理系統。或男或女，在這方面的表現並沒有差別，但是差別在於，女性比較沒有意願從事相關工作。比起這些，融入社會體系運作的工作更讓女性感興趣，這和女性的社群特質有關，她們傾向和「他人」互動，而不是和「事物」互動（Diekman et al., 2010; Lubinski, Benbow and Kell, 2014; Meyers-Levy and Loken, 2015; Schmidt, 2014; Su and Rounds, 2015; Su, Rounds and Armstrong, 2009; Zell, Krizan and Teeter, 2015）。這個說法有研究佐證。女嬰會比男嬰花更長的時間，觀察其他成人和嬰兒的臉部（Gluckman and Johnson, 2013）。如果有人找不到研究來參考，我試著舉證說明：年輕女性可以精準地分析比較複雜系統中個別元素的關係，只要你聽過青少女的談話內容，就會知道她們對細緻的人際網絡何其瞭若指掌。

CHAPTER 9

64　利用鋪梗可以引導他人聯想到特定概念，同時抑止非關概念，這方面的研究很多（Buanomano, 2011; Bridwell and Srinivasan, 2012; Gayet, Paffin and Van der Stigchel, 2013; Higgins, 1996; Kim and Blake, 2005; Klinger, Burton and Pitts, 2000; Loersch and Payne, 2011; maio et al., 2008; Tulving and Pearlstone, 1966 和 Wentura, 1999）。

這裡有一個強而有力，而且屹立不搖的論點。研究證實，概念的觸及性（觸及認知的容易程度），在吸引注意力和促成回饋的行動裡，扮演重要角色（Blankenship, Wegener and Murrays, 2012, 2015; Higgins and Bargh, 1987）。暴力電玩使玩家更有侵略性和反社會行為的研究，參見 Anderson et al.（2004）、Anderson and Dill（2000）、Greitemeyer and Mügge（2014）和 Hasan et al.（2013）。如果玩家玩的遊戲鼓勵利社會行為，會因為鏡像效應使玩家更樂於助人、為社會付出的研究，參見 Gentile et al.（2009）、

Greitemeyer and Osswald（2010）和 Greitemeyer and Mügge（2014）；至於這類遊戲對不同文化背景的玩家同樣有效，而且幾年後玩家仍樂於助人的研究，參見 Prot et al（2014）。暴力電玩也可以降低侵略性行為，但要鼓勵玩家合作打擊敵人的研究，參見 Jerabeck and Ferguson（2013）。至於概念的觸及性如何解釋這種發現，參見 Granic, Lobel and Engels（2014）和 Shmierbach（2010）。

65　研究團隊對於圖像能輕易影響嬰兒的助人行為，而且效果如此顯著，感到十分驚訝（Over and Carpeter, 2009, 1192）。我可以理解他們的驚訝，因為受測小孩看到的圖像，站在一起的人物是擺在背景，而非前景；而且角色是玩偶，並不是人類。小孩幫助的研究者，實際上對他們而言是陌生人，在伸出援手之前，從未有過實際相處的經驗，可是圖像引發的效果卻相當戲劇化，研究的實驗組中有六成小孩不假思索地給予協助，而在對照組中只有兩成。相關效果在成人方面的研究，參見 Carr and Walton（2014）。

　　亂丟垃圾的實驗，出自我和 Raymond Reno、Carl Kallgren（1991）的研究，以及一份探討社會不認可對人類行為影響的研究。研究發現，有三分之一的人會把傳單直接丟在停車場裡，不過，如果他們看到有人把垃圾從地上撿起來，便不再有人把傳單丟在地上了，即便撿垃圾的人已經離開現場依然如此。所以，為了阻止人們亂丟垃圾，向人們展示亂丟垃圾是社會不認可的概念或相關行動，不失是個有效方法。

66　比利時啤酒的實驗結果出自 Sweldens, van Osselear and Janiszewski（2010）；漱口水的案例出自 Till and Priluck（2000）；新款飲料的案例出自 Winkielman, Berridge and Wilbarger（2005）。參與者沒有意識到聯想制約，卻仍然受到影響，近期研究可參見 Gawronski, Balas and Creighton（2014）、Hofmann et al.（2010）、Hütter et al.（2012）和 Hütter, Kutzner and Fiedler（2014）。這個連結中有多支影片，出色地惡搞了廣告商運用的技巧：www.fastcocreate.com/3028162/this-generic-brand-ad-is-the-greatest-thing-about-the-absolute-worst-in-advertising?partner=newsletter。

67　「當……就怎麼做」的大量文獻回顧，參見 Gollwitzer and Sheeran（2006, 2009）。癲癇患者用藥和戒毒者寫履歷的研究，出自 Brandstätter, Lengfelder and Gollwitzer（2011）和 Brown, Sheeran and Reuber（2009）。「當……就怎麼做」計畫的好處，還有一項研究設計證明了這件事。為了鼓勵學生多加嘗試，解決複雜的邏輯推理問題，學生被要求做出承諾，其中一群人說：「我會盡最大可能解決問題！我會告訴自己：我辦得到。」另一群人則是被要求承諾說：「我會盡最大可能解決問題！當我遇到難題時，我會告訴自己：我辦得到。」兩種陳述很相似，但使用「當……就怎麼做」句型的學生，成功解決的問題，相比之下多了 15%。（Bayer and Gollwitzer, 2007）想比較其他研究，可參見 Oettinger, Hönig and Gollwitzer（2000）、Gollwitzer and Sheeran（2006）和 Hudson and Fraley（2015）。「當……就怎麼做」計畫有助主動行動的研究，參見 Bayer et al.（2009）。這段中出現的許多引文和研究證據，摘自行為科學家 Peter Gollwitzer 和他的研究助理所從事的重要研究。

68　除了設定主要目標（Dijksterhuis, Chartrand and Arts, 2007; Klinger, 2013），研究證實，提前設定的資訊也可以是社會角色、文化框架、自我認同或個人志向。雖然這些資訊和個人切身相關、而且存在許久，卻不是一直見效，因此，要把這些概念作為說服溝通的一部分時，有時候需要把這些概念從「待機」模式，切換到「全面啟動」模式。最早是在性別領域發現這種情況，有分析揭露，男性和女性行為經常一致，除非接受到性別相關的提示，好比說電視節目或廣告訊息，使得他們做出反應，展現男子氣概或女性特質（Deaux and Major, 1987）。前一章裡，我們提到兩性在數學測驗的表現相似，但是在提醒性別之後，成績就明顯不一樣了（Lindberg et al., 2010）。其他研究也證實，文化修養（Oyserman and Lee, 2008; Weber and Morris, 2010）、自我認同（Brown and McConnell, 2009; Oyserman, 2009）、目標（Van Yperen and Leander, 2014）和人格特質（Halvorson and Higgins, 2013）也會造成影響。利用「當⋯⋯就怎麼做」計畫節食，參見 Stroebe et al.（2013）。

69 巧妙提問能造成重大影響，這當然不是新的概念，希臘哲人蘇格拉底被譽為「提問大師」，他以提問來引發思考辯證而聞名（Johnson, 2011）。雖說這種方法起源久遠，我們還是可以適切地應用在現今的情況。舉例來說，有鑑於心情會影響購物意願，那麼，在我們心情不錯的時候，是不是應該拒絕大肆採買？這就好比我們經常被勸阻不要在肚子餓的時候出門採購食品。但研究發現，我們要做的不是拒絕或阻止，而是應該捫心自問，為什麼今天心情不錯？如果好心情和購物帶來的價值無關，那恐怕是因為天氣不錯，或是聽到銷售員說了有趣的笑話，或是受到奉承。提問得到的答案，有助於我們釐清偏誤（DeSteno et al., 2000）。同理可證，當運動迷支持的本土球隊在大比中拿下勝利，會讓他們比較滿意現在的政府官員，甚至繼續投票支持他。但如果先被問到比賽結果，就會意識到好心情和官員的施政表現無關，好感度放大的效果便所剩無幾（Healy, Mallhotra and Mo, 2010）。俄亥俄州州立大學心理學家 Duane Wegener 和 Richard Petty 提出的理論概念「彈性修正模型」（Flexible Correction Model），最適合拿來說明，人們如何意識到偏誤，並找到時機進行修正。研究主張，修正行為最可能發生的時機，是當人們察覺到自己受到不必要的偏誤影響，且擁有動機與能力採取行動應對的時候（Chien et al., 2014; Wegener and Petty, 1997）。精確來說，其中關鍵在於，一開始的聯想過程使我們傾向某種結果，但是當我們注意到這種聯想過程，便會產生意願和能力去導正它，不讓它預設結果（Baumeister, Masicampo and Vohs, 2011; Cameron, Brown-Iannuzzi and Payne, 2012; Dasgupta, 2004; Davis and Herr, 2014; Fiske, 2004; Pocheptsova and Novemsky, 2009; Strack, Werth and Deutsch, 2006; Thompson et al., 1994; Trampe et al., 2010）。

好心情會使人提升對於自己持有資產的評價，研究參見 Isen et al.（1978）。好天氣會提高搭訕要到電話的成功率，參見 Guéguen（2013），有助提高生活滿意度，參見 Schwarz and Strack（1991）。好心情的影響，有時會讓人反應過度，幽默作家 Calvin Trillin 分享過一個故事：他的朋友走出咖啡店，心情絕佳，遇到門外站著的一個年長女士，手上拿著紙杯，他的朋友往裡面丟了幾個閒錢。女士問道：「究竟你對我的茶幹了什麼好事？」

70 置入性行銷的研究，參見 Law and Braun（2000）。近年來，置入性行銷大量增長，參見 Patricia Homer（2009），統計自她認為誇大不實的廣告主。觀眾對電視或電影中，特別顯眼的置入商品所抱持的態度，在一種情況下會明顯低落，就是當它在影片中出現得太頻繁（超過三次以上）。但如果置得巧妙，不讓觀眾意識到促成潛在偏誤的手法，即便商品反覆出現，觀眾的態度也不會受到影響。事實上，觀眾接觸得越頻繁，反而會不知怎麼地抱有好感。這呼應第 3 章裡，網頁橫幅廣告的研究發現。我們點進網頁時，橫幅廣告閃現在頁面上，網友或許不記得自己看過廣告，但當它出現得越頻繁，會讓網友感興趣（Fang, Singh and Ahluwalia, 2007）。電影、電視置入性行銷的案例，可參見 www.youtube.com/watch?v=wACBAu9coUU 和 www.ebaumsworld.com/video/watch/83572701。即便商品很明顯，但如果能夠融入情節裡頭，效果也會很好。參見：http://mentalfloss.com/article/18383/stories-behind-10-famous-product-placements。

71　一點提醒或訊息，就可以揭露行銷手法暗藏的說服企圖。除此之外，還有兩種線索，有助我們知道自己想法被左右，進而試圖抵消這些影響。其一，是極端值（Glazer and Banaji, 1999; Herr, Sherman and Fazio, 1983; Nelson and Norton, 2005; Shu and Carlson, 2014）。舉例來說，律師為了幫客戶爭取高額和解金，金額越提越高，一旦逼近極端值，卻使得陪審團調整判決，來對抗不合理的數字（Marti and Wissler, 2000）。其次，是和說服企圖相違背的堅決目標（Macrae and Johnston, 1998; McCaslin, Petty and Wegener, 2010; Monteith et al., 2002; Thompson et al., 1994）。有研究者實驗，向白人受測者展示黑人的照片，刺激他們對黑人的刻板形象，但受測者極力控制他們的種族偏見，藉由修正態度，做出和刻板形象背道而馳的反應（Olsen and Fazio, 2004）。

72　人類修正思維的訊息處理機制，相關方面的論點（Hayes, 2011; Klein et al., 2002）得到大腦顯影研究的支持，顯示人們認知到誤導訊息（Asp et al., 2012），進而做出調整（Cunningham et al., 2004; Klucharev et al., 2011）時，特定的腦部區域會活化。很多學者的結論是，這種修正機制的思考系統和基本的腦部運作系統，就像理性和感性、分析感受和經驗感受、慎思歷程和自發歷程、考慮消費和衝動消費、控制歷程和自動化歷程的對立，是不一樣的。不過，既然已有集大成的著作，我再多加著墨沒有必要，可以參見康納曼的《快思慢想》（*Thinking, Fast and Slow*, 2011）和 Sherman、Gawronski and Trope（2014）。

深夜疲勞成為資訊型節目製作人挑選時段的理由，出自 Remy Stern（2009），書中引用這個產業的始祖 Al Eicoff 所言：「這個時段，人們累了，缺乏抵抗的意志力，潛意識便會接受它。」有兩個研究證實，炮兵如果睡眠不足，便不會反抗明顯有問題的命令，其中一個案例較通俗（Schulte, 1998），另一個案例較學術（Banderet et al., 1981）。平均審訊時間影響不實自白的相關數據，參見 Drizin and Leo（2004）。選購時間對相機偏好的影響，參見 Marmorstein（1987）。類似的研究可參見 Parker and Lehmann（2015）。我們都知道，和文字相比，廣播媒體，像是電視，更容易引導觀眾注意到傳播者的特質（像是可愛、有吸引力），而非內容訴求的效果（Chaiken and Eagly, 1983）。

CHAPTER 10

73　當然，溝通者利用鋪梗讓人們注意到訊息中的權威性時，必須確保有可靠的證據。誠如研究證明，唯有這項證據或專業足以讓人信服，吸引人去注意它，才是明智之舉。否則，非但效果差強人意，甚至可能招致反彈（Armstrong, 2010, 193-194; Burnkrant and Unnava, 1989; Houghton and Kardes, 1998; Hsee and LeClerc, 1998; Laran and Wilcox, 2011; Petty and Cacioppo, 1984; Petty and Brinol, 2012; Posavac et al., 2002）。另一項研究探討一致性這個影響力原則，也同樣見得到這種模式。一致性原則是指，人們會受到自己過去所言所行的影響，採取一致性的決策態度。一開始的實驗結果不教人意外，如果一個人覺得過去經驗還不錯，可以作為選擇的依據，他的態度會比認為自身經驗較少的人來得一致；不過接下來就有趣了，當他們被提醒了這種一致性概念，前者的反應會符合一致性原則，而後者的反應又更不一致了（Bator and Cialdini, 2006）。

74　幼兒回報行為的研究，參見 Dunfield and Kuhlmeier（2010）；糖果店的研究，參見 Lammers（1991）。好市多的銷售數據，可參見《大西洋月刊》（Atlantic）的文章：www.theatlantic.com/business/archive/2014/10/the-psychology-behind-costcos-free-samples/380969。免費樣品所造成的巨大影響，有一部分無疑可以歸功於消費者有機會嘗新，判斷自己喜歡這項產品。不過，人際互動才是其中的關鍵因素。有研究證實，拿了樣品，而且願意買下產品的顧客，對於當下社會情境，比起產品資訊和愛好來得更有感受（Heilman, Lakishyk and Radas, 2011）。此外，即便在店裡沒有提供試用，只要讓顧客拿到驚喜的折價券，整體消費額還是能顯著成長（Heilman, Nakamoto and Rao, 2002）。拿人手短的幽默影片，可參見 www.youtube.com/watch?v=H7xw-oDjwXQ。應用在市場行銷的案例，可參見 www.referralcandy.com/blog/10-examples-reciprocity-marketing。

政治獻金和稅率的研究，出自 Brown, Drake, Wellman（2015）。這些發現讓美國的法律觀察員感到悲觀，他們不認為收受政治獻金的法官當選後，日後判決和自己支持者有關的案件時，能夠公正無私，即便法官相信他們自己可以做到。（Susman, 2011, and the American Constitution Society, www.acslaw.org/ACSpercent20Justice percent20at percent20Risk percent20 percent28FINAL percent29 percent206_10_13.pdf）。做決策的人，像是立法者或法官等人，經常主張自己心明眼亮，道德操守不會受到獻禮偏誤，他們會謹慎遵守聖經中的警告：「不可收受賄賂，因為賄賂會使人瞎了眼，曲解無辜者的證言。」（《出埃及記》第 23 章第 8 節）但他們早就已經自打嘴巴了。

75　參與調查的結果，和其他許多調查一致（Mercer et al., 2015），研究出自 Scherenzeel and Toepoel（2012）。美國飯店毛巾的實驗，出自 Goldstein、Griskevicius and Cialdini（2011），並有研究佐證（Belmi and Pfeffer, 2015; Pillutia, Malhotra and Murnighan, 2003），原因在於，預先行動會使得接受者感到有義務，必須做出回報。還有一點值得注意，讓互惠行為揮揮影響力的，除了義務感，還有「感激之情」，不過它所帶來的回報相對較少，因為接受好處的人在感恩的同時，會有一股虧欠感。這兩種情感都會帶來正向回饋，比起創造新的人際關係，感激之情主要是讓人際關係更加牢固。相關證據，參見 Algoe（2012）、Algoe, Gable and Maisel（2010）。

在商場上主動讓利卻沒得到任何好處的案例和分析，可參見亞當‧格蘭特（Adam Grant）的著作《給予》（Give and Take: A Revolutionary Approach to Success），這本書我非常推薦一讀。

76　紐澤西小費的研究，出自 Strohmetz et al.（2002）；消費金額的研究出自 Friedman and Rahman（2011）。這裡搏君一笑，情境喜劇《歡樂單身派對》（Seinfeld）描繪了送出有意義、出乎意料又客製化的禮物，帶來的感謝，和送壞了的差別：www.youtube.com/watch?v=aQlhrrqTQmU。

阿富汗部族首領的報導，出自普利茲獎記者 Joby Warrick（2008）。阿布詹達爾被無糖餅乾打動的原因，出自 Bobby Ghosh（2009），文章中解釋了為什麼在審問過程中，糖果比鞭子更有效，也就是採取軟姿態，給予投其所好的利誘。相關研究證據參見 Goodman-Delahunty、Martschuk and Dhami（2014）。想了解更多，也可參見 www.psychologicalscience.org/index.php/news/were-only-human/the-science-of-interroation-rapport-not-torture.html。

互惠的助力，可能會一輩子相隨，並拯救他人性命。1938 年，當時還是個男孩的 Arthur George Weidenfel 隨著整列火車的猶太兒童，逃離納粹迫害，抵達英國。基督教人道救援團體組成的聯盟策畫了這趟旅途，拯救了上千個小孩，也接濟照顧他們的生活。Arthur 後來成為一家出版社的負責人，並受封爵士。2015 年時，高齡九十四歲的 Arthur 爵士設法回報當初的善行，組織並資助了「安全避難所」（Operation Safe Havens），把敘利亞和伊拉克的基督教家庭，帶離飽受伊斯蘭國威脅的家鄉。當時他被批評差別對待其他宗教（伊斯蘭教德魯茲派和阿拉維派、雅茲迪教和什葉派穆斯林），他解釋：「我沒能拯救世界，但……在猶太教和基督教之間……我有恩待報。」這個說法正好展現互惠原則，故事詳情可參見 Coghlan（2015）。

77　嬰兒微笑的數據出自 Andrew Meltzoff（2007）。關於語言風格相近的研究很多：對戀情好感和關係的影響，出自 Ireland et al.（2011）；對搶救人質的影響，出自 Taylor and Thomas（2008）；對服務生小費的影響，出自 VanBaaren et al.（2003）；對談判協商的影響，出自 Maddux、Mullen and Galinsky（2008）；對電器產品銷售的影響，出自 Jacob et al.（2011）。緊急狀況伸出援手的研究，出自 Kogut and Ritov（2007）和 Levine et al.（2005）。青年輔導計畫的研究，參見 DuBois et al.（2011）。

78　馬克·吐溫承認讚美的滋潤，不過，英國－愛爾蘭作家強納森·史威夫特（Jonathan Swift）早他一百五十年發出警告，讚美可能流於空洞：「教育上有句古老格言：阿諛奉承為愚者所嗜好。」讚美與說服方面，美國性感女星梅·蕙絲（Mae West）有最精闢的觀察，她向他的求婚者說：「馬屁拍得好，發達沒煩惱。」。理髮師的研究出自 Seiter and Dutson（2007），證明了餐廳服務生稱讚顧客，會拿到較多小費（Seiter, 2007）。讚美可以帶來好感和協助意願的研究，參見 Gordon（1996）和 Grant、Fabrigar and Lim（2010）。就算不真誠的讚美也有效果，參見 Chan and Sengupta（2010）和 Fogg and Nass（1997）。

79　我們為什麼會覺得稱讚我們的人比較喜歡我們，這點不難理解；相形稍微難懂的反而是，我們為什麼會覺得表現相像的人，會喜歡我們。不過研究證據確鑿，也確實是這種信念使我們產生好感（Condon and Crano, 1988; Singh et al., 2007）。Bukowski、Hoza and

Bolvin（1994）和 Davis and Todd（1985）的研究結果支持，我們預期像朋友一樣喜歡我們的人，會給予較正確的諮詢和建議。

80　社會認可和道德正確性的實驗，出自 Aramovich、Lytle and Skitka（2012）、Duguid and Thomas-Hunt（2015）、Eriksson、Strimling and Coultas（2015）。國際研究針對社會認可的影響，嚴謹考證令人振奮，不論是中國的餐廳菜單實驗（Cai, Chen and Fang, 2014）、荷蘭的水果攝取研究（Stok et al.）、印尼（García, Sterner and Afsah, 2007）和印度（Powers et al., 2011）的污染防治研究。身為一名旁觀者，社會認可對正當性認知的影響可以明白回答，在網路拍賣會上，好比說 eBay，商品定價孰高孰低的問題。分析指出，起標價越低，結標的金額越高。箇中原因在於，較低的起標價吸引了更多通盤打算的競標者，接下來，他們誤判了吸引眾人的是物品本身的價值，而非它一開始的誘人價格（Ku, Galinsky and Murningham, 2006）。本質上，他們落入社會認可的邏輯，所以推想：「哇！好多人在搶標，這肯定是好東西。」

81　節約能源的實驗是在加州聖馬可斯的中產階級社區進行，研究助理冒著被狗咬和被水灑的風險，接近屋外的電錶，記錄實際用電情形（Nolan et al., 2008），檢驗社會認可對環保行為的影響，不過實驗過程應用在其他領域也同樣可行（Lockwood and Kunda, 1997; Mandel, Petrova and Ciadini, 2006; Schmiege, Klein, and Bryan, 2010）。舉例來說，一個人會否採取更健康的生活方式，決定性原因之一，是做不做得來（Armitage and Connor, 2001），而每個人都是經由社會比較來評估可行性（Martin, Haskard-Zolnierek and DiMatteo, 2010）。

82　麥克魯漢「媒介即訊息」的說法，出自他 1967 年的著作《媒介即按摩》（The Medium is the Massage）。根據他的兒子 Eric McLuan 博士的說法，媒介（message）因為印刷錯誤，拼成按摩了（massage），但作者發現後，覺得完全符合自己的論點，生動表現媒體操弄著訊息接受者的經驗，他便說：「不用修改！好極了，命中目標！」

受測者聽取財務建議，掃描並觀察大腦活動的實驗，參見 Engelman et al.（2009）。權威稱號是發揮影響力的有效工具並不教人意外，不過這個工具卻出乎意料地鮮少為人所善用。舉例來說，為兒童設計的無菸專案，如果有醫生背書，將會效果顯著，但醫生通常不會出面這麼做（Moyer, 2013）。另一個例子，我的同事 Steven J. Martin 作為房地產公司的顧問，建議接線人員接到潛在客戶的電話時，要誠摯地說：「我會把你的電話轉接給相關領域的專家。」他們變成顧客的比例增加了 16%。這個建議非常有幫助，接線人員以前也是把電話轉給這群專家，只不過，當時可不這麼稱呼這些專員。

83　專業和信賴可以增加可信度，戲劇性地強化影響力，參見 Smith, DeHouwer and Nosek（2013）。不同領域中各種人際關係的信任偏好，參照 Cottrell, Neuberg and Li（2007）、Goodwin（2015）和 Wood（2015）。自曝其短的法律策略可以奏效，已經有很多研究證實（Dolnik, Case and Williams, 2003; Stanchi, 2008; Williams, Bourgeois and Croyle, 1993）；應用在商場也同樣見效（Fennis and Stroebe, 2014）。政治人物看似自貶，但卻能有效提升選民信賴，出自 Combs and Keller（2010）。DDB 廣告公司利用承認弱點的廣告，創下大舉成功的先例。福斯汽車隨後跟進，發想「車不可貌相」、「它很醜，但它使命必達」等廣告詞販售金龜車；Avis 租車公司也推出耳目一新的「我們是第二名，所以加倍努力」廣告。自此之後，類似的宣傳詞一樣奏效，像是加拿大 Buckley 製藥的複方咳嗽藥物廣告「苦口良藥」。美國達美樂披薩也深諳負評行銷，在 2009 年的廣告不留顏面血剖析自家品質，產品銷售量卻大增，公司股價也隨之上漲。先講明缺點，再談到優點，不只是平衡呈現，還能把焦點轉移到未必相關的正向資訊上，有效弱化負面資訊帶來的影響。參見 Mann and Ferguson（2015）和 Petrova and Cialdini（2011）。

84　人們為了避免損失，包括例子提到的未來損失，試圖從他人手中奪得先機，連結影片 裡 有 其 他 案 例：www.usatoday.com/story/tech/gaming/2014/02/10/flappy-bird-auction/5358289。不只因為人性厭惡損失（Boyce et al., 2013; Kahneman and Tversky, 1979），稀少性驅策我們想要得到更多，還有其他理由，好比如，人們不自覺地以為物以稀為貴，感覺有更高的經濟價值（Dai, Wertenbroch and Brendel, 2008）；又或，人們不喜歡受制於限量，失去占有的自由，會為了保有自由而勢必要得到它（Burgoon et al., 2002）。汽車產業運用限定車款行銷的數據分析，出自 Balachander, Liu and Stock（2009）。連鎖超商促銷的分析，出自 Inman, Peter and Raghubir（1997）。連結中有個排隊買 iPhone 的事件，和我在新聞中看到的很像：www.live5news.com/story/23483193/iphone-5-release-draws-crowd-on-king-street

85　祈禱有助感情忠貞，參見 Fincham、Lambert and Beach（2010）。研究還發現，祝福另一半幸福快樂最有效。如果只是每天禱告，但沒有特定方式，則無效；如果僅是想想另一半的好，也無效。所以，奏效的原因，不是要人沉浸在廣泛的心靈活動，也不是要回想對方的優點。確切來說，是針對特定對象、主動為他的幸福許諾，這麼做使得破壞他的幸福變成一件困難的事。一致性效果的相關數據，誠實聲明出自 Shu et al.（2012），投 票 行 為 參 見 Gerber、Green and Shachar（2003）， 品 牌 介 紹 參 見 Kuester and Benkenstein（2014），捐血意願參見 Lipsitz al.（1989）。

86　普立茲獎記者 Jo Becker 在著作《呼喚春天：爭取婚姻平權的祕辛》（*Forcing the Spring: Inside the Fight for Marriage Equality*, 2014）中，嚴謹考究 2013 年美國最高法院力挺婚姻平權的兩起判決，報導了相關人物、運動和事件。我舉的案例大多出自她的報導，迷人的箇中祕辛也推薦大家一讀。不過，新聞查證嚴謹，還是沒有科學根據，可以解釋大法官甘迺迪做出決策的動機。所幸，已經有實驗證實，只要提醒別人他說過的話，他就會做態度一致的回應。舉例來說，請填答網路問卷的人，回想過去幫助他人的行為，使得他們更有意願捐款給受災戶，比對照組多上三、五倍（Grant and Dutton, 2012）。

有一點值得注意，有時候，回想或是剛做完一件道德行為，像是幫忙他人，人們會感到，有權利趁機自私一下。也就是說，貢獻社會之後，人們會想預留一些時間回報自己，這個現象稱為「道德許可證」（Monin and Miller, 2001），和承諾的一致性剛好背道而馳。到目前為止，較合理的研究證據指出，道德行為要延續下去，必須使人產生自我認同，比方說，能表現出他歷來做過的好事（Conway and Peetz, 2012）、對定義自我來說具有重大意義（Miller and Effron, 2010），或是得付出特別的代價才能夠實現（Gneezy et al., 2012）。相反地，會產生「道德許可證」現象的善舉，多和一個人向來的道德承諾、道德認同無關，他可能也沒有付出太大的代價。

CHAPTER 11

87　社會連結所產生的正向效果有很多面相：「同意」參見 Guadagno and Cialdini（2007）、
Stallen、Smidts and Sanfey（2013）；「信任」參見 Foddy、Platow and Yamagishi（2009）
和 Yuki et al.（2005）；「協助和喜好」參見 Cialdini et al.（1997）、De Dreu、Dussel
and Ten Velden（2015）、Greenwald and Pettigrew（2014）、「合作」參見 Balliet、
Wu and De Dreu（2014）和 Buchan et al.（2011）；「情感支持」參見 Westmass and
Silver（2006）；「原諒」參見 Karrmans and Aarts（2007）和 Noor et al.（2008）；
「創意評價」參見 Adarves-Yorno、Haslam and Postmes（2008）；「道德評價」參見
Gino and Galinsky（2012）、Leach、Ellemers and Barreto（2007）；「為人處事評價」
參見 Brant and Reyna（2011）和 Haslam（2006）。這類偏好影響人類行為不但廣泛，
而且是一種原始本能，在其他的靈長類和嬰幼兒身上都有發現（Buttleman and Bohm,
2014；Mahajan et al., 2011）。在交換卡片的日常行為裡，互惠原則如何運作，參見
Kunz（2000）和 Kunz and Wolcott（1976）。

88　小團體間的認知混淆有幾個趨勢：一、投射自我特質在他人身上（Cadinu and Rothbart,
1996; DiDonato, Ulrich and Krueger, 2011）；二、記不清楚先前對自己和他人特質的評
價（Mashek, Aron and Boncimino, 2003）；三、花上較多時間辨別自己和所屬群體的特
質（Aron et al., 1991; Otten and Epstude, 2006; Smith Coats and Walling, 1999）。腦神
經科學研究證明，自我與群體的混淆，發生在大腦前額皮質的神經迴路上（Ames et al.,
2008; Kang, Hirsh and Chasteen, 2010; Mitchell, Banaji and Macrae, 2005; Pfaff, 2007,
2015; Volz, Kessler and von Cramon, 2009）。其他認知混淆，似乎也和大腦運用同一種
結構和機制來處理不同的任務有關（Anderson, 2014）。舉例來說，反覆想像自己進行某
項行為，隨後就以為自己真的做過這件事，從研究的角度可以解釋，確切行動和想像行
動所使用的大腦區塊可能有部分重疊（Jabbi, Bastiaansen and Keysers, 2008; Oosterhof,
Tipper and Downing, 2012）。另一個研究案例指出，大腦用同一個區塊，感受到社會
拒絕和身體痛楚，所以止痛藥的舒緩效果，不但夠用在生理上，也能因應心理的需求
（DeWall et al., 2010）。

89　總括適存度的概念，由 W.D. Hamilton 在 1964 年率先提出，他的革命性思想，至今仍是
中流砥柱。生死交關之際，親屬感特別強烈，參見 Borgida, Conneer, Mamteufal（1992）、
Burnstein, Crandall and Kitayama（1994）和 Chagnon and Bugos（1979）。另外有研
究指出，阿拉伯人和以色列人被告知他們的基因高度相似，會變得比較沒那麼仇視或譴責
彼此（Kimel et al., 2016）。青少年在幫助家庭成員後，會感受到獎勵刺激，參見 Telzer
et al.（2010）。令人印象深刻的「虛構家族」的研究，參見 Swann and Buhrmester（2015）
和 Fredman an al.（2015）。其他研究解釋了這種團體優先效應：成員把團體認同當作自
己的意識主張，刻意關切和這個認同相符的資訊（Coleman and Williams, 2015），並把
這些資訊視為重要原則（誠如第 3 章、第 4 章所言）。Elliot and Thrash（2004）的研究
證實，我班上幾乎所有父母都為自己的孩子回答問卷絕非僥倖，研究者在心理學課堂上，
要求學生請父母填寫一份長達四十七項的問卷，答完可以加一分，隨後回收的問卷，完

整填答的高達 96%。Preston（2013）詳細分析了家庭教養如何為子女日後的幫助行為奠定基礎。

生物學家、經濟學家、人類學家、社會學家和心理學家從研究得知孩子對雙親的意義，但不需要是科學家也知道雙親和子女的緊密牽絆。舉例來說，小說家經常描繪這種強烈的情感。海明威的散文，以簡潔又動人著名。有一回在酒吧裡，他和一群編輯喝酒，打賭說他可以用六個字寫一篇戲劇化的故事，老嫗能解，而且將深受感動。如果編輯讀過也同意，就得為全酒吧埋單；否則就是海明威出錢。條件談妥，海明威把故事寫在酒吧餐巾紙背面，拿給編輯看。編輯不發一語地起身，走向吧台為所有在場人士付賬。海明威寫道：「出售童鞋，全新。」

90　巴菲特五十週年的信，可以在 www.berkshirehathaway.com/letters/ 2014ltr.pdf 取得副本，這是他旗下波克夏公司 2014 年年報的一部分，在 2015 年出版。不論在家族內外，人們都會用相似與否，來判斷基因是否相近，並且偏好和自己相似程度較高的人（DeBruine, 2002, 2004; Heijkoop, Dubas and vanAken, 2009; Kaminski et al., 2010; Leek and Smith, 1989, 1991）。候選人和自己的外形相像，影響投票的證明，參見 Bailenson et al.（2008）。不只是外貌或人格特質，態度也被當成是基因相關性的判斷基準，它也決定了在小團體中要對誰伸出援手（Gray et al., 2014; Park and Schaller, 2005）。不過，並非所有態度都有對等效力，對事情的宗教態度和政治立場，像是對性行為的看法、保守或自由派的意識型態，對團體認同有別外重大的影響（Bouchard et al., 2003; Chambers, Schlenker and Collisson, 2014; Hatemi and McDermott, 2012; Kandler, Bleidorn and Riemann, 2012; Lewis and Bates, 2010）。這類高度繼承的態度也格外難以改變（Bourgeois, 2002; Tesser, 1993），也許是因為人們拿這些立場來定義自己，不太有意願動搖。

91　人類和動物定義親屬關係的線索，回顧分析參見 Park, Schaller and Van Vugt（2008）。研究發現，人們會和共同居住者產生親屬感，子女觀察到雙親的照顧行為，形成日後的利他主義，參見 Lieberman, Tooby and Cosmides（2007）。以杉原千畝的個案作為通案得出結論，實有風險，不過，我們知道，他並非當時唯一一位很早就在家庭生活裡體會到人類多樣性的救援者。Oliner and Oliner（1988）挖掘了一段歷史，發現很多非猶太裔歐洲人曾協助猶太人偷渡，脫離納粹統治。這些案例中的救援者，日後也一如所料，對差異甚大的人類群體能產生共通感，尤其當時沒能伸出援手的人相比，更是明顯。救援者不只在大屠殺時期感受到「我們」擴張了，半個世紀後受訪，他們依然樂於助人，不太在乎個體差異（Midlarsky and Nemeroff, 1995; Oliner and Oliner, 1988）。

近來，研究者發展出一種評估個人和整體人類連繫程度的人格量表，這個重要量表，其中一項測量，是分析人們使用代名詞「我們」的頻率，還有像是「家庭」等包含自我與他人作為一個整體的字眼，預測人們是不是有意願為國際人道救助行動付出，幫助國外情況危急的人（McFarland, Webb and Brown, 2012; McFarland, in press）。研究發現，自我投射到群體之中，感同身受，似乎是對他人的苦難產生同情反應的原因（Sinclair et al., 2016）。杉原千畝的處境和個人動機，出自日本和歐洲的歷史文獻（Kranzler, 1976; Levine, 1997; Tokayer and Swertz, 1979）和他本人的訪談（Craig, 1985; Watanabe,

1994）。

92　柯恩（1972）對集中營事件的描述，來自他和前納粹警衛的訪談，很奇怪地，他倆當時是室友。卓克梅和瑪格達發起的救援行動，在莉儂河畔尚邦鎮拯救了三千五百條人命。當時有人問他們，為什麼在 1940 年 12 月，會出手拯救門外凍僵的猶太女性，這很難答出確切原因。戰爭接近尾聲時，他們受到法國維希政權的監禁，官員要求交出接受過當地民眾幫助的猶太人名單，他很快地脫口而出（卻是發自內心，而且充滿世界主義的答案）：「我們不認識什麼猶太人，我們只認識人類。」（Trocmé, 2007, 1971）。至於，親戚和鄰居為何投入救援，根據其他消息來源的說法，和前面提到的一致：他們和卓克梅夫婦有著緊密的親屬感。舉例來說，1990 年代中期的盧安達大屠殺，圖西族受到胡圖族的攻擊，有些人甚至是鄰居。人們用部族做為基礎，煽動同仇敵愾的攻擊，「胡圖族權力」既是集會口號，也是將屠殺正當化的手段。

　　人們會受到地方意見高度感染，這稱為「主場優勢效應」（Zell and Alike, 2010）。如果是政治選舉，選民會傾向投票給自己社區出身的候選人（Middleton and Green, 2008; Rogers, Fox and Gerber, 2012; Sinclair, McConnel and Michelson, 2013）。值得注意的是，經證明，當地志工挨家挨戶拜票，比媒體宣傳更能影響得票結果（Enox and Fowler, in press）。歐巴馬角逐美國總統時，他的競選活動很成功，因為競選團隊發想出一種強調志工出身的文宣方式（Enos and Hersh, 2015）。想知道他的團隊如何應用行為科學來競選，可參見 Issenberg（2012）

93　當地大學和市民填答意願的相關性，參見 Edwards, Dillman and Smyth（2014）；反對阿富汗戰爭的問卷，參見 Kriner and Shen（2012）；士兵叛逃的可能性，參見 Costa and Kahn（2008）。根據 Levine（1997）的說法，杉原千畝發放的簽證拯救了上萬猶太人，多數人後來也在日本領土找到庇護，相關歷史記載繁多（Kranzler, 1976; Ross, 1994），但最詳盡的報導出自前東京首席拉比 Marvin Tokayer。我這裡提供的版本，是改寫自一本我是共同作者的教科書（Kenrick, Neuberg and Cialdini, 2015）。

　　敏銳的讀者可能注意到，談到大屠殺，我會特別指出他們是納粹，而非德國，因為對我來說，把納粹統治的德國視為德國整體，不盡精確，也不公平。畢竟，我們談到柬埔寨和紅色高棉時期、俄國和史達林二戰時的所作所為、中國和文革四人幫、伊比利半島和哥倫布、美國和開創初期的「昭昭天命」倡議運動等族繁不及備載的歷史時，並不會把文化、全體人民、和特定事件視為一個整體。政權統治是天時地利的條件所致，未必能公平反映全體國民的特徵。所以，當我討論到納粹和德國時，會避免混淆兩者。

CHAPTER 12

94　同步反應帶來一體感，相關行為科學證據，參見 Wheatley et al.（2012）。另外有研究發現，目睹他人同步反應的觀察者，利用這些資訊推斷的個人狀態，事實上是一個社會單位（Lakens, 2010）。運用社會機制來凝聚群體向心力，Kesebir（2012）和 Paez et al.（2015）提出的案例特別有說服力。Able and Stasser（2008）研究探討，同樣的選擇如何產生相似感，Paladino et al.（2010）則是檢驗了，一致的感官知覺如何產生相似感，造成自我與他人的認同混淆。對於希望發揮影響力的人來說，同步效應十分受用，試想著名世界史學家 William H. McNeill（1995）影響深遠的結語：「有節奏地行進，一齊吶喊，是我們創造與維繫社群，最可靠、最迅速、也最有成效的方式。」

95　關於同步行動的同質效果，敲手指、微笑或調整身體姿勢的實驗，分別出自 Risen（2009）、Cappella（1997）和 Bernieri（1988）。喝水的實驗出自 Inzlict、Gutsel and Legault（2012）。實驗其實還有第三個階段：受測者被要求模仿白人演員的喝水動作，結果使得白人對黑人的種族偏見提升到誇張的程度。

有意思的是，同步行動還有額外的好處，當人們收到指示，要留意某項資訊，如果發現其他人同時間也這麼做，會更加專注（也就是分配更多的認知資源）。這種情況需要人和人之間有社群關係才會發生，相同社群的人共同關注的行動，表示這件事特別值得留意（Shteynberg, 2015）。

96　雖然我說社會影響力的黃金準則能發揮輔助作用，我並不是要否定它在過程中改變個人感受（或信仰、感知、態度）的重要性。反而在我看來，要改變這些因素，就得在輔助角色上著力，創造改變的契機。敲手指的實驗，出自 Valdesolo and DeSteno（2011）；行進的實驗出自 Wiltermuth and Heath（2009）。軍事訓練至今依然實施踢正步其實很有意思，畢竟它早已失去戰術價值。Wiltermuth 經由這組實驗，提出的原因令人信服：受測者一起行軍後，較願意服從團體命令，傷害其他非我群體的人；無論下達這個指令的是長官還是同袍皆然（Wiltermuth, 2012）。

97　隨著相關證據越來越多，音樂作為社會機制，有助創造一體感、凝聚向心力，這個學術觀念也廣為接受（Ball, 2010; Bannan, 2012; Dunbar, 2012; Huron, 2001; Loersch and Arbuckle, 2013; Molnar-Szakacs and Overy, 2006; Tarr, Launay and Dunbar, 2014）。學者並不是唯一發現這件事的人，喜劇也善用音樂的這項功能：www.youtube.com/watch?v-etEQz7NYSLg。四歲兒童的互助的研究，參見 Kirschner and Tomasello（2010）；另一項研究發現，年紀更小的幼童、十四個月的嬰兒，也有類似的結果，參見 Cirelli et al.（2013）。

98　系統一和系統二兩種思考方式的差別，可以在康納曼的《快思慢想》中找到詳盡說明，另外也可以參考 Epstein 和共同作者（1992, 1999）的研究。遊說者配合受眾，如何有效調配動情還是說理的智慧，參見 Clarkson、Tormala and Rucker（2011）、Drole and Aaker（2002）、Mayer and Tormala（2010）、Sinaceur、Heath and Cole（2005）。

99　Bonneville-Roussy et al.（2013）的文獻回顧和研究資料顯示，年輕女性把音樂看得比衣服、電影、書籍、雜誌、電腦遊戲、電視和運動還要來得重要，但比不上浪漫愛情。已經有確切證據指出，音樂和節奏在腦部運作，是經由個別獨立的思考歷程（de la Rosa et al., 2012; Gold et al., 2013）。或許音樂家的說法更具有啟發意義。舉例來說，英國創作歌手艾維斯・卡斯提洛（Elvis Costello）認為作曲的難處很難用寫作來形容，他說：「寫音樂像是要為建築跳一支舞。」又或，感情中，認知和情緒的不協調，容我借用美國創作歌手比爾・威瑟斯（Bill Withers）1971 年的歌曲〈陽光不再照耀〉（Ain't No Sunshine）來說明，歌詞描寫一名男子為年輕女子再度離開而焦慮，寫道：「我知道，

我知道，我知道……（接著重複二十三次）／嘿，我應該放手／但是她走了，陽光不再照耀」，就我所聽過的流行樂當中，威瑟斯採用詩的純粹形式填詞，藉以表達他的觀點：浪漫愛情帶來的痛楚，儘管已有認知（他可是唱了二十六次「我知道」！），依然無法修復情感的創傷。

卡斯提洛的名言摘自 Elizabeth Hellmuth Margulis（2010）一篇有趣的文章，她也證明了，事前向聽眾分析音樂作品的結構（貝多芬的弦樂四重奏的片段），會減少他們聽音樂的樂趣

回顧四十年間的流行樂，發現有八成談論的主題是浪漫愛情或性愛，參見 Madanika and Bartholomew（2014）。法國吉他的實驗（Guéguen, Meineri and Fischer-Lokou, 2014）要到電話的成功機率如下：吉他 31%、運動包 9%、什麼也沒有 14%。行銷專家阿姆斯壯談到音樂促成成功廣告的段落，出自他 2010 年的書中。

100 卡特隆在《紐約時報》的文章可以在這裡閱讀：www.nytimes.com/2015/01/11/fashion/modern-love-to-fall-in-love-with-anyone-do-this.html，包含三十六個問題。Elaine Aron 的訪問連結：www.huffingtonpost.com/elaine-aron-phd/36-questions-for-intimacy_b_6472282.html。這套技巧的科學基礎參見 Aron et al.（1997）。答題時，互惠和輪流發揮了關鍵作用，參見 Sprecher et al.（2013）。這套流程也被運用來消除種族偏見，或是不同個體抱持的高度偏見（Page-Gould, Mendoza-Denton, Tropp, 2008）。

101 李奧帕德的《沙郡年紀》出版於 1949 年，成為許多生態團體的必讀經典，本書中白松和紅樺的案例也出自於此。他反對政府管理自然環境中的掠食動物，從中闡述了他的信念：與其以人為本，生態中心主義才是最適合荒野管理的方法。

102 IKEA 效應參見 Norton、Mochon and Ariely（2012）。同事一起開發產品，對成品和他人貢獻的評價調查，是我和 Jeffery Pfefer 合作的研究（Pfeffer and Cialdini, 1998）——他是我所遇過的學者當中，令人印象深刻的一位思想家，他多層次分析問題的才能，尤其讓人驚艷。我很有自信，對他的高度評價，並非像我們實驗發現的成果那樣（合作完成一項計畫，進而給予合作對象好評）；我的理由毫無偏私，因為他的學術成就與其展現的思想風範自證自明，無論是在我們合作前後都讓人感佩。

關於三歲小孩合作分享的實驗，參見 Warneken et al.（2011）。合作學習帶來正向效果，參見 Paluck and Green（2009）、Roseth、Johnson and Johnson（2008）；如果教育工作者感興趣，想知道怎麼從中設計教程，可以在 www.jigsaw.org（Elliot Aronson 和助理發想的拼圖式合作學習）找到資料。用網路問卷邀請消費者回饋和參與的研究，參見 Liu and Gal（2011）。他們還有一個發現，深具啟發意義，如果支付高額購買消費者的建議，會使得上升的品牌好感度蕩然無存。研究者沒有探究原因，但他們推測，出乎意料的一筆報酬，轉移了消費者的注意力，原先和餐廳共享的建議，就轉為他個人的觀點——在這個案例中，金錢交易使人聯想到某種經濟效益。品牌邀請消費者共同開發產品，藉以強化消費者的參與感，更多案例參見 www.visioncritical.com/5-examples-how-brands-are-using-co-creation。另外還有兩個網址供參：www.visioncritical.com/cocreation-101 和 www.greenbookblog.org/2013/10/01/co-creation-3-0。

103 我最後雖然說了句玩笑話，不過，也得嚴肅說明，處理事涉龐雜的問題，應避免過度簡化的解答方式。英國生物學家 Steve Jones 觀察到科學家們的……這麼說吧……資歷。當科學家們有了一定資歷，就會開始大放厥詞，似乎擁有特定領域的專業知識，就認為在更大格局的主題上也能擲地有聲，即便可能撈過界。Jones 的告誡符合我這一章結論的情況──首先，我也到了他所指涉的年齡範圍，再者，我把結論帶到國際關係、宗教／種族衝突、種族仇恨，卻沒有相關領域的專業知識。我也是妄自議論，摸黑瞎說。

CHAPTER 13

104 企業信譽受損導致財務損失的規模，相關數據參見 Bomey（2015）、Karpoff, Lee and Martin（2008）、Karpoff, Lott and Wehrly（2005）、Lewis（2003）、Trudel and Cotte（2009）。挽回信譽有多困難，參見 Rothbart and Park（1986）、Herbig et al.（1994）和 Nguyen and Leblanc（2001）。這些研究發現可以濃縮成商場的一句話。漢威聯合公司（Honeywell）前總裁 Edson Spencer 曾告誡：「正確和權宜之間分際微妙，採取騎牆態度的商人務必記住，建立良好的商譽經年累月，但走錯一步卻能毀於一旦。」

安永管理顧問公司（Ernest & Young, 2013, 2014）的全球性研究發現，高階主管即便知道信譽受損的危害，為了生意還是可以不擇手段。企業違法證據多得讓人不適，參見 ECI 美國商業倫理調查（Ethics & Compliance Initiative, 2012）、永安全球舞弊報告（Ernst & Young, 2013, 2014）和 Labaton Sucharow 律師事務所的金融服務產業調查（Labaton Sucharow, 2013, 2015）；另外，當地報紙的財經版面每天都會更新消息，值得一看。

經濟運作特別助長不實交易，已經有相當值得一讀的著作，寫得比我更面面俱到，是由諾貝爾獎得主喬治・艾克羅夫（Geroge Akerlof）和羅伯・席勒（Robert Schiller）所寫的《釣愚》（Phishing for Phools: The Ecnomics of Manipulation and Deception, 2015）。被拆穿的可能性影響違法行為，相關研究參見 Becker（1968）、Higgins et al.（2005）、Kagan（1989）、Lab（2013）、Nagin and Pogarsky（2001）和 Paternoster（2010）。

105 健康醫療支出和工作壓力有關的分析，參見 Goh, Pfeffer and Zenios（2016）。研究也指出，減少職場壓力，有助降低醫療開銷，結果可比杜絕二手菸，所以建議企業比照二手菸防治辦理，避免員工接觸的任務會造成不堪負荷的職場壓力。他們的觀點可以參閱 http://fortune.com/2015/04/13/is-your-employer-killing-you。金融服務人員的研究，參見 Bischoff et al.（1999）。值得注意的是，這類道德壓力造成身心疲勞的活動，往往需要員工在執行相關勤務時欺騙顧客。組織詐欺的三重毒瘤，出自 Cialdini, Li and Samper（撰寫中）。

106 員工流動率成本的種類和規模，參見 Borysenko（2015）、Boushey and Glynn（2012）和 Harter et al.（2010）。不誠實的企業文化，員工容易心生不滿，離職意願較高，研究參見 Ambrose et al.（2008）、Burks and Krupka（2012）、De Tienne et al.（2012）、Herman et al.（2007）和 Ulrich et al.（2007）。

107 員工瀆職所付出的代價，出自美國舞弊稽核師協會（ACFE, 2014）、Deyle（2015）和資誠聯合會計事務所（PWC, 2014）。不道德的領導路線導致更多欺騙行為，其顯著相關性參見 Gino, Norton and Ariely（2010）和 Peterson（2002）。企業道德文化由掌握實權的高階主管建立，可參見 Mayer et al.（2009），他們調查了一百六十家公司和組織，包括科技、保險、零售、金融、食品服務、製造、醫療業者，以及政府機關，發現領導人的道德風範，在組織內會形成風行草偃的效應。

年輕人的道德實踐，受到早期環境（像是在學校或家庭）中的權威人士的監管所影響（Pulfrey and Butera, 2013）。有幾個研究發現，讀者也許會想聽從相關建議：道德價值可以帶來更教人滿意的生活（James, 2011）、誠實有助身心健康（Kelly and Wang, 2012）。Anita Kelly 和 Lijuan Wang 在研究總結，建議在家庭中建立真誠的風氣：為期十週的實驗顯示，參與者不僅決心不再說謊，而且這種改變也有益健康。也許家長可以告訴孩子維持健康的好方法：多吃蔬菜、水果，多運動，還有，盡量不要說謊。

CHAPTER 14

108 英國診所未到診的研究，參見 Martin, Bassi and Dunbar-Rees（2012）。2008 年總統大選期間，美國國旗發揮的效果，參見 Carter, Ferguson and Hassin（2011）；在 2012 年大選時也有如法炮製的研究，參見 Kalmoe and Gross（in press）。不過，兩個研究都警告，並非接觸到國旗，必然會使得市民的政治立場趨於保守，有些國家的國旗不會讓人聯想到該國的保守派政黨，所以也不會使人傾右（Hassin et al., 2007）。即便在美國，國旗會讓人聯想到共和黨，但如果這層意義發生改變，也勢必會影響選民的政治傾向。

研究發現，正面情緒必須經由某種方式鎖定，偏好（在實驗中即對藝術品的評價）才會產生延續效果，參見 Pocheptsova and Novemsky（2010）。

109 出於主動、自願，或是需要付出勞力、金錢的承諾，對於改變的延續效果，可以參考我整理的文獻（Cialdini, 2009）。近期研究指出，若承諾越關乎自我認同，就越有效果（Chugani et al., in press; Gneezy et al., 2012; Kettle and Haubel, 2011; Sharot, 2010; Schrift and Parker, 2014）；甚至在未來數年還能持續發酵（Sharot et al., 2012）。先前的文獻回顧裡，我還提到了「公開性」，作為第四種延續說服效果的因素。有證據支持，公開承諾比起底下說說，未來言行會更一致（Dallande and Nyer, 2007）；不過，較新的研究證據指出，這種情形還是需要個人感覺到自己與承諾有強烈連結，才有效果；如果連結感已消失，私下承諾還是延續改變的最佳載具（Kristofferson et al., 2014）。

110 我知道，這段陳述帶有嘲諷意味。我主張說，為了持續性的改變，必須在當下的思考路線中，鋪陳一套機制，來提醒缺席的念頭。依然諷刺，但不減我的推薦力度，這不但有相當的研究佐證（Marteau, Hoolands and Fletcher, 2012; Wood and Neal, 2007），也和本書要旨相符：要成功說服，必須周延計畫，完成鋪梗的前置作業。為達目的，行前計畫值得花費時間和心力設計，所以也必須了解這套自動化機制運作的方式。如果我聽起來也像不斷揚言：「我們做得到，我們做得到，我們做得到，我們做得到──只要我們照著這套來做。」我願意認罪。不過出於自衛，我發誓這絕對不是場老鼠會騙局。

111 Grant and Hofmann（2011）關於洗手警語的研究結果，和我有不同的見解，醫生洗手未必是考量病患利益，他們可能是擔心自己手部衛生管理的失職，導致病患在檢查過程中受到感染，最後吃上官司。雖說不無可能，但可能性實在不高。首先，沒有法律記錄，醫師因為這種糾紛吃上官司。再者，前述的報告中也提及另一項後續發現，護士看到和病患有關的警語，也會和醫生一樣會勤洗手，而護士鮮少因為醫療疏失被告，更從未因為沒洗手而惹上過失官司（感謝 Gary Fadell 提供法律資訊）。醫生和護士投身醫界時，曾宣誓會為病人尋求最高福祉，就職多年後，接受到和這則誓言有關的簡要提醒，只不過，這次是在他們走進診間的時候。

112 卡內基美隆大學的禮物研究，參見 Sah and Loewenstein（2010），文章中也有提到其他文獻，證實送禮會使得內科醫生做出偏私的診斷；更近期的報導，可參見 http://n.pr/1MmIZGk。Dana and Loewenstein（2003）的研究中，除了醫學界的案例，還提供更廣泛的證據，證明利益衝突會影響人類的判斷和行為。晚近研究指出，即便藥商只是請吃一頓飯，都會提高醫生開立該藥廠藥物處方的機率（DeJong et al., 2016）。

我的結論不是說，穩定的趨勢、偏好、個人特質，無法在各種環境和時間點上，持續地影響人類行為；畢竟我也不相信如此。但是，根據長久以來的證據（Bargh, Lombardi and Higgins, 1988; Sedikides and Skowronski, 1990），我相信，這些穩定的、以個人為基礎的影響力因素，和瞬間的、以情境為考量的影響力因素，它們經歷的過程是一樣的，都是由認知觸及性高的提示發揮作用。差別在於，前者使用的線索是根據生理因素或生命經驗，使得線索能夠長期發揮作用。後者則是經由圖像、互動或事件，讓線索在短期內可以引發關注。

REFERENCES

參考資料

2011 National Business Ethics Survey: Workplace Ethics in Transition. Washington, DC: Ethics Resources Center.

Able, S., and G. Stasser. 2008. "Coordination Success and Interpersonal Perceptions: Matching Versus Mismatching." *Journal of Personality and Social Psychology* 95: 576–92.

Ackerman, J. M., C. C. Nocera, and J. A. Bargh. 2010. "Incidental Haptic Sensations Influence Social Judgments and Decisions." *Science* 328: 1712–15.

Acohido, B. 2013. "Fraudsters Swamp Web with Bogus IRS Emails." *Arizona Republic* (Phoenix) (April 17), A13.

Adamo, S. H., M. S. Cain, and S. R. Mitroff. 2013. "Self-Induced Attentional Blink: A Cause of Errors in Multiple-Target Search." *Psychological Science* 24: 2569–74.

Adarves-Yorno, I., S. A. Haslam, and T. Postmes. 2008. "And Now for Something Completely Different? The Impact of Group Membership on Perceptions of Creativity." *Social Influence* 3: 248–66.

Aday, S., S. Livingston, and M. Hebert 2005. "Embedding the Truth: A Cross-Cultural Analysis of Objectivity and Television Coverage of the Iraq War." *Press/Politics* 10: 3–21.

Ahktar, S., R. Faff, and B. Oliver. 2011. "The Asymmetric Impact of Consumer Sentiment Announcements on Australian Foreign Exchange Rates." *Australian Journal of Management* 36: 387–403.

Akerlof, G. A., and R. J. Shiller. 2015. *Phishing for Phools: The Economics of Manipulation and Deception.* Princeton, NJ: Princeton University Press.

Alba, J. W., and H. Marmorstein. 1987. "The Effects of Frequency Knowledge on Consumer Decision Making." *Journal of Consumer Research* 14: 14–25.

Algoe, S. B. 2012. "Find, Remind, and Bind: The Functions of Gratitude in Everyday Relationships." *Social and Personality Psychology Compass* 6: 455–69.

Algoe, S. B., S. L. Gable, and N. Maisel. 2010. "It's the Little Things: Everyday Gratitude as a Booster

Shot for Romantic Relationships." *Personal Relationships* 17: 217–33.

Allen, M. P., S. K. Panian, and R. E. Lotz. 1979. "Managerial Succession and Organizational Performance: A Recalcitrant Problem Revisited." *Administrative Science Quarterly* 24: 167–80.

Alter, A. L. 2013. "The Benefits of Cognitive Disfluency." *Current Directions in Psychological Science* 22: 437–42.

Alter, A. L., and D. M. Oppenheimer. 2006. "Predicting Short-Term Stock Fluctuations by Using Processing Fluency." *Proceedings of the National Academy of Sciences of the USA* 103: 9369–72.

——. 2009. "Uniting the Tribes of Fluency to Form a Metacognitive Nation." *Personality and Social Psychology Review* 13: 219–35.

Alter, A. L., D. M. Oppenheimer, N. Epley, and R. N. Eyre. 2007. "Overcoming Intuition: Metacognitive Difficulty Activates Analytic Reasoning." *Journal of Experimental Psychology: General* 136: 569–76.

Ambrose, M. L., A. Arnaud, and M. Schminke. 2008. "Individual Moral Development and Ethical Climate." *Journal of Business Ethics* 77: 323–33.

Ames, D. L., A. C. Jenkins, M. R. Banaji, and J. P. Mitchell. 2008. "Taking Another Person's Perspective Increases Self-Referential Neural Processing." *Psychological Science* 19: 642–44.

Anderson, B. A., P. A. Laurent, and S. Yantis. 2013. "Reward Predictions Bias Attentional Selection." *Frontiers in Human Neuroscience* 7: 262. doi:10.3389/fnhum.2013.00262.

Anderson, C. A. 1982. "Inoculation and Counter-Explanation: Debiasing Techniques in the Perseverance of Social Theories." *Social Cognition* 7: 126–39.

Anderson, C. A., and K. E. Dill. 2000. "Video Games and Aggressive Thoughts, Feelings, and Behavior in the Laboratory and in Life." *Journal of Personality and Social Psychology* 78: 772–90.

Anderson, C. A., and E. S. Sechler. 1986. "Effects of Explanation and Counterexplanation on the Development and Use of Social Theories." *Journal of Personality and Social Psychology* 50: 24–34.

Anderson, C. A., N. L. Carnagey, M. Flannagan, A. J. Benjamin, J. Eubanks, and J. Valentine. 2004. "Violent Video Games: Specific Effects of Violent Content on Aggressive Thoughts and Behavior." *Advances in Experimental Social Psychology* 36: 199–249.

Anderson, J. C. 2013. "Experts Warn Against Giving Cybercriminals the Opening They Seek." *Arizona Republic* (Phoenix) (April 15), A1, A3.

Anderson, M. 2014. *After Phrenology: Neural Reuse and the Interactive Brain.* Cambridge, MA: MIT Press.

Aramovich, N. P., B. L. Lytle, and L. J. Skitka. 2012. "Opposing Torture: Moral Conviction and Resistance to Majority Influence." *Social Influence* 7: 21–34.

Ardrey, R. 1961. *African Genesis.* New York: Atheneum Publishers.

Ariely, D., G. Loewenstein, and D. Prelec. 2003. "Coherent Arbitrariness: Stable Demand Curves Without Stable Preferences." *Quarterly Journal of Economics* 118: 73–105.

Armel, K. C., A. Beaumel, and A. Rangel. 2008. "Biasing Simple Choices By Manipulating Relative Visual Attention." *Judgment and Decision Making*: 396–403.

Armitage, C. J., and M. Connor. 2001. "Efficacy of the Theory of Planned Behaviour: A Meta-Analytic Review." *British Journal of Social Psychology* 40: 471–99.

Armstrong, J. S. 2010. *Persuasive Advertising.* London: Palgrave Macmillan.

Aron, A., E. N. Aron, M. Tudor, and G. Nelson. 1991. "Self-Relationships as Including Other in the Self." *Journal of Personality and Social Psychology* 60: 241–53.

Aron, A., E. Melinat, E. N. Aron, R. D. Vallone, and R. J. Bator. 1997. "The Experimental Generation of Interpersonal Closeness: A Procedure and Some Preliminary Findings." *Personality and Social Psychology Bulletin* 23: 363–77.

Asp, E., K. Manzel, B. Koestner, C. A. Cole, N. Denburg, and D. Tranel. 2012. "A Neuropsychological Test of Belief and Doubt: Damage to Ventromedial Prefrontal Cortex Increases Credulity for Misleading Advertising." *Frontiers in Neuroscience* 6 (July). doi:10.3389/fnins.2012.00100.

Atalay, A. S., Bodur, H. O., and D. Rasolofoarison. 2012. "Shining in the Center: Central Gaze Cascade Effect on Product Choice." *Journal of Consumer Research* 39: 848–56.

Ayton, P., S. Murray, and J. A. Hampton. 2011. "Terrorism, Dread Risks, and Bicycle Accidents. International Conference on Behavioral Decision Making," The Interdisciplinary Center, Herzliya, Israel, May 30–June 1, 2011.

Bailenson, J. N., S. Iyengar, N. Yee, and N. A. Collins. 2008. "Facial Similarity Between Voters and Candidates Causes Influence." *Public Opinion Quarterly* 72: 935–61.

Baimel, A., R. L. Severson, A. S. Baron, and S. A. J. Birch. 2015. "Enhancing 'Theory of Mind' Through Behavioral Synchrony." *Frontiers in Psychology* 6: 870. doi:10.3389/fpsyg.2015.00870.

Balancher, S., Y. Liu, and A. Stock. 2009. "An Empirical Analysis of Scarcity Strategies in the Automobile Industry." *Management Science* 10: 1623–37.

Ball, P. 2010. *The Music Instinct: How Music Works and Why We Can't Do Without It.* New York: Oxford University Press.

Balliet, D., J. Wu, and C. K. W. De Dreu. 2014. "Ingroup Favoritism in Cooperation: A Meta-Analysis." *Psychological Bulletin* 140: 1556–81.

Banderet, L. E., J. W. Stokes, R. Francesconi, D. M. Kowal, and P. Naitoh. 1981. "Artillery Teams in Simulated Sustained Combat: Performance and Other Measures." In *The Twenty-Four Hour Workday: Proceedings of a Symposium on Variations in Work-Sleep Schedules.* Edited by L. C. Johnson, D. I. Tepas, W. P. Colquhon, and M. J. Colligan. DHHS publication no. 81–127] Washington, DC: US Government Printing Office, 81–127.

Bannan, N, ed. 2012. *Music, Language, and Human Evolution.* New York: Oxford University Press.

Bargh, J. A., M. Chen, and L. Burrows. 1998. "Automaticity of Social Behavior: Direct Effects of Trait Construct and Stereotype Activation on Action." *Journal of Personality and Social Psychology* 71: 230–44.

Bargh, J. A., P. M. Gollwitzer, A. Lee-Chai, K. Barndollar, and R. Trotschel. 2001. "The Automated Will: Nonconscious Activation and Pursuit of Behavioral Goals." *Journal of Personality and Social Psychology* 81: 1014–27.

Bargh, J. A., Lombardi, W. J., and E. T. Higgins. 1988. "Automaticity of Chronically Accessible Constructs in Person X Situation Effects on Person Perception: It's Just a Matter of Time." *Journal of Personality and Social Psychology* 55: 599–605.

Barlow, F. K., S. Paolini, A. Pedersen, M. J. Hornsey, H. R. M. Radke, J. Harwood, M. Rubin, and C. G.

Sibley. 2012. "The Contact Caveat: Negative Contact Predicts Increased Prejudice More Than Positive Contact Predicts Reduced Prejudice." *Personality and Social Psychology Bulletin* 37: 1629–43.

Barnard, P. J., S. Scot, J. Taylor, J. May, and W, Knightley. 2004. "Paying Attention to Meaning." *Psychological Science* 15: 179–86.

Baron-Cohen, S. 1995. *Mindblindness: An Essay on Autism and Theory of Mind*. Cambridge, MA: MIT Press.

Barthel, J. 1976. *A Death in Canaan*. New York: Dutton.

Baumeister, R. F., E. Bratslavsky, C. Finkenauer, K. D. Vohs. 2001. "Bad Is Stronger Than Good." *Review of General Psychology* 5: 323–70.

Baumeister, R. J., E. J. Masicampo, K. D. Vohs. 2011. "Do Conscious Thoughts Cause Behavior?" *Annual Review of Psychology* 62: 331–61.

Bauml, K-H. 2002. "Semantic Generation Can Cause Episodic Forgetting." *Psychological Science* 13: 356–60.

Bayer, U. C, A. A. Achzinger, P. M. Gollwitzer, and G. B. Moskowitz. 2009. "Responding to Subliminal Cues: Do If-Then Plans Facilitate Action Preparation and Initiation Without Conscious Intent? *Social Cognition* 27: 183–201.

Bayer, U. C., and P. M. Gollwitzer. 2007. "Boosting Scholastic Test Scores by Willpower: The Role of Implementation Intentions." *Self and Identity* 6: 1–19.

Beck, R. 2011. "CEO Pay Tops Pre-Recession Levels." *Arizona Republic* (Phoenix) (May 7) D1, D4.

Becker, G. S. 1968. "Crime and Punishment: An Economic Approach." *Journal of Political Economy* 76: 169–217.

Becker, J. 2014. *Forcing the Spring: Inside the Fight for Marriage Equality*. New York: Penguin Press.

Belmi, P., and J. Pfeffer. 2015. "How 'Organization' Can Weaken the Norm of Reciprocity: The Effects of Attributions for Favors and a Calculative Mindset." *Academy of Management Discoveries* 1: 93–113.

Berkowitz, L. 1972. "Social Norms, Feelings and Other Factors Affecting Helping Behavior and Altruism." In *Advances in Experimental Social Psychology*. Vol. 6. Edited by L. Berkowitz. New York: Academic Press, 63–108.

Bernieri, F. J. 1988. "Coordinated Movement and Rapport in Teacher-Student Interactions." *Journal of Nonverbal Behavior* 12: 120–38.

Bhatia, S. 2013. "Associations and the Accumulation of Preference." *Psychological Review* 120: 522–43.

Bilalic, M., P. McLeod, and F. Gobet, 2010. "The Mechanism of the Einstellung (Set) Effect: A Pervasive Source of Cognitive Bias." *Current Direction in Psychological Science* 19: 111–15.

Birnbaum, R. 1989. "Presidential Succession and Institutional Functioning in Higher Education." *Journal of Higher Education* 60: 123–35.

Bischoff, S. J., K. B. DeTienne, and B. Quick. 1999. "Effects of Ethical Stress on Employee Burnout and Fatigue: An Empirical Investigation." *Journal of Health and Human Services Administration* 21: 512–32.

Blackmore, S. J. 1986. *The Adventures of a Parapsychologist*. Buffalo, NY: Prometheus Books.

———. 1997. "Probability Misjudgment and Belief in the Paranormal: A Newspaper Survey." *British Journal of Psychology* 88: 683–89.

Blagrove, M. 1996. "Effects of Length of Sleep Deprivation on Interrogative Suggestibility." Journal of *Experimental Psychology: Applied* 2: 48–59.

Blankenship, K. L., D. T. Wegener, and R. A. Murray. 2012. "Circumventing Resistance: Using Values to Indirectly Change Attitudes." *Journal of Personality and Social Psychology* 103: 606–21.

Blankenship, K. L., D. T. Wegener, and R. A. Murray. 2015. "Values, Inter-Attitudinal Structure, and Attitude Change: Value Accessibility Can Increase a Related Attitude's Resistance to Change." *Personality and Social Psychology Bulletin* 4: 1739–50.

Blanton, H., L. B. Snyder, E. Strauts, J. G. Larson. 2014. "Effect of Graphic Cigarette Warnings on Smoking Intentions in Young Adults." *PLoS ONE* 9, no. 5: e96315. doi:10.1371/journal.pone.0096315.

Bock, L. 2015. *Work Rules!* New York: Twelve. Hachette Book Group.

Boer, D., R. Fischer, M. R., Strack, M. H. Bond, E. Lo, and J. Lam. 2011. "How Shared Preferences in Music Create Bonds Between People: Values as the Missing Link." *Personality and Social Psychology Bulletin* 37: 1159–71.

Boland, W. A., M. Brucks, and J. H. Nielsen. 2012. "The Attribute Carryover Effect: What the 'Runner-Up' Option Tells Us about Consumer Choice Processes." *Journal of Consumer Research* 38: 872–85.

Bolkan, S. S., and P. A. Anderson. 2009. "Image Induction and Social Influence: Explication and Initial Tests. *Basic and Applied Social Psychology* 31: 317–24.

Bomey, N. 2015. "Volkswagen Sales Tepid as Scandal Affects Perception." *Arizona Republic* (Phoenix) (October 2), B3.

Bond, C. F., Jr. 1985. "The Next-In-Line Effect: Encoding or Retrieval Deficit?" *Journal of Personality and Social Psychology* 48: 853–62.

Bonneville-Roussy, A., P. J. Rentfrow, J. Potter, and M. K. Xu, 2013. Music through the Ages: Trends in Musical Engagement and Preferences from Adolescence through Middle Adulthood. *Journal of Personality and Social Psychology* 105: 703–17.

Boorstin, D. J. 1962. *The Image: A Guide to Pseudo-Events in America*. New York: Vintage Books.

Borgida, E., C. Conner, and L. Manteufal. 1992. "Understanding Living Kidney Donation: A Behavioral Decision-Making Perspective." In *Helping and Being Helped*, Edited by S. Spacapan and S. Oskamp. Newbury Park, CA: Sage, 183–212.

Borysenko, K. 2015. "What Was Management Thinking? The High Cost of Employee Turnover." TLNT (April 22). www.eremedia.com/tlnt/what-was -leadership-thinking-the-shockingly-high-cost-of-employee-turnover.

Bouchard, T. J., N. L. Segal, A. Tellegen, M. McGue, M. Keyes, and R. Krueger. 2003. "Evidence for the Construct Validity and Heritability of the Wilson-Paterson Conservatism Scale: A Reared-Apart Twins Study of Social Attitudes." *Personality and Individual Differences* 34: 959–69.

Bourgeois, M. J. 2002. "Heritability of Attitudes Constrains Dynamic Social Impact." *Personality and Social Psychology Bulletin* 28: 1063–72.

Boushey, H., and S. J. Glynn. 2012. *There Are Significant Business Costs to Replacing Employees*. Washington,

DC: Center for American Progress (November 16). www.americanprogress.org/issues/labor/report/2012/11/16/44464/there-are-significant-business-costs-to-replacing-employees.

Boyce, C. J., A. M. Wood, J. Banks, A. E. Clark, and G. D. A. Brown. 2013. "Money, Well-Being, and Loss Aversion: Does an Income Loss Have a Greater Effect on Well-Being Than an Equivalent Income Gain?" *Psychological Science* 24: 2557–62.

Boydstun, A. E. 2013. *Making the News: Politics, The Media, and Agenda Setting.* Chicago: University of Chicago Press.

Boyle, J. 2008. *The Public Domain: Enclosing the Commons of the Mind.* New Haven, CT: Yale University Press.

Bradley, M. M. 2009. "Natural Selective Attention: Orienting and Emotion." *Psychophysiology* 46: 1–11.

Brandstatter, V., A. Lengfelder, and P. M. Gollwitzer. 2001. "Implementation Intentions and Efficient Action Initiation." *Journal of Personality and Social Psychology* 81: 946–60.

Brandt, M. J., and C. Reyna. 2011. "The Chain of Being: A Hierarchy of Morality." *Perspectives on Psychological Science* 6: 428–46.

Brendl, C. M., A. Chattopadhyay, B. W. Pelham, and M. R. Carvallo. 2005. "Name Letter Branding: Valence Transfers When Product Specific Needs Are Active." *Journal of Consumer Research* 32: 405–15.

Brenner, M. 1973. "The Next-In-Line Effect." *Journal of Verbal Learning and Verbal Behavior* 12: 320–23.

Bridwell, D. A., and R. Srinivasan. 2012. "Distinct Attention Networks for Feature Enhancement and Suppression in Vision." *Psychological Science 23*: 1151–58.

Brinol, P., M. Gasco, R. E. Petty, and J. Horcajo. 2013. "Treating Thoughts as Material Objects Can Increase or Decrease Their Impact on Evaluation. *Psychological Science* 24: 41–47.

Bronzaft, A. L. 1981. "The Effect of a Noise Abatement Program on Reading Ability." *Journal of Environmental Psychology* 1: 215–22.

Bronzaft, A. L., and McCarthy 1975. "The Effect of Elevated Train Noise on Reading Ability." *Environment and Behavior* 7: 517–28.

Brown, C. M., and A. R. McConnell. 2009. "When Chronic Isn't Chronic: The Moderating Role of Active Self-Aspects." *Personality and Social Psychology Bulletin* 35: 3–15.

Brown, I., P. Sheeran, and M. Reuber. 2009. "Enhancing Antiepileptic Drug Adherence: A Randomized Controlled Trial." *Epilepsy and Behavior* 16: 634–39.

Brown, J. L., K. D. Drake, and L. Wellman. 2015. "The Benefits of a Relational Approach to Corporate Political Activity: Evidence From Political Contributions to Tax Policymakers." *Journal of the American Taxation Association* 37: 69–102.

Bryan, C. J., G. M. Walton, T. Rogers, and C. S. Dweck. 2001. "Motivating Voter Turnout by Invoking the Self." *Proceedings of the National Academy of Sciences.* doi:10.1073/pnas.1103343108.

Buchan, N. R., M. B. Brewer, G. Grimalda, R. K. Wilson, E. Fatas, and M. Foddy. 2011. "Global Social Identity and Global Cooperation." *Psychological Science* 22: 821–28.

Bukowski, W. M., B. Hoza, and M. Boivin. 1994. "Measuring Friendship Quality During Pre- and Early Adolescence: The Development and Psychometric Properties of the Friendship Qualities Scale." *Journal of Social and Personal Relationships* 11: 471–84.

Buonomano, D. 2011. *Brain Bugs.* New York: W. W. Norton.

Burger, J. M., N. Messian, S. Patel, A. del Prado, and C. Anderson. 2004. "What a Coincidence! The Effects of Incidental Similarity on Compliance." *Personality and Social Psychology Bulletin* 30: 35–43.

Burgoon, M., E. Alvaro, J. Grandpre, and M. Voulodakis. 2002. "Revisiting the Theory of Psychological Reactance." In *The Persuasion Handbook: Theory and Practice*. Edited by J. P. Dillard and M. Pfau. Thousand Oaks, CA: Sage, 213–32.

Burks, S. V., and E. L. Krupka. 2012. "A Multimethod Approach to Identifying Norms and Normative Expectations Within a Corporate Hierarchy: Evidence from the Financial Services Industry." *Management Science* 58: 203–17.

Burnkrant, R. E., and H. R. Unnava. 1989. "Self-Referencing: A Strategy for Increasing Processing of Message Content." *Personality and Social Psychology Bulletin* 15: 628–38.

Burnstein, E., C. Crandall, and S. Kitayama. 1994. "Some Neo-Darwinian Decision Rules for Altruism: Weighing Cues for Inclusive Fitness as a Function of the Biological Importance of the Decision." *Journal of Personality and Social Psychology* 67: 773–89.

Burrus, J., and K. D. Mattern. 2010. "Equity, Egoism and Egocentrism: The Formation of Distributive Justice Judgments." *Basic and Applied Social Psychology* 32: 155–64.

Busemeyer, J. R., and Z. Wang. 2015. "What Is Quantum Cognition, and How Is It Applied to Psychology?" *Current Directions in Psychological Science* 24: 163–69.

Busemeyer, J. R., E. M. Pothos, R. Franco, and J. S. Trueblood. 2001. "A Quantum Theoretical Explanation for Probability Judgment Errors." *Psychological Review* 118: 193–218.

Buttleman, D., and R. Bohm. 2014. "The Ontogeny of the Motivation That Underlies In-Group Bias." *Psychological Science* 25: 921–27.

Cacioppo, J. T., J. R. Priester, and G. G. Berntson. 1993. "Rudimentary Determinants of Attitudes: II. Arm Flexion and Extension Have Differential Effects on Attitudes." *Journal of Personality and Social Psychology* 65: 5–17.

Cadinu, M. R., and M. Rothbart. 1996. "Self-Anchoring and Differentiation Processes in the Minimal Group Setting." *Journal of Personality and Social Psychology* 70: 666–77.

Cai, H., Y. Chen, and H. Fang. 2009. "Observational Learning: Evidence from a Randomized Natural Field Experiment." *American Economic Review* 99: 864–82.

Cameron, C. D., J. L. Brown-Iannuzzi, and B. K. Payne. 2012. "Sequential Priming Measures of Implicit Social Cognition: A Meta-Analysis of Associations with Behavior and Explicit Attitudes." *Personality and Social Psychology Review* 16: 330–50.

Campbell, M. C. 1995. "When Attention-Getting Advertising Tactics Elicit Consumer Inferences of Manipulative Intent: The Importance of Balancing Benefits and Investments." *Journal of Consumer Psychology* 4: 225–54.

Campbell, M. C., and C. Warren. 2012. "A Risk of Meaning Transfer: Are Negative Associations More Likely to Transfer Than Positive Associations?" *Social Influence* 7: 172–92.

Cappella, J. N. 1997. "Behavioral and Judged Coordination in Adult Informal Social Interactions: Vocal and Kinesic Indicators." *Journal of Personality and Social Psychology* 72: 119–31.

Carnegie, D. 2009. *How to Win Friends and Influence People*. Reissue ed. New York: Simon & Schuster.

Carr, P. B., and G. M. Walton. 2014. "Cues of Working Together Fuel Intrinsic Motivation." *Journal of Experimental Social Psychology* 53: 169–84.

Carlson, K. A., M. G. Meloy, and E. G. Miller. 2013. "Goal Reversion in Consumer Choice." *Journal of Consumer Research* 39: 918–30.

Carstensen, L. L., B. Turan, S. Scheibe, N. Ram, H. Ersner-Hershfield, G. R. Samanez-Larkin, K. P. Brooks, and J. R. Nesselroade. 2011. "Emotional Experience Improves with Age: Evidence Based On over 10 Years of Experience Sampling." *Psychology and Aging* 26: 21–33.

Carter, T. J., M. J. Ferguson, and R. R. Hassin. 2011. "A Single Exposure to the American Flag Shifts Support Toward Republicanism Up to 8 Months Later." *Psychological Science* 22, no. 8: 1011–18.

Carver, C. S., R. J. Ganellen, W. J., Froming, and W. Chambers. 1983. "Modeling: An Analysis in Terms of Category Accessibility." *Journal of Experimental Social Psychology* 19: 403–21.

Cavicchio, F., D. Melcher, and M. Poesio. 2014. "The Effect of Linguistic and Visual Salience in Visual World Studies." *Frontiers in Psychology* 5: 176.

Ceci, S. J., D. K. Ginther, S. Kahn, and W. M. Williams, 2014. "Women in Academic Science: A Changing Landscape." *Psychological Science in the Public Interest* 15: 72–141.

Ceci, S. J., and W. M. Williams. 2010. "Sex Differences in Math-Intensive Fields." *Current Directions in Psychological Science* 19: 275–79.

Ceci, S. J., W. M. Williams, and S. M. Barnett. 2009. "Women's Underrepresentation in Science: Sociocultural and Biological Considerations." *Psychological Bulletin* 135: 218–61.

Cervone, D. 1989. "Effects of Envisioning Future Activities on Self-Efficacy Judgments and Motivation: An Availability Heuristic Interpretation." *Cognitive Therapy and Research* 13: 247–61.

Chagnon, N. A., and P. E. Bugos. 1979. "Kin Selection and Conflict: An Analysis of a Yanomamo Ax Fight." In *Evolutionary Biology and Human Social Behavior*. Edited by N. A. Chagnon and W. Irons. North Scituate, MA: Duxbury Press, 213–38

Chaiken, S., and A. H. Eagly. 1983. "Communication Modality as a Determinant of Persuasion: The Role of Communicator Salience." *Journal of Personality and Social Psychology* 45: 241–56.

Chambers, J. R. 2011. "Why the Parts Are Better (or Worse) Than the Whole: The Unique-Attributes Hypothesis." *Psychological Science* 21: 68–275.

Chambers, J. R., R. B. Schlenker, and B. Collisson. 2013. "Ideology and Prejudice: The Role of Value Conflicts." Psychological Science 24: 140–49.

Chan, E., and J. Sengupta. 2010. "Insincere Flattery Actually Works: A Dual Attitudes Perspective." *Journal of Marketing Research* 47: 122–33.

Charpak, G., and H. Broch. 2004. *Debunked!* Baltimore: Johns Hopkins University Press.

Chein, Y-W., D. T. Wegener, R. E. Petty, and C-C Hsiao. 2014. "The Flexible Correction Model: Bias Correction Guided by Naive Theories of Bias." *Social and Personality Psychology Compass* 8/6: 275–86.

Chen, X., and Latham, G. P. 2014. "The Effect of Priming Learning vs. Performance Goals on a Complex Task." *Organizational Development and Human Decision Processes* 125: 88–97.

Chernev, A., and S. Blair. 2015. "Doing Well by Doing Good: The Benevolent Halo of Corporate Social

Responsibility." *Journal of Consumer Research* 41, 1412–25.

Cheung, T. T. L., M. Gillebaart, F. Kroese, and D. De Ridder. 2014. "Why Are People with High Self-Control Happier? The Effect of Trait Self-Control on Happiness as Mediated by Regulatory Focus." *Frontiers in Psychology* 5. doi:10.3389/fpsyg.2014.00722.

Child, L. 2012. "A Simple Way to Create Suspense." *Opinionator* (blog). *New York Times* (December 8), http://opinionator.blogs.nytimes.com/2012/12/08/a-simple-way-to-create-suspense/?_r=0.

Chugani, S., J. E. Irwin, and J. P. Redden. In press. "Happily Ever After: The Effect of Identity-Consistency on Product Satiation." *Journal of Consumer Research*.

Cialdini, R. B. 2009. *Influence: Science and Practice*. 5th ed. Boston: Allyn and Bacon.

Cialdini, R. B., C. A. Kallgren, and R. R. Reno. 1991. "A Focus Theory of Normative Conduct: A Theoretical Refinement and Reevaluation of the Role of Norms in Human Behavior." In *Advances in Experimental Social Psychology*. Vol. 24. Edited by M. Zanna. New York: Academic Press, 201–34.

Cialdini, R. B., Y. J. Li, and A. Samper. In preparation. "The Varied Internal Costs of Unethical Leadership: Performance Decrements, Turnover Intentions, and the Selective Attrition Effect."

Cialdini, R.B., S. L. Brown, B. P. Lewis, C. Luce, S. L. Neuberg. 1997. "Reinterpreting the Empathy-Altruism Relationship: When One into One Equals Oneness." *Journal of Personality and Social Psychology* 73: 481–94.

Cialdini, R.B., W. Wosinska, D. W. Barrett, J. Butner, and M. Gornik-Durose. 1999. "Compliance with a Request in Two Cultures: The Differential Influence of Social Proof and Commitment/Consistency on Collectivists and Individualists." *Personality and Social Psychology Bulletin* 25: 1242–53.

Cirelli, L. K., K. M. Einarson, and L. J. Trainor. 2014. "Interpersonal Synchrony Increases Prosocial Behavior in Infants." *Developmental Science* 17: 1003–11.

Claessens, A., and C. Dowsett. 2014. "Growth and Changes in Attention Problems, Disruptive Behavior, and Achievement from Kindergarten to Fifth Grade." *Psychological Science* 25: 2241–51.

Clark, C., and P. Sorqvist. 2012. "A 3-Year Update on the Influence of Noise on Performance and Behavior." *Noise Health* 14: 292–96.

Clarkson, J. J., Z. L. Tormala, and D. D. Rucker. 2011. "Cognitive and Affective Matching Effects in Persuasion: An Amplification Perspective." *Personality and Social Psychology Bulletin*, 1415–27.

Coghlan, T. 2015. "Holocaust Survivor Lord Weidenfeld Rescues Syrian Christians." *Times* (London) (July 14). A30.

Cohen, B. 1963. *The Press and Foreign Policy*. Princeton, NJ: Princeton University Press.

Cohen, D., and A. Gunz. 2002. "As Seen by the Other . . . : Perceptions of the Self in the Memories and Emotional Perceptions of Easterners and Westerners." *Psychological Science* 13: 55–59.

Cohen, G. L., J. Garcia, N. Apfel, and A. Master. 2006. "Reducing the Racial Achievement Gap: A Social-Psychological Intervention." *Science* 313: 1307–10.

Cohen, R. 1972. "Altruism: Human, Cultural, or What?" *Journal of Social Issues* 28: 39–57.

Coleman, N. V., and P. Williams. 2015. "Looking for My Self: Identity- Driven Attention Allocation." *Journal of Consumer Psychology* 25: 504–11.

Coman, A., D. Manier, and W. Hirst. 2009. "Forgetting the Unforgettable through Conversation."

Psychological Science 20: 627–33.

Combs, D. J. Y., and P. S. Keller. 2010. "Politicians and Trustworthiness: Acting Contrary to Self-Interest Enhances Trustworthiness." *Basic and Applied Social Psychology* 32: 328–39.

Condon, J. W., and W. D. Crano. 1988. "Inferred Evaluation and the Relation Between Attitude Similarity and Interpersonal Attraction." *Journal of Personality and Social Psychology* 54: 789–97.

Connell, P. M., M. Brucks, and J. H. Nielsen. 2014. "How Childhood Advertising Exposure Can Create Biased Product Evaluations That Persist into Adulthood." *Journal of Consumer Research* 41: 119–34.

Connery, D. S. 1977. *Guilty until Proven Innocent*. New York: Putnam.

Connery, D. S., ed. 1995. *Convicting the Innocent*. Cambridge, MA: Brookline Books.

Conway, P., and J. Peetz. 2012. "When Does Feeling Moral Actually Make You a Better Person? Conceptual Abstraction Moderates Whether Past Moral Deeds Motivate Consistency or Compensatory Behavior." *Personality and Social Psychology Bulletin* 38: 907–19.

Corning, A., and H. Schuman. 2013. "Commemoration Matters: The Anniversaries of 9/11 and Woodstock." *Public Opinion Quarterly* 77: 433–54.

Cortell, A. P., R. M. Eisinger, and S. L. Althaus. 2009. "Why Embed? Explaining the Bush Administration's Decision to Embed Reporters in the 2003 Invasion of Iraq." *American Behavioral Scientist* 52: 657–77.

Costa, D., and M. Kahn. 2008. *Heroes and Cowards: The Social Face of War*. Princeton, NJ: Princeton University Press.

Cottrell, C. A., S. L. Neuberg, and N. P. Li. 2007. "What Do People Desire in Others? A Sociofunctional Perspective on the Importance of Different Valued Characteristics." *Journal of Personality and Social Psychology* 92: 208–31.

"Coughing Fits Overcome 200 at Banquet." 1993. *San Francisco Examiner and Chronicle* (September 12). A16.

Craig, B. 1985. "A Story of Human Kindness." *Pacific Stars and Stripes* (July 30), 13–16.

Critcher, C. R., and T. Gilovich. 2007. "Incidental Environmental Anchors." *Journal of Behavioral Decision Making* 21: 241–51.

Cunningham, W. B., M. K. Johnson, C. L. Raye, J. C. Gatenby, J. C. Gore, and M. R. Banaji. 2004. "Separable Neural Components in the Processing of Black and White Faces." *Psychological Science* 15: 806–13.

Dai, H., K. L. Milkman, and J. Riis. 2014. "The Fresh Start Effect: Temporal Landmarks Motivate Aspirational Behavior." *Management Science* 10: 2563–82.

———. 2015. "Put Your Imperfections Behind You: Temporal Landmarks Spur Goal Initiation When They Signal New Beginnings." *Psychological Science* 26: 1927–36.

Dai, X., K. Wertenbroch, and C. M. Brendel. 2008. "The Value Heuristic in Judgments of Relative Frequency." *Psychological Science* 19: 18–19.

Dana, J., and G. Loewenstein. 2003. "A Social Science Perspective on Gifts to Physicians from Industry." *Journal of the American Medical Association* 290: 252–55.

Danziger, S., and R. Ward. 2010. "Language Changes Implicit Associations between Ethnic Groups and Evaluation in Bilinguals." *Psychological Science* 2: 799–800.

Darke, P. R., and R. B. Ritchie. 2007. "The Defensive Consumer: Advertising Deception, Defensive Processing, and Distrust." *Journal of Marketing Research* 44: 114–27.

Darke, P. R., L. T. A. Ashworth, and R. B. Ritchie. 2008. "Damage from Corrective Advertising: Causes and Cures." *Journal of Marketing* 72: 81– 97.

Dasgupta, N. 2004. "Implicit Group Favoritism, Outgroup Favoritism, and Their Behavioral Manifestations." *Social Justice Research* 17: 143–69.

Davis, D. 2010. "Lies, Damned Lies, and the Path from Police Interrogation to Wrongful Conviction." In *The scientist and the Humanist: A Festschrift in Honor of Elliot Aronson*. Edited by M. H. Gonzales, C. Tavris, and J. Aronson. New York: Psychology Press, 211–47.

Davis, D. F., and P. M. Herr. 2014. "From Bye to Buy: Homophones as a Phonological Route to Priming." *Journal of Consumer Research* 40: 1063–77.

Davis, K. E., and M. J. Todd. 1985. "Assessing Friendship: Prototypes, Paradigm Cases and Relationship Description." *In Understanding Personal Relationships: An Interdisciplinary Approach*. Edited by S. Duck and D. Perlman. Beverly Hills, CA: Sage, 17–38.

De Dreu, C. K. W., D. B. Dussel, and F. S. Ten Velden. 2015. "In Intergroup Conflict, Self-Sacrifice Is Stronger among Pro-Social Individuals, and Parochial Altruism Emerges Especially among Cognitively Taxed Individuals." *Frontiers in Psychology* 6: 572.

De Hoog, N., W. Stroebe, and J. B. F. de Wit. 2008. "The Processing of Fear-Arousing Communications: How Biased Processing Leads to Persuasion." *Social Influence* 3: 84–113.

De la Rosa, M. D., D. Sanabria, M. Capizzi, and A. Correa. 2012. "Temporal Preparation Driven by Rhythms Is Resistant to Working Memory Interference." *Frontiers in Psychology* 3. doi:10.3389/psyg.2012.0308. de Waal, F. B. M. 2008. "Putting the Altruism Back into Altruism: The Evolution of Empathy." *Annual Review of Psychology* 59: 279–300.

Deaner, R. O., A. V. Khera, and M. L. Platt. 2005. "Monkeys Pay Per View: Adaptive Valuation of Social Images by Rhesus Macaques." *Current Biology* 15: 543–48.

Deaux, K., and B. Major. 1987. "Putting Gender into Context: An Interactive Model of Gender-Related Behavior." *Psychological Review* 94: 369–89.

DeBruine, L. M. 2002. "Facial Resemblance Enhances Trust." *Proceedings of the Royal Society, Series B*, 269: 1307–12.

DeBruine, L. M. 2004. "Resemblance to Self Increases the Appeal of Child Faces to Both Men and Women." *Evolution and Human Behavior* 25: 142–54.

Dellande, S., and P. Nyer. 2007. "Using Public Commitments to Gain Customer Compliance." *Advances in Consumer Research* 34: 249–55.

DeSteno, D., R. E. Petty, D. T. Wegener, and D. D. Rucker. 2000. "Beyond Valence in the Perception of Likelihood: The Role of Emotion Specificity." *Journal of Personality and Social Psychology* 78: 397–416.

DeTienne, K. B., B. R. Agle, J. C. Phillips, M-C. Ingerson. 2012. "The Impact of Moral Stress Compared to Other Stressors on Employee Fatigue, Job Satisfaction, and Turnover: An Empirical Investigation." *Journal of Business Ethics* 110: 377–91.

Deval, H., S. P. Mantel, F. R. Kardes, and S. S. Posavac. 2013. "How Naïve Theories Drive Opposing Inferences from the Same Information." *Journal of Consumer Research* 39: 1185–1201.

DeWall, C. N., G. MacDonald, G. D. Webster, C. L. Masten, R. F. Baumeister, C. Powell, D. Combs, D. R. Schurtz, T. F. Stillman, D. M. Tice, N. I. Eisenberger. 2010. "Acetaminophen Reduces Social Pain: Behavioral and Neural Evidence." *Psychological Science* 21: 931–37.

Deyle, E. 2015. "The Global Retail Theft Barometer." http://lpportal.com/feature-articles/item/3495-the-global-retail-theft-barometer.html.

Dhar, R., and I. Simonson. 1992. "The Effect of the Focus of Comparison on Consumer Preferences." *Journal of Marketing Research* 29: 430–40.

Dhar, R., S. M. Nowlis, S. M., and S. J. Sherman. 1999. "Comparison Effects on Preference Construction." *Journal of Consumer Research* 26: 293–306.

DiDonato, T. E., J. Ulrich, and J. I. Krueger. 2011. "Social Perception as Induction and Inference: An Integrative Model of Intergroup Differentiation, Ingroup Favoritism, and Differential Accuracy." *Journal of Personality and Social Psychology* 100: 66–83.

Diekman, A. B., E. R. Brown, A. M. Johnston, and E. K. Clark. 2010. "Seeking Congruity Between Goals and Roles: A New Look at Why Women Opt Out of Science, Technology, Engineering, and Mathematics Careers." *Psychological Science* 21: 1051–57.

Diener, E., and R. Biswas-Diener. 2009. *Happiness: Unlocking the Secret of Psychological Wealth.* Malden, MA: Blackwell.

Dijker, A. M. J. 2010. "Perceived Vulnerability as a Common Basis of Moral Emotions." *British Journal of Social Psychology* 49: 415–23.

Dijksterhuis, A. 2004. "Think Different: The Merits of Unconscious Thought in Preference Development and Decision-Making." *Journal of Personality and Social Psychology* 87, 586–98.

Dijksterhuis, A., and H. Aarts. 2003. "On Wildebeests and Humans: The Preferential Detection of Negative Stimuli." *Psychological Science* 14: 14–18.

———. 2010. "Goals, Attention, and (Un)Consciousness." Annual Review of Psychology 61: 467–90.

Dijksterhuis, A., T. L. Chartrand, and H. Aarts. 2007. "Effects of Priming and Perception on Social Behavior and Goal Pursuit." In *Social Psychology and the Unconscious: The Automaticity of Higher Mental Processes.* Edited by J. A. Bargh. Philadelphia: Psychology Press, 51–132.

Dolinski D., M. Nawrat, and I. Rudak. 2001. "Dialogue Involvement as a Social Influence Technique." *Personality and Social Psychology Bulletin* 27: 1395–1406.

Dolnik, L., T. I. Case, and K. D. Williams. 2003. "Stealing Thunder as a Courtroom Tactic Revisited: Processes and Boundaries." *Law and Human Behavior* 27: 267–87.

Donahoe, J. W., and R. Vegas. 2004. "Pavlovian Conditioning: The CS-UR Relation." *Journal of Experimental Psychology: Animal Behavior Processes* 30: 17–33.

Drake, J. E., and E. Winner. 2013. "How Children Use Drawing to Regulate Their Emotions." *Cognition and Emotion* 27: 512–20.

Drizin, S., and R. A. Leo. 2004. "The Problem of False Confessions in the Post-DNA World." *North Carolina Law Review* 82: 891–1007.

Drolet, A., and J. Aaker. 2002. "Off-Target? Changing Cognitive-Based Attitudes." *Journal of Consumer Psychology* 12: 59–68.

Duckworth, A.L., and L. Steinberg. 2015. "Understanding and Cultivating Self-Control in Children and Adolescents." *Child Development Perspective*, 9: 32–37.

Duguid, M. M., and M. C. Thomas-Hunt. 2015. "Condoning Stereotyping? How Awareness of Stereotyping Prevalence Impacts Expression of Stereotypes." *Journal of Applied Psychology* 100: 343–59.

Dunbar, R. I. M. 2012. "On the Evolutionary Function of Song and Dance." In *Music, Language and Human Evolution*. Edited by N. Bannan. New York: Oxford University Press, 201–14.

Dunfield, K. A., and V. A. Kuhlmeier. 2010. "Intention-Mediated Selective Helping in Infancy." *Psychological Science* 21: 523–27.

Durrant, G. B., R. M. Groves, L. Staetsky, and F. Steele. 2010. "Effects of Interviewer Attitudes and Behaviors on Refusal in Household Surveys." *Public Opinion Quarterly* 74: 1–36.

Dux, P. E., and R. Marois. 2009. "The Attentional Blink: A Review of Data and Theory." *Attention, Perception, and Psychophysics*: 71: 1683–1700.

Eagly, A. H., P. Kulesa, L. A. Brannon, K. Shaw, and S. Hutson-Comeaux. 2000. "Why Counterattitudinal Messages Are as Memorable as Proattitudinal Messages: The Importance of Active Defense Against Attack." *Personality and Social Psychology Bulletin* 26: 1392–1408.

Eagly, A. H., W. Wood, and S. Chaiken. 1978. "Causal Inferences About Communicators and Their Effect on Opinion Change." *Journal of Personality and Social Psychology* 36: 424–35.

Edwards, M. L., D. A. Dillman, and J. D. Smyth. 2014. "An Experimental Test of the Effects of Survey Sponsorship on Internet and Mail Survey Response." *Public Opinion Quarterly* 78: 734–50.

Associated Press. "Eight-Legged Invasion Has Austrians' Spider Sense Tingling." August 3, 2006. usatoday30.usatoday.com/news/offbeat/2006-08-03-spiders-austria_x.htm.

Ellen, P. S., L. A. Mohr, and D. J. Webb. 2000. "Charitable Programs and the Retailer: Do They Mix?" Journal of Retailing 76: 393–406.

Elliot, A. J., and T. M. Thrash. 2004. "The Intergenerational Transmission of Fear of Failure." *Personality and Social Psychology Bulletin* 30: 957–71.

Emery, N. J. 2000. "The Eyes Have It: The Neuroethology, Function, and Evolution of Social Gaze." *Neuroscience and Biobehavioral Reviews* 24: 581–604.

Engelberg, J., C. Sasseville, and J. Williams. 2012. "Market Madness? The Case of Mad Money." *Management Science* 58: 351–64.

Engelmann, J. B., C. M. Capra, C. Noussair, and G. S. Berns. 2009. "Expert Financial Advice Neurobiologically 'Offloads' Financial Decision-Making Under Risk." *PLoS One* 4, no. 3. e4957. doi:10.1371/journal.pone.0004957.

Enos, R. D., and E. D. Hersh. 2015. "Party Activists as Campaign Advertisers: The Ground Campaign as a Principal-Agent Problem." *American Political Science Review* 109: 252–78.

Enos, R. D., and A. Fowler. In press. "Aggregate Effects of Large-Scale Campaigns on Voter Turnout: Evidence from 400 Million Voter Contacts." *Political Science Research and Methods.*

Epstein, S., S. Donovan, and V. Denes-Raj. 1999. "The Missing Link in the Paradox of the Linda

Conjunction Problem: Beyond Knowing and Thinking of the Conjunction Rule, The Intrinsic Appeal of Heuristic Processing." *Personality and Social Psychology Bulletin* 25: 204–14.

Epstein, S., A. Lipson, C. Holstein, and E. Huh. 1992. "Irrational Reactions to Negative Outcomes: Evidence for Two Conceptual Systems." *Journal of Personality and Social Psychology* 62: 328–39.

Eriksson, K, P. Strimling, and J. C. Coultas. 2015. "Bidirectional Associations Between Descriptive and Injunctive Norms." *Organizational Behavior and Human Decision Processes* 129: 59–69.

Ernst & Young. 2013. 12th Global Fraud Survey. *Growing Beyond: A Place for Integrity*. www.ey.com/Publication/vwLUAssets/Global-Fraud-Survey-a-place-for-integrity-12th-Global-Fraud-Survey/$FILE/EY-12th-global-fraud-survey.pdf.

———. 2014. 13th Global Fraud Survey. *Overcoming Compliance Fatigue: Reinforcing the Commitment to Ethical Growth*. www.ey.com/Publication/vwLUAssets/EY-13th-Global-Fraud-Survey/$FILE/EY-13th-Global-Fraud-Survey.pdf.

Fabrigar, L. R., and R. E. Petty. 1999. "The Role of the Affective and Cognitive Bases of Attitudes in Susceptibility to Affectively and Cognitively Based Persuasion." *Personality and Social Psychology Bulletin* 25, no. 3: 363–81.

Fang, X., S. Singh, and R. Ahluwala. 2007. "An Examination of Different Explanations for the Mere Exposure Effect." *Journal of Consumer Research* 34: 98–103.

Fein, S., A. L. McCloskey, and T. M. Tomlinson 1997. "Can the Jury Disregard That Information? The Use of Suspicion to Reduce the Prejudicial Effects of Pretrial Publicity and Inadmissible Testimony." *Personality and Social Psychology Bulletin* 23: 1215–26.

Feinberg, M., and R. Willer. 2011. "Apocalypse Soon? Dire Messages Reduce Belief in Global Warming by Contradicting Just-World Beliefs." *Psychological Science* 22: 34–38.

Fennis, B. M., and W. Stroebe. 2014. "Softening the Blow: Company Self-Disclosure of Negative Information Lessens Damaging Effects on Consumer Judgment and Decision Making." *Journal of Business Ethics* 120: 109–20.

Fennis, B. M., M. A. Adriaanse, W. Stroebe, and B. Pol. 2011. "Bridging the Intention-Behavior Gap: Inducing Implementation Intentions through Persuasive Appeals." *Journal of Consumer Research* 21: 302–11.

Fennis, B. M., E. Das, and M. L. Fransen. 2012. "Print Advertising: Vivid Content." *Journal of Business Research* 65: 861–64.

Fiedler, K., and M. Bluemke. 2009. "Exerting Control over Allegedly Automatic Associative Processes." In *The Psychology of Self-Regulation*. Edited by J. Forgas, R. Baumeister, and D. Tice. New York: Psychology Press, 249–69.

Finch, J. F., and R. B. Cialdini. 1989. "Another Indirect Tactic of (Self-) Image Management: Boosting." *Personality and Social Psychology Bulletin* 15: 222–32.

Fincham, F. D., N. M. Lambert, and S. R. H. Beach. 2010. "Faith and Unfaithfulness: Can Praying for Your Partner Reduce Infidelity?" *Journal of Personality and Social Psychology* 99: 649–59.

Finkel, E. J., and P. W. Eastwick. 2009. "Arbitrary Social Norms Influence Sex Differences in Romantic Selectivity." *Psychological Science* 20: 1290–95.

Fishbach, A., R. K. Ratner, and Y. Zhang 2011. "Inherently Loyal or Easily Bored? Nonconscious Activation of Consistency Versus Variety-Seeking Behavior." *Journal of Consumer Psychology* 21: 38–48.

Fisher, A. V., K. E. Godwin, and H. Seltman. 2014. "Visual Environment, Attention Allocation and Learning in Young Children: When Too Much of a Good Thing May Be Bad." *Psychological Science* 25: 1362–70.

Fiske, S. T. 2004. "Intent and Ordinary Bias: Unintended Thought and Social Motivation Create Casual Prejudice." *Social Justice Research* 17: 117–27.

Flynn, F. J., and B. M. Staw. 2004. "Lend Me Your Wallets: The Effect of Charismatic Leadership on External Support for an Organization." *Strategic Management Journal* 25: 309–33.

Foddy, M., M. J. Platow, and T. Yamagishi. 2009. "Group-Based Trust in Strangers." *Psychological Science* 20: 419–22.

Fogg, B. J., and C. Nass. 1997. "Silicon Sycophants: The Effects of Computers That Flatter." *International Journal of Human-Computer Studies* 46: 551–61.

Forster, J., N. Liberman, and E. T. Higgins. 2005. "Accessibility from Active and Fulfilled Goals." *Journal of Experimental Social Psychology* 41: 220–39.

Fredman, L. A., M. D. Buhrmester, A. Gomez, W. T. Fraser, S. Talaifar, S. M. Brannon, and W. B. Swann Jr. 2015, "Identity Fusion, Extreme Pro-Group Behavior, and the Path to Defusion." *Social and Personality Psychology Compass* 9: 468–80.

Friedman, H. H., and A. Rahman. 2011. "Gifts-Upon-Entry and Appreciative Comments: Reciprocity Effects in Retailing." *International Journal of Marketing Studies* 3: 161–64.

Fritschler, A. L. 1975. Smoking and Politics. Englewood Cliffs, NJ: Prentice- Hall.

Gaissmaier, W., and G. Gigerenzer. 2012. "9/11, Act II: A Fine-Grained Analysis of the Regional Variations in Traffic Fatalities in the Aftermath of the Terrorist Attacks." *Psychological Science* 23: 1449–54.

Galak, J., D. Small, and A. T. Stephen. 2011. "Microfinance Decision Making: A Field Study of Prosocial Lending," *Journal of Marketing Research* 48: 130–37.

Ganegoda, D. B., G. P. Latham, and R. Folger. "The Effect of a Consciously Set and a Primed Goal on Fair Behavior." *Human Resource Management*. Article first published online: 4 August 2015. doi: 10.1002/hrm.21743.

Garcia, J. H., T. Sterner, and S. Afsah. 2007. "Public Disclosure of Industrial Pollution: The PROPER Approach in Indonesia." *Environment and Development Economics* 12: 739–56.

Garfinkel, Y. 2003. *Dancing at the Dawn of Agriculture. Austin:* University of Texas Press.

Gaspar, J. G., W. N. Street, M. B. Windsor, R. Carbonari, H. Kaczmarski, A. F. Kramer, and K. E. Mathewson. 2014. "Providing Views of the Driving Scene to Drivers' Conversation Partners Mitigates Cell Phone-Related Distraction." *Psychological Science* 25: 2136–46.

Gawronski, B., R. Balas, and L. A. Creighton. 2014. "Can the Formation of Conditioned Attitudes Be Intentionally Controlled?" *Personality and Social Psychology Bulletin* 40: 419–32.

Gayet, S., C. L. E. Paffen, and S. Van der Stigchel. 2013. "Information Matching the Content of Visual Working Memory Is Prioritized for Conscious Access." *Psychological Science* 24: 2472–80.

Geng, J. J. 2014. "Attentional Mechanisms of Distractor Suppression." *Current Directions in Psychological*

Science 23: 147–53.

Gentile D. A., C. A. Anderson, S. Yukawa, N. Ihori, M. Saleem, L. K. Lim, A. Shibuya, A. Liau, A. Khoo, B. Bushman, L. R. Huesmann, and A. Sakamoto. 2009. "The Effects of Prosocial Video Games on Prosocial Behaviors: International Evidence from Correlational, Longitudinal, and Experimental Studies." *Personality and Social Psychology Bulletin* 35: 752–63.

Gerber, A. G., D. P. Green, and R. Shachar. 2003. "Voting May Be Habit-Forming: Evidence From a Randomized Field Experiment." *American Journal of Political Science* 47: 540–50.

Ghosh, B. June 8, 2009. "How to Make Terrorists Talk." *Time*, 40–43.

Gigerenzer, G. 2006. "Out of the Frying Pan into the Fire: Behavioral Reactions to Terrorist Attacks." *Risk Analysis* 26: 347–51.

Gilbert, D. T. 2006. *Stumbling on Happiness*. New York: Knopf.

Gino, F., and A. D. Galinsky. 2012. "Vicarious Dishonesty: When Psychological Closeness Creates Distance from One's Moral Compass." *Organizational Behavior and Human Decision Processes* 119: 15–26.

Gino, F., M. I. Norton, and D. Ariely. 2010. "The Counterfeit Self: The Deceptive Costs of Faking It." *Psychological Science* 21: 712–20.

Glaser, J., and M. R. Banaji. 1999. "When Fair Is Foul and Foul Is Fair: Reverse Priming in Automatic Evaluation." *Journal of Personality and Social Psychology* 77: 669–87.

Gluckman, M., and S. J. Johnson. 2013. "Attention Capture by Social Stimuli in Young Infants." *Frontiers in Psychology*. doi:10.3389/fpsyg. 2013.00527.

Gneezy, A., A. Imas, A. Brown, L. D. Nelson, and M. I. Norton. 2012. "Paying to Be Nice: Consistency and Costly Prosocial Behavior." *Management Science* 58: 179–87.

Goh, J., J. Pfeffer, and S. A. Zenios. I2016. "The Relationship Between Workplace Stressors and Mortality and Health Costs in the United States." *Management Science, 62*, 608-628.

Gold, B. P., M. J. Frank, B. Bogert, and Ed Brattico. 2013. "Pleasurable Music Affects Reinforcement Learning According to the Listener." *Frontiers in Psychology* 4. doi:10.3389/psyg.2013.00541.

Goldstein, N. J., V. Griskevicius, and R. B. Cialdini. 2011. "Reciprocity by Proxy: A New Influence Strategy for Motivating Cooperation and Prosocial Behavior." *Administrative Science Quarterly* 56: 441–73.

Gollwitzer, P. M., and P. Sheeran. 2006. "Implementation Intentions and Goal Achievement: A Meta-Analysis of Effects and Processes." *Advances of Experimental Social Psychology* 38: 69–119.

———. 2009. "Self-Regulation of Consumer Decision Making and Behavior: The Role of Implementation Intentions." *Journal of Consumer Research* 19: 593–607.

Goodman-Delahunty, J., N. Martschuk, and M. K. Dhami. 2014. "Interviewing High Value Detainees: Securing Cooperation and Disclosures." *Applied Cognitive Psychology* 28: 883–97.

Goodwin, G. P. 2015. "Moral Character in Person Perception." *Current Directions in Psychological Science* 24: 38–44.

Gordon, R. A. 1996. "Impact of Ingratiation on Judgments and Evaluations: A Meta-Analytic Investigation." *Journal of Personality and Social Psychology* 71: 54–70.

Granic, I., A. Lobel, and R. C. M. E. Engels. 2014. "The Benefits of Playing Video Games." *American*

Psychologist 69, 66–78.

Grant, A. 2013. *Give and Take: A Revolutionary Approach to Success*. New York: Viking.

Grant, A. M., and D. A. Hofmann. 2011. "It's Not All About Me: Motivating Hand Hygiene among Health Care Professionals by Focusing on Patients." *Psychological Science* 22: 1494–99.

Grant, A., and J. Dutton. 2012. "Beneficiary or Benefactor: Are People More Prosocial When They Reflect on Receiving or Giving?" *Psychological Science* 23: 1033–39.

Grant, N. K., L. R. Fabrigar, and H. Lim. 2010. "Exploring the Efficacy of Compliments as a Tactic for Securing Compliance." *Basic and Applied Social Psychology* 32: 226–33.

Gray, K., D. G. Rand, E. Ert, K. Lewis, S. Hershman, and M. I. Norton. 2014. "The Emergence of 'Us' and 'Them' in 80 Lines of Code: Modeling Group Genesis in Homogeneous Populations." *Psychological Science* 25: 982–90.

Grecco, E., S. J. Robbins, E. Bartoli, and E. F. Wolff. 2013. "Use of Nonconscious Priming to Promote Self-Disclosure." *Clinical Psychological Science* 1: 311–15.

Greenwald, A. G., and T. F. Pettigrew. 2014. "With Malice Toward None and Charity for Some." *American Psychologist* 69: 669–84.

Greifeneder, R., A. Alt, K. Bottenberg, T. Seele, S. Zelt, and D. Wagener. 2010. "On Writing Legibly: Processing Fluency Systematically Biases Evaluations of Handwritten Material." *Social and Personality Science* 1: 230–37. 2010.

Greitemeyer, T., and D. O. Mugge. 2014. "Video Games Do Affect Social Outcomes: A Meta-Analytic Review of the Effects of Violent and Prosocial Video Game Play." *Personality and Social Psychology Bulletin* 40: 578–89.

Greitemeyer, T., and S. Osswald. 2010. "Effects of Prosocial Videogames on Prosocial Behavior." *Journal of Personality and Social Psychology* 98: 211–20.

Griskevicius, V., N. J. Goldstein, C. R. Mortensen, J. M. Sundie, R. B. Cialdini, and D. T. Kenrick. 2009. "Fear and Loving in Las Vegas: Evolution, Emotion, and Persuasion." *Journal of Marketing Research* 46: 384–95.

Gross, J. J., and R. A. Thompson, 2007. "Emotion Regulation: Conceptual Foundations." In *Handbook of Emotion Regulation*. Edited by J. J. Gross. New York: Guilford Press, 3–24.

Gruber, J., I. B. Mauss, and M. Tamir. 2011. "A Dark Side of Happiness? How, When, and Why Happiness Is Not Always Good." *Perspectives on Psychological Science* 6: 222–33.

Gu, Y., S. Botti, and D. Faro. 2013. "Turning the Page: The Impact of Choice Closure on Satisfaction." *Journal of Consumer Research* 40: 268–83.

Guadagno, R. E., and R. B. Cialdini. 2007. "Persuade Him by Email, but See Her in Person: Online Persuasion Revisited." *Computers in Human Behavior* 23: 999–1015.

Guadagno, R. E., K. V. Rhoads, and B. J. Sagarin. 2011. "Figural Vividness and Persuasion: Capturing the 'Elusive' Vividness Effect." *Personality and Social Psychology Bulletin* 37: 626–38.

Gueguen, N. 2012. "'Say It . . . Near the Flower Shop': Further Evidence of the Effect of Flowers on Mating." *Journal of Social Psychology* 152, no. 5: 529–32.

——. 2013. "Weather and Courtship Behavior: A Quasi-Experiment with the Flirty Sunshine." *Social*

Influence 8: 312–19.

Gueguen, N., S. Meineri, and J. Fischer-Lokou. 2014. "Men's Music Ability and Attractiveness to Women in a Real-Life Courtship Contest." *Psychology of Music* 42: 545–49.

Gueguen, N., N. Pichot, and G. Le Dreff. 2005. "Similarity and Helping Behavior on the Web: The Impact of the Convergence of Surnames between a Solicitor and a Subject in a Request Made by E-Mail." *Journal of Applied Social Psychology* 35: 423–29.

Guidotti, T. L., and P. Jacobs. 1993. "Implications of an Epidemiological Mistake: A Community's Response to a Perceived Excess of Cancer Risk." *American Journal of Public Health* 83: 233–39.

Guiteras, R., J. Levinsohn, and A. M. Mobarak. 2015. "Encouraging Sanitation Investment in the Developing World: A Cluster-Randomized Trial." *Science* 348 (May 22): 903–6.

Hagemann, N., B. Strauss, and J. Leissing. 2008. "When the Referee Sees Red." *Psychological Science* 19: 769–70.

Hagmann, C. E., and R. G. Cook. 2013. "Active Change Detection by Pigeons and Humans." *Journal of Experimental Psychology: Animal Behavior Processes* 39: 383–89.

Hall, C. C., J. Zhao, and E. Shafir. 2014. "Self-Affirmation Among the Poor: Cognitive and Behavioral Implications." *Psychological Science* 25: 619–25.

Halvorson, H. G., and E. T. Higgins. 2013. *Focus: Use Different Ways of Seeing the World for Success and Influence.* New York: Hudson Street Press.

Hamilton, R., J. Hong, and A. Chernev. 2007. "Perceptual Focus Effects in Choice." *Journal of Consumer Research* 34: 187–99.

Hamilton, W. D. 1964. "The Genetic Evolution of Social Behavior." *Journal of Theoretical Biology* 7: 1–52.

Hammond, D. 2010. "Health Warning Messages on Tobacco Products: A Review." *Tobacco Control* 20: 327–37.

Han, S-P., and S. Shavitt. 1994. "Persuasion and Culture: Advertising Appeals in Individualistic and Collectivistic Societies." *Journal of Experimental Social Psychology* 30: 326–50.

Hanson, J., and M. Wanke. 2010. "Truth from Language and Truth from Fit: The Impact of Linguistic Concreteness and Level of Construal on Subjective Truth." *Personality and Social Psychology Bulletin* 36: 1576–78.

Harman, W. S., T. W. Lee, T. R. Mitchell, W. Felps, and B. P. Owens. 2007. "The Psychology of Voluntary Employee Turnover." *Current Directions in Psychological Science* 16: 51–54.

Harter, J. K., F. L. Schmidt, J. W. Asplund, E. A. Killham, and S. Agrawal. 2010. "Causal Impact of Employee Work Perceptions on the Bottom Line of Organizations." *Perspectives on Psychological Science* 5: 378–89.

Hasan, Y., L. Begue, M. Scharkow, and B. J. Bushman. 2013. "The More You Play, The More Aggressive You Become: A Long-Term Experimental Study of Cumulative Violent Video Game Effects on Hostile Expectations and Aggressive Behavior." *Journal of Experimental Social Psychology* 49: 224–27.

Haslam, N. 2006. "Dehumanization: An Integrative Review." *Personality and Social Psychology Review* 10: 252–64.

Hassan, S. 1990. *Combating Cult Mind Control.* Rochester, VT: Park Street Press.

———. 2000. *Releasing the Bonds: Breaking the Chains of Destructive Mind Control.* Boston: Freedom of Mind Press.

Hassin, R. R., M. J. Ferguson, D. Shidlovski, and L. Gross. 2007. "Subliminal Exposure to National Flags Affects Political Thought and Behavior." *Proceedings of the National Academy of Sciences* 104: 19757–61.

Hatemi, P. K., and R. McDermott. 2012. "The Genetics of Politics: Discovery, Challenges, and Progress." *Trends in Genetics* 28: 525–33.

Healy, A., J., N. Malhotra, and C. H. Mo. 2010. "Irrelevant Events Affect Voters' Evaluations of Government Performance." *Proceedings of the National Academy of Sciences of the USA* 107: 12804–9.

Heath, C., and D. Heath. 2007. *Made to Stick: Why Some Ideas Survive and Others Die.* New York: Random House.

Heijkoop, M., J. S. Dubas, and M. A. G. van Aken. 2009. "Parent-Child Resemblance and Kin Investment: Physical Resemblance or Personality Similarity." *European Journal of Developmental Psychology* 6: 64–69.

Heilman, C. M., K. Nakamoto, and A. G. Rao. 2002. "Pleasant Surprises: Consumer Response to Unexpected In-Store Coupons." *Journal of Marketing Research* 39: 242–52.

Heilman, C., K. Lakishyk, and S. Radas. 2011. "An Empirical Investigation of In-Store Sampling Promotions." *British Food Journal* 113: 1252–66.

Heimbach, J. T., and J. Jacoby. 1972. "The Zeigarnik Effect in Advertising." In *Proceedings of the Third Annual Conference of the Association for Consumer Research.* Edited by M. Ventakesan. College Park, MD, 746–57.

Heintzelman, S., J., and L. A. King. 2014. "(The Feeling of) Meaning-as-Information." *Personality and Social Psychology Review* 18: 153–67.

Helie, S., and R. Sun. 2010. "Incubation, Insight, and Creative Problem Solving: A Unified Theory and a Connectionist Model." *Psychological Review* 17: 994–1024.

Herbig, P., J. Milewicz, and J. Golden. 1994. "A Model of Reputation Building and Destruction." *Journal of Business Research* 31: 23–31.

Herr, P. M., F. R. Kardes, and J. Kim. 1991. "Effects of Word-of-Mouth and Product Attribute Information on Persuasion: An Accessibility-Diagnosticity Perspective." *Journal of Consumer Research* 17: 454–62.

Herr, P. M., S. J. Sherman, and R. H. Fazio. 1983. "On the Consequences of Priming: Assimilation and Contrast Effects." *Journal of Experimental Social Psychology* 19: 323–40.

Hertel, G. and N. L. Kerr. 2001. "Priming In-Group Favoritism: The Impact of Normative Scripts in the Minimal Group Paradigm." *Journal of Experimental Social Psychology* 37: 316–24.

Herzog, S. M., and R. Hertwig. 2009. "The Wisdom of Many in One Mind: Improving Individual Judgments with Dialectical Bootstrapping." *Psychological Science* 20: 231–37.

Heyes, C. 2011. "Automatic Imitation." *Psychological Bulletin* 137: 463–83.

Higgins, E. T. 1996. "Knowledge Activation: Accessibility, Applicability, and Salience." In *Social Psychology: Handbook of Basic Principles.* Edited by E. T. Higgins and A. W. Kruglanski. New York:

Guilford Press.

Higgins, E. T., and J. A. Bargh. 1987. "Social Cognition and Social Perception." *Annual Review of Psychology* 38: 369–425.

Higgins, G. E., A. L. Wilson, and B. D. Fell. 2005. "An Application of Deterrence Theory to Software Piracy." *Journal of Criminal Justice and Popular Culture* 12: 166–84.

Hirt, E. R., and K. D. Markman. 1995. "Multiple Explanation: A Consider-an-Alternative Strategy for Debiasing Judgments." *Journal of Personality and Social Psychology* 69: 1069–86.

Hoch, S. J. 1985. "Counterfactual Reasoning and Accuracy in Predicting Personal Events." *Journal of Experimental Psychology: Learning, Memory, and Cognition* 11: 719–31.

Hodges, B. 2004. "Medical Student Bodies and the Pedagogy of Self-Reflection, Self-Assessment, and Self-Regulation." *Journal of Curriculum Theorizing* 20: 41–51.

Hofmann, W., J. De Houwer, M. Perugini, F. Baeyens, and G. Crombez. 2010. "Evaluative Conditioning in Humans: A Meta-Analysis." *Psychological Bulletin* 136, no. 3: 390–421.

Holley, S. R., C. M. Haase, and R. W. Levenson. 2013, "Age-Related Changes in Demand-Withdraw Communication Behaviors." *Journal of Marriage and Family* 75: 822–36.

Homer, P. M. 2009. "Product Placements: The Impact of Placement Type and Repetition on Attitude." Journal of Advertising 58: 21–31.

Hoshino-Browne, E., A. S. Zanna, S. J. Spencer, M. P. Zanna, and S. Kitayama. 2005. "On the Cultural Guises of Cognitive Dissonance: The Case of Easterners and Westerners." *Journal of Personality and Social Psychology* 89: 294–310.

Houghton, D. C., and F. R. Kardes. 1998. "Market Share Overestimation and the Noncomplementarity Effect." *Marketing Letters* 9: 313–20.

Hove, M. J., and J. L. Risen. 2009. "It's All in the Timing: Interpersonal Synchrony Increases Affiliation." *Social Cognition* 27: 949–61.

Hovland, C. I., A. A. Lumsdaine, and F. D. Sheffield. 1949. "*Experiments on Mass Communication.*" Princeton, NJ: Princeton University Press.

Hsee, C. K., and F. LeClerc. 1998. "Will Products Look More Attractive When Presented Separately or Together?" *Journal of Consumer Research* 25: 175–86.

Huang, J., F. J. Chaloupka, and G. T. Fong. 2013. "Cigarette Graphic Warning Labels and Smoking Prevalence in Canada: A Critical Examination and Reformulation of the FDA Regulatory Impact Analysis." *Tobacco Control*. doi:10.1136/tobaccocontrol-2013-051170

Hudson, N. W., and C. Fraley. 2015. "Volitional Personality Trait Change: Can People Choose to Change Their Personality Traits?" Journal of Personality and Social Psychology 109: 490–507.

Hugenberg, K., and G. V. Bodenhausen. 2004. "Category Membership Moderates the Inhibition of Social Identities." *Journal of Experimental Social Psychology* 40: 233–38.

Hummel, J. E., and K. J. Holyoak. 2003. "A Symbolic-Connectionist Theory of Relational Inference and Generalization." *Psychological Review* 110: 220–64.

Humphreys, G. W., and Sui, J. 2016. Attentional control and the self: The Self-Attention Network (SAN). *Cognitive Neuroscience* 7: 5–17.

Huron, D. 2001. "Is Music an Evolutionary Adaptation?" *Annals of the New York Academy of Sciences.* 930: 43–61.

Hutter, M., F. Kutzner, and K. Fiedler. 2014. "What Is Learned from Repeated Pairings? On the Scope and Generalizability of Evaluative Conditioning." *Journal of Experimental Psychology: General* 143: 631–43.

Hutter, M., S. Sweldens, C. Stahl, C. Unkelbach, and K. C. Klauer. 2012. "Dissociating Contingency Awareness and Conditioned Attitudes: Evidence of Contingency-Unaware Evaluative Conditioning." *Journal of Experimental Psychology: General* 141, no. 3: 539–57.

Hygge, S., G. W. Evans, and M. Bullinger. 2002. "A Prospective Study of Some Effects of Aircraft Noise on Cognitive Performance in Schoolchildren." *Psychological Science* 13: 469–74.

Hyman, I. E., S. M. Boss, B. M. Wise, K. E. McKenzie, and J. M. Caggiano. 2009. "Did You See the Unicycling Clown? Inattentional Blindness While Walking and Talking on a Cell Phone." *Applied Cognitive Psychology* 24: 597–607.

Hyman, R. 1989. *The Elusive Quarry: A Scientific Appraisal of Psychical Research.* Buffalo: Prometheus Books.

——.1995. "Evaluation of Program on Anomalous Mental Phenomena." www.mceagle.com/remoteviewing/refs/science/air/hyman.html.

Ijzerman, H., and G. Semin. 2009. "The Thermometer of Social Relations." *Psychological Science* 20: 1214–20.

——. 2010. "Temperature Perceptions as a Ground for Social Proximity." *Journal of Experimental Social Psychology* 46: 867–73.

Inagaki, T. K., and N. I. Eisenberger. 2013. "Shared Neural Mechanisms Underlying Social Warmth and Physical Warmth." *Psychological Science* 24: 2272–80.

Inbau, F. E., J. E. Reid, J. P. Buckley, and B. C. Jayne. 2001. *Criminal Interrogation and Confessions.* 4th ed.. Gaithersburg, MD: Aspen.

Inglis, F. 2010. *A Short History of Celebrity.* Princeton, NJ: Princeton University Press.

Inman, J. J., A. C. Peter, and P. Raghubir. 1997. "Framing the Deal: The Role of Restrictions in Accentuating Deal Value." *Journal of Consumer Research* 24: 68–79.

Inzlicht, M., and T. Ben-Zeev. 2000. "A Threatening Intellectual Environment: Why Females Are Susceptible to Experiencing Problem-Solving Deficits in the Presence of Males." *Psychological Science* 11, no. 5 (September): 365–71.

Inzlicht, M., J. N. Gutsell, and L. Legault. 2012. "Mimicry Reduces Racial Prejudice." *Journal of Experimental Social Psychology* 48: 361–65.

Ireland, M. E., R. B. Slatcher, P. W. Eastwick, L. E. Scissors, E. J. Finkel, and J. W. Pennebaker. 2011. "Language Style Matching Predicts Relationship Initiation and Stability." *Psychological Science* 22: 39–44.

Isaacowitz, D. M., K. Toner, and S. D. Neupert. 2009. "Use of Gaze for Real-Time Mood Regulation: Effects of Age and Attentional Functioning." *Psychology and Aging* 24: 989–94.

Isen, A. M., T. E. Shalker, M. Clark, and L. Karp. 1978. "Affect, Accessibility of Material in Memory, and Behavior." *Journal of Personality and Social Psychology* 36: 1–12.

Issenberg, S. 2012. *The Victory Lab.* New York: Crown.

Ito, T. A., N. P. Friedman, B. D. Bartholow, J. Correll, C. Loersch, L. J. Altamirono, and A. Miyake. 2015. "Toward a Comprehensive Understanding of Executive Cognition and Cognitive Function in Implicit Racial Bias." *Journal of Personality and Social Psychology* 108: 187–218.

Iyengar, S., M. D. Peters, and D. R. Kinder. 1982. "Experimental Demonstrations of the 'Not-So-Minimal' Consequences of Television News Programs." *American Political Science Review* 76: 848–58.

Jabbi, M., J. Bastiaansen, and C. Keysers. 2008. "A Common Anterior Insul Representation of Disgust Observation, Experience and Imagination Shows Divergent Functional Connectivity Pathways." *PLoS ONE* 3, no. 8: e2939 doi:10.1371/journal.pone.0002939.

Jacob, C., N. Gueguen, A, Martin, and G. Boulbry. 2011. "Retail Salespeople's Mimicry of Customers: Effects on Consumer Behavior." *Journal of Retailing and Consumer Services* 18: 381–88.

James Jr., H. S. 2011. "Is the Just Man a Happy Man? An Empirical Study of the Relationship Between Ethics and Subjective Well-Being." *Kyklos* 64: 193–212.

James, W. 1950/1890. *The Principles of Psychology*. New York: Dover.

Janiszewski, C., A. Kuo, and N. T. Tavassoli. 2013. "The Influence of Selective Attention and Inattention to Products on Subsequent Choice." *Journal of Consumer Research* 39: 1258–74.

Jerabeck, J. M., and C. J. Ferguson. 2013. "The Influence of Solitary and Cooperative Violent Video Game Play on Aggressive and Prosocial Behavior." *Computers in Human Behavior* 29: 2573–78.

Jhang, J. H., and J. G. Lynch Jr. 2015. "Pardon the Interuption: Goal Proximity, Perceived Spare Time, and Impatience." *Journal of Consumer Research* 41: 1267–83.

Jiang, L., J. Hoegg, D. W. Dahl, and A. Chattopadhyay. 2009. "The Persuasive Role of Incidental Similarity on Attitudes and Purchase Intensions in a Sales Context." *Journal of Consumer Research* 36: 778–91.

Jo, H-G., M. Wittmann, T. Hinterberger, and S. Schmidt. 2014. "The Readiness Potential Reflects Intentional Binding." *Frontiers in Human Neuroscience* 8: 421.

Johnson, P. 2011. *Socrates*. New York: Viking Press.

Johnson, P. B., A. Mehrabian, and B. Weiner. 1968. "Achievement Motivation and the Recall of Incompleted and Completed Exam Questions." *Journal of Educational Psychology* 59: 181–85.

Johnson, S. K., and M. C. Anderson. 2004. "The Role of Inhibitory Control in Forgetting Semantic Knowledge." *Psychological Science* 15: 448–53.

Jones, J. T., B. W. Pelham, M. R. Carvallo, and M. C. Mirenberg. 2004. "How Do I Love Thee? Let Me Count the Js. Implicit Egoism and Interpersonal Attraction." *Journal of Personality and Social Psychology* 87: 665–83.

Jones, J. T., B. Pelham, M. C. Mirenberg, and J. J. Hetts. 2002. "Name Letter Preferences Are Not Merely Mere Exposure: Implicit Egoism as Self-Regulation." *Journal of Experimental Social Psychology* 38: 170–77.

Jones, T. F., A. S. Craig, D. Hoy, E. W. Gunter, D. L. Ashley, D. Bar, J. W. Brock, and W. Schaffner. 2000. "Mass Psychogenic Illness Attributed to Toxic Exposure at a High School." *New England Journal of Medicine* 342: 96–100.

Joorman, J., and W. M. Vanderlind. 2014. "Emotion Regulation in Depression: The Role of Biased

Cognition and Reduced Cognitive Control." *Clinical Psychological Science*, 2, 402–21.

Jostmann, N. B., D. Lakens, and T. W. Schubert. 2009. "Weight as an Embodiment of Importance." *Psychological Science* 20: 1169–74.

Kahneman, D. 2011. *Thinking, Fast and Slow*. New York: Farrar, Straus and Giroux.

Kahneman, D., and A. Tversky. 1979. "Prospect Theory: An Analysis of Decision Under Risk." *Econometrica* 47: 263–91.

Kahneman, D., D. Lovallo, and O. Sibony. 2011. "The Big Idea: Before. You Make That Big Decision." *Harvard Business Review* 89 (June): 50–61.

Kalisch, R., M. B. Muller, and O. Tuscher. 2015. "A Conceptual Framework for the Neurobiological Study of Resilience." *Behavioral and Brain Sciences* 38: 1–79.

Kalmoe, N., P., and K. Gross. In press. "Cuing Patriotism, Prejudice, and Partisanship in the Age of Obama." *Political Psychology*. Article first published online: 21 OCT 2015. doi: 10.1111/pops.12305.

Kaminski, G., F. Ravary, C. Graff, and E. Gentaz. 2010. "Firstborns' Disadvantage in Kinship Detection." *Psychological Science* 21: 1746–50.

Kandler, C., W. Bleidorn, and R. Riemann. 2012. "Left or Right? Sources of Political Orientation: The Roles of Genetic Factors, Cultural Transmission, Assortative Mating, and Personality." *Journal of Personality and Social Psychology* 102: 633–45.

Kang, S. K., J. B. Hirsh, and A. L. Chasteen. 2010. "Your Mistakes Are Mine: Self-Other Overlap Predicts Neural Response." *Journal of Experimental Social Psychology* 46: 229–32.

Kang, Y., L. E. Williams, M. S. Clark, J. R. Gray, and J. A. Bargh. 2010. "Physical Temperature Effects on Trust Behavior: The Role of the Insula." *SCAN* 6: 507–15.

Kardes, F. R. 2013. "Selective Versus Comparative Processing." *Journal of Consumer Psychology* 23: 150–53.

Kardes, F. R., D. M. Sanbonmatsu, M. L. Cronley, and D. C. Houghton. 2002. "Consideration Set Overvaluation: When Impossibly Favorable Ratings of a Set of Brands Are Observed." *Journal of Consumer Psychology* 12: 353–61.

Karpoff, J. M., D. S. Lee, and G. S. Martin. 2008. "The Cost to Firms of Cooking the Books." *Journal Financial Quantitative Analysis* 43: 581–612.

Karpoff, J. M., J. R. Lott, and E. W. Wehrly. 2005. "The Reputational Penalties for Environmental Violations: Empirical Evidence." *Journal of Law and Economics* 48: 653–75.

Karremans, J. C., and H. Aarts. 2007. "The Role of Automaticity in Determining the Inclination to Forgive Close Others." *Journal of Experimental Social Psychology* 43: 902–17.

Kassin, S. M. 2008. "False Confessions: Causes, Consequences and Implications for Reform." *Current Directions in Psychological Science* 17: 249–53.

———. 2012. "Why Confessions Trump Innocence." *American Psychologist* 67: 431–45.

Kassin, S. M., D. Bogart, and J. Kerner. 2012. "Confessions That Corrupt: Evidence from the DNA Exoneration Case Files." *Psychological Science* 23: 41–45.

Kassin, S. M., S. A. Drizin, T. Grisso, G. H. Gudjonsson, R. A. Leo, and A. D. Redlich. 2010. "Police-Induced Confessions: Risk Factors and Recommendations." *Law and Human Behavior* 34: 3–38.

Kelly, A. E., and L. Wang. 2012. "A Life Without Lies: Can Living More Honestly Improve Health?" Paper presented at the annual meeting of the American Psychological Association. Orlando, FL (August).

Kenrick, D. T., S. L. Neuberg, and R. B. Cialdini. 2015. *Social Psychology: Goals in Interaction.* Vol. 6. Boston: Pearson Education.

Kent, S. A., and D. Hall. 2000. "Brainwashing and Re-Indoctrination Programs in the Children of God/The Family." *Cultic Studies Journal* 17: 56–78.

Kesebir, S. 2012. "The Superorganism Account of Human Sociality: How and When Human Groups Are Like Beehives." *Personality and Social Psychology Review* 16: 233–61.

Kettle, K. I., and G. Haubl. 2011. "The Signature Effect: Signing Influences Consumption-Related Behavior by Priming Self-Identity." *Journal of Consumer Research* 38: 474–89.

Killeya, L. A., and B. T. Johnson. 1998. "Experimental Induction of Biased Systematic Processing: The Directed Thought Technique." *Personality and Social Psychology Bulletin* 24: 17–33.

Kim, B. K., G. Zauberman, and J. R. Bettman. 2012. "Space, Time and Intertemporal Preferences." *Journal of Consumer Research* 39: 867–80.

Kim, C. Y., and R. Blake. 2005. "Psychophysical Magic: Rendering the Visible 'Invisible.' " *Trends in Cognitive Sciences* 9: 381–88.

Kim, J., N. Novemsky, and R. Dhar. 2013. "Adding Small Differences Can Increase Similarity and Choice." *Psychological Science* 24: 225–29.

Kimel, S. Y., R. Huesmann, J. R. Kunst, and E. Halprin, 2016. "Living in a Genetic World: How Learning about Interethnic Similarities and Differences affects Peace and Conflict." *Personality and Social Psychology Bulletin* 42: 688–700.

Kinneavy, J. L., and C. R. Eskin. 2000. "Kairos in Aristotle' s Rhetoric." *Written Communication* 17: 432–44.

Kirchheimer, S. 2013. "12 Ways to Foil ID Thieves." *AARP Bulletin* (May), 26.

Kirschner, S., and M. Tomasello. 2010. "Joint Music Making Promotes Prosocial Behavior in 4-Year-Old Children." *Evolution and Human Behavior* 31: 354–64.

Klayman, J., and Y-M. Ha. 1987. "Confirmation, Disconfirmation, and Information in Hypothesis-Testing." *Psychological Review* 94: 211–28.

Klein, S. B., L. Cosmedes, J. Tooby, and S. Chance. 2002. "Decisions and the Evolution of Memory: Multiple Systems, Multiple Functions." *Psychological Review* 109: 306–29.

Klinger, E. 2013. "Goal Commitments and the Content of Thoughts and Dreams: Basic Principles." *Frontiers in Psychology* 11 (July). doi:10.3389/ fpsyg.2013.00415.

Klinger, M. R., P. C. Burton, and G. S. Pitts. 2000. "Mechanisms of Priming I: Response Completion, Not Spreading Activation." *Journal of Experimental Psychology: Learning, Memory, and Cognition* 26: 441–55.

Klucharev, V., M. A. M. Munneke, A. Smidts, and G. Fernandez. 2011. "Downregulation of the Posterior Medial Frontal Cortex Prevents Social Conformity." *Journal of Neuroscience* 31: 11934–40.

Koehler, D. J. 1991. "Explanation, Imagination and Confidence in Judgment." *Psychological Bulletin* 110: 499–519.

Koriat, A., S. Lichtenstein, and B. Fischhoff. 1980. "Reasons for Confidence." *Journal of Experimental Psychology: Human Learning and Memory* 6: 107–18.

Krajbich, I., C. Camerer, J. Ledyard, and A. Rangel. 2009. "Self-Control in Decision-Making Involves Modulation of the VmPFC Valuation System." *Science* 324: 12315–20.

Kranz, M. 2015. "CEO Pay on the Climb." *Arizona Republic* (Phoenix) (May 14), 4B.

Kranzler, D. 1976. *Japanese, Nazis, and Jews: The Jewish Refugee Community of Shanghai, 1938–1945.* New York: Yeshiva University Press.

Kriner, D. L., and F. X. Shen. 2012. "How Citizens Respond to Combat Casualties: The Differential Impact of Local Casualties on Support for the War in Afghanistan." *Public Opinion Quarterly* 76: 761–70.

Kristofferson, K., K. White, and J. Peloza. 2014. "The Nature of Slacktivism: How the Social Observability of an Initial Act of Token Support Affects Subsequent Prosocial Action." *Journal of Consumer Research* 40: 1149–66.

Krizan, Z., and J. Suls. 2008. "Losing Sight of Oneself in the Above-Average Effect: When Egocentrism, Focalism, and Group Diffusiveness Collide." *Journal of Experimental Social Psychology* 44: 929–42.

Kruger, J., and K. Savitsky. 2009. "On the Genesis of Inflated (and Deflated) Judgments of Responsibility: Egocentrism Revisited." *Organizational Behavior and Human Decision Processes* 108: 143–52.

Kruglanski, A. W., and D. M. Webster. 1996. "Motivated Closing of the Mind: Seizing and Freezing." *Psychological Review* 103: 263–83.

Ku, G., A. D. Galinsky, and J. K. Murnighan. 2006. "Starting Low but Ending High: A Reversal of the Anchoring Effect in Auctions." *Journal of Personality and Social Psychology* 90: 975–986.

Kuester, M., and M. Benkenstein. 2014. "Turning Dissatisfied into Satisfied Customers: How Referral Reward Programs Affect the Referrer's Attitude and Loyalty Toward the Recommended Service Provider." *Journal of Retailing and Consumer Services* 21: 897–904.

Kunda, Z., G. T. Fong, R. Sanitioso, and E. Reber. 1993. "Directional Questions Direct Self-Conceptions." *Journal of Experimental Social Psychology* 29: 63–86.

Kunz, J. 2000. Social Class Differences in Response to Christmas Cards. *Perceptual and Motor Skills* 90: 573–76.

Kunz, P. R., and M. Wolcott. 1976. "Season's Greetings: From My Status to Yours." *Social Science Research* 5: 269–78.

Kupor, D., T. Reich, and B. Shiv. 2015. "Can't Finish What You Started? The Effect of Climactic Interruption on Behavior." *Journal of Consumer Psychology* 25: 113–19.

Lab, S. P. 2013. *Crime Prevention: Approaches, Practices, and Evaluations.* 8th ed. Waltham, MA: Elsevier.

Labroo, A. A., and J. H. Nielsen. 2010. "Half the Thrill Is in the Chase: Twisted Inferences from Embodied Cognitions and Brand Evaluation." *Journal of Consumer Research* 37: 143–58.

Laham, S. M., P. Koval, and A. L. Alter. 2012. "The Name-Pronunciation Effect: Why People Like Mr. Smith More Than Mr. Colquhoun." *Journal of Experimental Social Psychology* 48: 752–56.

Lakens, D. 2010. "Movement Synchrony and Perceived Entitativity." *Journal of Experimental Social Psychology* 46: 701–8.

Lalich, J. 2004. *Bounded Choice.* Berkeley: University of California Press.

Lammers, H. B. 1991. "The Effect of Free Samples on Immediate Consumer Purchase." *Journal of Consumer Marketing* 8: 31–37.

Lamy, L., J. Fischer-Lokou, and N. Gueguen. 2010. "Valentine Street Promotes Chivalrous Helping." *Swiss Journal of Psychology*, 69: 169–72.

Landau, M. J., B. P. Meier, and L. A. Keefer. 2010. "A Metaphor-Enriched Cognition." *Psychological Bulletin* 136: 1045–67.

Landau, M. J., M. D. Robinson, and B. P. Meier. 2014. *The Power of Metaphor: Examining Its Influence on Social Life*. Washington, DC: American Psychological Association Press.

Langner, R., and S. B. Eickhoff. 2013. "Sustaining Attention to Simple Tasks: A Meta-Analytic Review of the Neural Mechanisms of Vigilant Attention." *Psychological Bulletin* 139: 870–900.

Laran, J., and K. Wilcox. 2011. "Choice, Rejection, and Elaboration on Preference Inconsistent Alternatives." *Journal of Consumer Research* 38: 229–41.

Lassiter, G. D. 2002. "Illusory Causation in the Courtroom." *Current Directions in Psychological Science* 11: 204–8.

———. 2010. "Psychological Science and Sound Public Policy: Video Recording of Custodial Interrogations." *American Psychologist* 65: 768–79.

Lassiter, G. D., and C. A. Meissner, eds. 2010. *Police Interrogations and False Confessions: Current Research, Practice, and Policy Recommendations*. Washington, DC: American Psychological Association.

Latham, G., and R. F. Piccolo. 2012. "The Effect of Content-Specific versus Nonspecific Subconscious Goals on Employee Performance." *Human Resource Management* 51: 535–48.

Latu, I. M., M. S. Mast, J. Lammers, and D. Bombari. 2013. "Successful Female Leaders Empower Women's Behavior in Leadership Tasks." *Journal of Experimental Social Psychology* 49: 444–48.

Law, S., and K. A. Braun. 2000. "I'll Have What She's Having: Gauging the Impact of Product Placements on Viewers." *Psychology and Marketing* 17: 1059–75.

Lawrence, Z., and D. Peterson. 2014. "Mentally Walking Through Doorways Causes Forgetting: The Location Updating Effect and Imagination." *Memory* 24, no. 1 (January): 12–20.

Lawson, M. (2013). "Visit Your Folks (or Else!)." *AARP Bulletin* (May), 10.

Leach, W. C., N. Ellemers, and M. Barreto. 2007. "Group Virtue: The Impact of Morality (vs. Competence and Sociability) in the Positive Evaluation of In-Groups." *Journal of Personality and Social Psychology* 93: 234–49.

Leding, J. K. 2012. "False Memories and Persuasive Strategies." *Review of General Psychology* 16: 256–68.

Lee, S. W. S., and N. Schwarz. 2012. "Bidirectionality, Mediation, and Moderation of Metaphorical Effects." *Journal of Personality and Social Psychology* 103: 737–49.

Leek, M., and P. K. Smith. 1989. "Phenotypic Matching, Human Altruism, and Mate Selection." *Behavioral and Brain Sciences* 12: 534–35.

———. 1991. "Cooperation and Conflict in Three-Generation Families." In *The Psychology of Grandparenthood: An International Perspective*. Edited by P. K. Smith, London: Routledge, 177–94.

Leo, R. A. 2008. *Police Interrogation and American Justice*. Cambridge, MA: Harvard University Press.

Leopold, A. 1989. *A Sand County Almanac.* New York: Oxford University Press.

Leppanen, J., and C. A. Nelson. 2012. "Early Development of Fear Processing." *Current Directions in Psychological Science* 13: 200–204.

Leroy, S. 2009. "Why Is It So Hard to Do My Work? The Challenge of Attention Residue When Switching between Work Tasks." *Organizational Behavior and Human Decision Processes* 109: 168–81.

Levine, H. 1997. *In Search of Sugihara.* New York: Free Press.

Levy, J., H. Pashler, and E. Boer. 2006. "Central Interference in Driving." *Psychological Science* 17: 228–35.

Lewin, K. 1935. *A Dynamic Theory of Personality.* New York: McGraw-Hill.

———. 1946. "Behavior and Development as a Function of the Total Situation." In *Manual of Child Psychology.* Edited by L. Carmichael, New York: John Wiley.

———. 1947. "Group Decision and Social Change," In *Readings in Social Psychology.* Edited by T. M. Newcomb and E. L. Hartley. New York: Henry Holt.

Lewis, D. E. 2003. "Corporate Trust a Matter of Opinion." *Boston Globe* (November 23), G2.

Lewis, G. J., and T. C. Bates. 2010. "Genetic Evidence for Multiple Biological Mechanisms Underlying In-Group Favoritism." *Psychological Science* 21: 1623–28.

Liberman, N., and Y. Trope. 1998. "The Role of Feasibility and Desirability Considerations in Near and Distant Future Decisions: A Test of Temporal Construal Theory." *Journal of Personality and Social Psychology* 75: 5–18.

Lick, D. J., and K. L. Johnson. 2015. "Interpersonal Consequences of Processing Ease: Fluency as a Metacognitive Foundation for Prejudice." *Current Directions in Psychological Science* 24: 143–48.

Lilienfeld, S. O., R. Ammirati, and K. Landfield. 2009. "Giving Debiasing Away: Can Psychological Research on Correcting Cognitive Errors Promote Human Welfare?" *Perspectives on Psychological Science* 4: 390–98.

Lim, S., J. P. O' Doherty, and A. Rangel. 2011. "The Decision Value Computations in the VmPFC and Striatum Use a Relative Value Code That Is Guided by Visual Attention." *Journal of Neuroscience* 31: 13214–23.

Lindberg, S. M., J. S. Hyde, M. C. Linn, and J. L. Petersen. 2010. "Trends in Gender and Mathematics Performance: A Meta-Analysis." *Psychological Bulletin* 136: 1123–35.

Lindner, A. M. 2008. "Controlling the Media in Iraq." *Contexts* 7: 32–39.

———. 2009. "Among the Troops: Seeing the Iraq War Through Three Journalistic Vantages Points." *Social Problems* 56: 21–48.

Lipsitz, A., K. Kallmeyer, M. Ferguson, and A. Abas. 1989. "Counting On Blood Donors: Increasing the Impact of Reminder Calls." *Journal of Applied Social Psychology* 19: 1057–67.

Liu, W., and D. Gal. 2011. "Bringing Us Together or Driving Us Apart: The Effect of Soliciting Consumer Input on Consumers' Propensity to Transact with an Organization." *Journal of Consumer Research* 38: 242–59.

Livingstone, K. M., and D. M. Isaacowitz. 2015. "Situation Selection and Modification for Emotion Regulation in Younger and Older Adults." *Social Psychological and Personality Science* 6, no. 8

(November): 904–10.

LoBue, V. 2009. "More Than Just a Face in the Crowd: Detection of Emotional Facial Expressions in Young Children and Adults." *Developmental Science* 12: 305–13.

———. 2010. "And Along Came a Spider: Superior Detection of Spiders in Children and Adults." *Journal of Experimental Child Psychology* 107: 59–66.

Lockwood, P., and Z. Kunda. 1997. "Superstars and Me: Predicting the Impact of Role Models on the Self." *Journal of Personality and Social Psychology* 73: 91–103.

Loersch, C., and N. L. Arbuckle. 2013. "Unraveling the Mystery of Music: Music as an Evolved Group Process." *Journal of Personality and Social Psychology* 105: 777–98.

Loersch, C., and B. K. Payne. 2011. "A Situated Inference Model: An Integrative Account of the Effects of Primes on Perception, Behavior, and Motivation." *Perspectives on Psychological Science* 6: 234–52.

Loftus, E. F. 2011. "Intelligence Gathering Post-9/11." *American Psychologist* 66: 532–41.

Lord, C. G., M. R. Lepper, and E. Preston. 1984. "Considering the Opposite: A Corrective Strategy for Social Judgment." *Journal of Personality and Social Psychology* 47: 1231–43.

Lovello, D., and O. Sibony. 2010. "The Case for Behavioral Strategy." *McKinsey Quarterly* (March): 1–16.

Lubinski, D., C. P. Benbow, and H. J. Kell. 2014. "Life Paths and Accomplishments of Mathematically Precocious Males and Females Four Decades Later." *Psychological Science* 25: 2217–32.

Lull, R. B., and B. J. Bushman. 2015. "Do Sex and Violence Sell? A Meta-Analytic Review of the Effects of Sexual and Violent Media and Ad Content on Memory, Attitudes and Buying Intentions." *Psychological Bulletin* 141: 1022–48.

Lyubomirsky, S. 2008. *The How of Happiness: A Scientific Approach to Getting the Life You Want.* New York: Penguin Press.

———. 2013. *The Myths of Happiness: What Should Make You Happy, but Doesn't. What Shouldn't Make You Happy, but Does.* New York: Penguin Press.

Lyubomirsky, S., and K. Layous. 2013. "How Do Simple Positive Activities Increase Well-Being?" *Current Directions in Psychological Science* 22: 57–62.

Lyubomirsky, S., S. A. King, and E. Diener. 2005. "Pursuing Happiness: Does Happiness Lead to Success?" *Psychological Bulletin* 131: 803–55.

Maaravi, Y., Y. Ganzach, and A. Pazy. 2011. "Negotiation as a Form of Persuasion: Arguments in First Offers." *Journal of Personality and Social Psychology* 101: 245–55.

MacKenzie, S. B., and R. J. Lutz. 1989. "An Empirical Examination of the Structural Antecedents of Attitude Toward the Ad in an Advertising Pretesting Context." *Journal of Marketing* 53: 48–65.

Macrae, C. N., and L. Johnston. 1998. "Help, I Need Somebody: Automatic Action and Inaction." *Social Cognition* 16: 400–17.

Macrae, N. C., G. V. Bodenhausen, and A. B. Milne. 1995. "The Dissection of Selection in Person Perception: Inhibitory Processes in Social Stereotyping." *Journal of Personality and Social Psychology* 69: 397–407.

Madanika, Y, and K. Bartholomew. 2014. "Themes of Lust and Love in Popular Music from 1971 to 2011." *SAGE Open* 4, no. 3 (August). doi:10.1177/2158244014547179.

Madden, M. 2014. "More Online Americans Say They've Experienced a Personal Data Breach." Pew Research Center Fact Tank (April 14). www.pewresearch.org/fact-tank/2014/04/14/more-online-americanssay-theyve-experienced-a-personal-data-breach.

Maddux, W. W., E. E. Mullen, and A. D. Galinsky. 2008. "Chameleons Bake Bigger Pies and Take Bigger Pieces: Strategic Behavioral Mimicry Facilitates Negotiation Outcomes." *Journal of Experimental Social Psychology* 44: 461–68.

Mahajan, N., M. A. Martinez, N. L. Gutierrez, G. Diesendruck, M. R. Banaji, and L. R. Santos. 2011. "The Evolution of Intergroup Bias: Perceptions and Attitudes in Rhesus Macaques." *Journal of Personality and Social Psychology* 100, no. 3 (March): 387–405.

Maio, G. R., A. Pakizeh, W-Y. Cheung, and K. J. Rees. 2009. "Changing, Priming, and Acting on Values: Effects via Motivational Relations in a Circular Model." *Journal of Personality and Social Psychology* 97: 699–715.

Mandel, N., and E. J. Johnson. 2002. "When Web Pages Influence Choice: Effects of Visual Primes on Experts and Novices." *Journal of Consumer Research* 29: 235–45.

Mandel, N., P. K. Petrova, and R. B. Cialdini. 2006. "Images of Success and the Preference for Luxury Brands." *Journal of Consumer Psychology* 16: 57–69.

Maner, J. K., M. T. Gailliot, and S. L. Miller. 2009. "The Implicit Cognition of Relationship Maintenance: Inattention to Attractive Alternatives." *Journal of Experimental Social Psychology* 45: 174–79.

Maner, J. K., M. T. Gailliot, D. A. Rouby, D. A., and S. L. Miller. 2007. "Can't Take My Eyes Off You: Attentional Adhesion to Mates and Rivals." *Journal of Personality and Social Psychology* 93: 389–401.

Maner, J. K., D. T. Kenrick, D. V. Becker, A. W. Delton, B. Hofer, C. Wilbur, and S. I. Neuberg. 2003. "Sexually Selective Cognition: Beauty Captures the Mind of the Beholder." *Journal of Personality and Social Psychology* 85: 1107–20.

Mann, T. C., and M. J. Ferguson. 2015. "Can We Undo Our First Impressions? The Role of Reinterpretation in Reversing Implicit Evaluations." *Journal of Personality and Social Psychology* 108: 823–49.

Marchetti, G. 2012. "Against the View That Consciousness and Attention Are Fully Dissociable." *Frontiers in Psychology* 3: 36.

Margolis, E. H. 2010. "When Program Notes Don't Help: Music Descriptions and Enjoyment." *Psychology of Music* 38: 285–302.

Markus, H., and S. Kitayama. 1991. "Culture and the Self: Implications for Cognition, Emotion, and Motivation." *Psychological Bulletin* 98: 224–53.

Marsh, J. E., R. Ljung, A. Nostl, E. Threadgold, and T. A. Campbell. 2015. "Failing to Get the Gist of What's Being Said: Background Noise Impairs Higher-Order Cognitive Processing." *Frontiers in Psychology* 6: 548.

Marsh, R. L., J. L. Hicks, and M. L. Bink 1998. "Activation of Completed Uncompleted, and Partially Completed Intentions." *Journal of Experimental Psychology: Learning, Memory, and Cognition* 24: 350–61.

Marteau, T. M., G. J. Hollands, and P. C. Fletcher. 2012. "Changing Human Behavior to Prevent Disease:

The Importance of Targeting Automatic Processes." *Science* 337: 1492–95.

Marti, S., M. Sigman, and S. Dehaene. 2012. "A Shared Cortical Bottleneck Underlying Attentional Blink and Psychological Refractory Period." *Neuroimage* 59: 2883–98.

Martin, A., C. Jacob, and N. Gueguen. 2013. "Similarity Facilitates Relationships on Social Networks: A Field Experiment on Facebook." *Psychological Reports* 113: 217–20.

Martin, L. R., K. B. Haskard-Zolnierek, and M. R. DiMatteo. 2010. "Health Behavior Change and Treatment Adherence." New York: Oxford University Press.

Martin, S. J., S. Bassi, and R. Dunbar-Rees. 2012. Commitments, Norms and Custard Creams—A Social Influence Approach to Reducing Did Not Attends (DNAs)." *Journal of the Royal Society of Medicine* 105: 101–4.

Marx, D. M., and J. S. Roman. 2002. "Female Role Models: Protecting Women's Math Test Performance." *Personality and Social Psychology Bulletin* 28: 1183–93.

Mashek, D. J., A. Aron, and M. Boncimino. 2003. "Confusions of Self with Close Others." *Personality and Social Psychology Bulletin* 29: 382–92.

Mason, M. F., E. P. Tatkow, and C. N. Macrae. 2005. "The Look of Love: Gaze Shifts and Person Perception." *Psychological Science* 16: 236–39.

Masuda, T., and R. Nisbett. 2001. "Attending Holistically versus Analytically: Comparing the Context Sensitivity of Japanese and Americans." *Journal of Personality and Social Psychology* 81: 922–34.

Masuda, T., R. Gonzalez, I. Kwan, and R. Nesbitt. 2008. "Culture and Aesthetic Preference: Comparing the Attention to Context of East Asians and Americans." *Personality and Social Psychology Bulletin* 34: 1260–75.

Mather, M., and M. Knight. 2005. "Goal-Directed Memory: The Role of Cognitive Control in Older Adults' Emotional Memory." *Psychology and Aging* 20: 554–70.

Mauboussin, M. J. 2009. *Think Twice: Harnessing the Power of Counterintuition.* Boston: Harvard Business Press.

Mauss, I. B., A. J. Shallcross, O. P. John, E. Ferrer, F. H. Wilhelm, and J. J. Gross. 2011. "Don't Hide Your Happiness!" *Journal of Personality and Social Psychology* 100: 738–48.

Mayer, D. M., M. Kuenzi, R. Greenbaum, M. Bardes, and R. Salvador. 2009. "How Does Ethical Leadership Flow? Test of a Trickle-Down Model." *Organization and Human Decision Processes* 108: 1–13.

Mazzoni, G., and A. Memon. 2003. "Imagination Can Create False Autobiographical Memories." *Psychological Science* 25: 266–81.

McAlister, A. L., A. G. Ramirez, C. Galavotti, and K. J. Gallion. 1989. "Anti-Smoking Campaigns: Progress in the Application of Social Learning Theory." *Public Communication Campaigns*. Edited by R. E. Rice and C. K. Atkin. Newbury Park, CA: Sage, 291–307.

McCaslin, M. J., R. E. Petty, and D. T. Wegener. 2010. "Self-Enhancement Processes and Theory-Based Correction Processes." *Journal of Experimental Social Psychology* 46: 830–35.

McClelland, J. L., M. M. Botvinick, D. C. Noelle, D. C. Plaut, T. T. Rogers, M. S. Seidenberg, and L. B. Smith. 2010. "Letting Structure Emerge: Connectionist and Dynamical Systems Approaches to Understanding Cognition." *Trends in Cognitive Sciences* 14: 348–56.

McCombs, M. E., and D. L. Shaw. 1972. "The Agenda-Setting Functions of Mass Media," *Public Opinion Quarterly* 36: 176–218.

McCormick, J., and W. L. Morris. 2015. "The Effects of Stereotype Threat and Power on Women's and Men's Outcomes in Face-to-Face and E-Mail Negotiations." *Psi Chi Journal of Psychological Research* 20: 114–24.

McCulloch, K. C., H. Arts, K. Fujita, and J. A. Bargh. 2008. "Inhibition in Goal Systems: A Retrieval-Induced Forgetting Account." *Journal of Experimental Social Psychology* 44: 857–65.

McFarland, S. In press. "Identification with All Humanity: The Antithesis of Prejudice, and More." In *The Cambridge Handbook of the Psychology of Prejudice*. Edited by C. G. Sibley and F. K. Barlow, Cambridge, UK: Cambridge University Press.

McFarland, S., M. Webb, and D. Brown. 2012. "All Humanity Is My In-Group. A Measure and Studies of Identification with All Humanity." *Journal of Personality and Social Psychology* 103: 830–53.

McGlone, M. S., and J. Tofighbakhsh. 2000. "Birds of a Feather Flock Conjointly (?): Rhyme as Reason in Aphorisms." *Psychological Science* 11: 424–28.

McGraw, K. O., and J. Fiala. 1982, "Undermining the Zeigarnik Effect: Another Hidden Cost of Reward." *Journal of Personality* 50: 58–66.

McGuire, W. J. 1961. "The Effectiveness of Supportive and Refutational Defenses in Immunizing and Restoring Beliefs against Persuasion." *Sociometry* 24: 184–97.

McIntyre, R. B., R. M. Paulson, and C. G. Lord. 2003. "Alleviating Women's Mathematics Stereotype Threat through Salience of Group Achievements." *Journal of Experimental Social Psychology* 39: 83–90.

McKenzie, C. R. M. 2005. "Judgement and Decision Making." *In Handbook of Cognition*. Edited by R. L. G. Koen Lamberts. Thousand Oaks, CA: Sage, 321–38.

McNeill, W. H. 1995. *Keeping Together in Time: Dance and Drill in Human History*. Cambridge, MA: Harvard University Press.

Meltzoff, A. 2007. "Like Me: A Foundation for Social Cognition." *Developmental Science* 10: 126–34.

Mendl, J. R., S. B. Ehrlich, and J. M. Dukerich. 1985. "The Romance of Leadership." *Adminstrative Science Quarterly* 30: 78–102.

Mercer, A., A. Caporaso, D. Cantor, and J. Townsend. 2015. "How Much Gets You How Much? Monetary Incentives and Response Rates in Household Surveys." *Public Opinion Quarterly* 79: 105–29.

Meyers-Levy, J., and B. Loken. 2015. "Revisiting Gender Differences: What We Know and What Lies Ahead." *Journal of Consumer Psychology* 25: 129–49.

Middleton, J. A., and D. P. Green. 2008. "Do Community-Based Voter Mobilization Campaigns Work Even in Battleground States? Evaluating the Effectiveness of MoveOn's 2004 Outreach Campaign." *Quarterly Journal of Political Science* 3: 63–82.

Midlarsky, E., and R. Nemeroff. 1995. "Heroes of the Holocaust: Predictors of Their Well-Being in Later Life." Paper presented at the American Psychological Society meetings. New York (July).

Millar, M. G., and A. Tesser. 1986. "Thought-Induced Attitude Change: The Effects of Schema Structure and Commitment." *Journal of Personality and Social Psychology* 51: 259–69.

Miller, D. T., and D. A. Effron. 2010. "Psychological License: When It Is Needed and How It Functions." *Advances in Experimental Social Psychology* 43: 115–55.

Miller, D. T., J. S. Downs, and D. A. Prentice. 1998. "Minimal Conditions for the Creation of a Unit Relationship: The Social Bond Between Birthday Mates." *European Journal of Social Psychology* 28: 475–81.

Miller, R. S. 1997. "Inattentive and Contented: Relationship Commitment and Attention to Alternatives." *Journal of Personality and Social Psychology* 73: 758–56.

Mitchell, J. P., M. Banaji, and C. N. Macrae. 2005. "The Link Between Social Cognition and Self-Referential Thought." *Journal of Cognitive Neuroscience* 17: 1306–15.

Miyake, A., L. E. Kost-Smith, N. D. Finkelstein, S. J. Pollock, G. L. Cohen, and T. A. Ito. 2010. "Reducing the Gender Achievement Gap in College Science: A Classroom Study of Values Affirmation." *Science* 330: 1234–37.

Molnar-Szakacs, I., and K. Overy. 2006. "Music and Mirror Neurons: From Motion to 'E' motion." *Social Cognitive and Affective Neuroscience* 1: 235–41.

Monin, B., and D. T. Miller. 2001. "Moral Credentials and the Expression of Prejudice." *Journal of Personality and Social Psychology* 81: 33–43.

Monroe, B. M., and S. J. Read. 2008. "A General Connectionist Model of Attitude Structure and Change." *Psychological Review* 115: 773–59.

Monteith, M. J., L. Ashburn-Nardo, C. I. Voils, and A. M. Czopp. 2002. "Putting the Brakes on Prejudice: On the Development and Operation of Cues for Control." *Journal of Personality and Social Psychology* 83: 1029–50.

Moon, Y. 2010. *Different*. New York: Crown Business.

Moore, D. A., and D. Small. 2007. "Error and Bias in Comparative Social Judgment: On Being Both Better and Worse Than We Think We Are." *Journal of Personality and Social Psychology* 92: 972–89.

Moore, S. G. 2012. "Some Things Are Better Left Unsaid: How Word of Mouth Influences the Storyteller." *Journal of Consumer Research* 38: 1140–54.

Morling, D., and M. Lamoreaux. 2008. "Measuring Culture Outside the Head: A Meta-Analysis of Individualism-Collectivism in Cultural Products." *Personality and Social Psychology Review* 12, 199–221.

Morris, M. W., O. J. Sheldon, D. R. Ames, and M. J. Young. 2007. "Metaphors and the Market." *Organizational Behavior and Human Decision Processes* 102: 174–92.

Moyer, V. A. 2013. "Primary Care Interventions to Prevent Tobacco Use in Children and Adolescents: U.S. Preventive Service Task Force Recommendation Statement." *Pediatrics* 132: 560–65.

Murayama, K., T. Miyatsu, D. Buchli, and B. Storm. 2014. "Forgetting as a Consequence of Retrieval: A Meta-Analytic Review of Retrieval-Induced Forgetting." *Psychological Bulletin* 140: 1383–1409.

Muscanell, N. L., R. E. Guadagno, S. Murphy. 2014. "Weapons of Influence Misused: A Social Influence Analysis of Why People Fall Prey to Internet Scams." *Social and Personality Compass*, 8/7: 388–96.

Nagin, D., and G. Pogarsky. 2001. "Integrating Celerity, Impulsivity, and Extralegal Sanction Threats into a Model of General Deterrence Theory and Evidence." *Criminology* 39: 865–92.

Nelson, L. D., and M. I. Norton. 2005. "From Student to Superhero: Situational Primes Shape Future Helping." *Journal of Experimental Social Psychology* 41: 425–30.

Nestler, S., and B. Egloff. 2010. "When Scary Messages Backfire: Influence of Dispositional Cognitive Avoidance on the Effectiveness of Threat Communications." *Journal of Research in Personality* 44: 137–41.

Neumann, R., and F. Strack. 2000. "Approach and Avoidance: The Influence of Proprioceptive and Exteroceptive Cues on Encoding of Affective Information." *Journal of Personality and Social Psychology* 79: 39–48.

Neville, L. 2012. "Do Economic Equality and Generalized Trust Inhibit Academic Dishonesty? Search-Engine Queries." *Psychological Science* 23: 339–45.

Nguyen, H. D., and A. M. Ryan. 2008. "Does Stereotype Threat Affect Test Performance of Minorities and Women? A Meta-Analysis of Experimental Evidence." *Journal of Applied Psychology* 93: 1314–34.

Nguyen, N., and G. Lelanc. 2001. "Corporate Image and Corporate Reputation in Customers' Retention Decisions in Services." *Journal of Retailing and Consumer Services* 8: 227–36.

Nickerson, R. S. 1998. "Confirmation Bias: A Ubiquitous Phenomenon in Many Guises." *Review of General Psychology* 2: 175–220.

Niemeier, V., J. Kupfer, and U. Gieler. 2000. "Observations During an Itch-Inducing Lecture." *Dermatology and Psychosomatics* 1 (suppl. 1: 15–18.

Nisbett, R. 2003. *The Geography of Thought: How Asians and Westerners Think Differently . . . and Why.* New York: Free Press.

Noar, S. M., C. N. Benac, and M. S. Harris. 2007. "Does Tailoring Matter? Meta-Analytic Review of Tailored Print Health Behavior Change Interventions." *Psychological Bulletin* 133: 673–93.

Noh, S. R., M. Lohani, and D. M. Isaacowitz. 2011. "Deliberate Real-Time Mood Regulation in Adulthood: The Importance of Age, Fixation, and Attentional Functioning." *Cognition and Emotion* 25: 998–1013.

Nolan, J. M., P. W. Schultz, R. B. Cialdini, N. J. Goldstein, and V. Griskevicius. 2008. "Normative Social Influence Is Underdetected." *Personality and Social Psychology Bulletin* 34: 913–23.

Noor, M., R. Brown, R. Gonzalez, J. Manzi, and C. A. Lewis. 2008. "On Positive Psychological Outcomes: What Helps Groups with a History of Conflict to Forgive and Reconcile with Each Other?" *Personality and Social Psychology Bulletin* 34: 819–32.

Norman, L. J., C. A. Heywood, and R. W. Kentridge. 2013. "Object-Based Attention without Awareness." *Psychological Science* 24: 836–43.

North, A. C., D. J. Hargreaves, and J. McKendrick. 1997. "In-Store Music Affects Product Choice." *Nature* 390 (November 13): 132.

Norton, M. I., D. Mochon, and D. Ariely. 2012. "The IKEA Effect: When Labor Leads to Love." *Journal of Consumer Psychology* 22: 453–60. doi:10.1016/j.jcps.2011.08.002.

Oberholzer-Gee, F. 2006. "A Market for Time: Fairness and Efficiency in Waiting Lines." *Kyklos* 59: 427–40.

Obermeier, C., W. Menninghaus, M. von Koppenfels, T. Raettig, M. Schmidt-Kassow, S. Otterbein, and S. A. Kotz. 2013. "Aesthetic and Emotional Effects of Meter and Rhyme in Poetry." *Frontiers in*

Psychology 4: 10.

Oettingen, G., G. Honig, and P. M. Gollwitzer. 2000. "Effective Self-Regulation of Goal Attainment." *International Journal of Educational Research* 33: 705–32.

Oishi, S., S. Kesebir, and E. Diener. 2001. "Income Inequality and Happiness." *Psychological Science* 22: 1095–1100.

Oliner, S. P., and P. M. Oliner. 1988. *The Altruistic Personality: Rescuers of Jews in Nazi Europe*. New York: Free Press.

Olivers, C. N. L., and S. Niewenhuis. 2005. "The Beneficial Effect of Concurrent Task-Irrelevant Activity on Temporal Attention." *Psychological Science* 16: 265–69.

Olson, M. A., and R. H. Fazio. 2004. "Trait Inferences as a Function of Automatically Activated Racial Attitudes and Motivation to Control Prejudiced Reactions." *Basic and Applied Social Psychology* 26: 1–11.

Oosterhof, N. N., S. P. Tipper, and P. E. Downing. 2012. "Visuo-Motor Imagery of Specific Manual Actions: A Multi-Variate Pattern Analysis fMRI Study." *Neuroimage* 63: 262–71.

Oppenheimer, D. M., C. Diemand-Yauman, and E. B. Vaughan. 2011. "Fortune Favors the Bold (and the Italicized): Effects of Disfluency on Educational Outcomes." *Cognition* 118: 111–15.

Oppenheimer, D. M., R. E. LeBoeuf, and N. T. Brewer. 2008. "Anchors Aweigh: A Demonstration of Cross-Modality Anchoring and Magnitude Priming." *Cognition* 106: 13–26.

Ottati, V. C., and R. A. Renstrom. 2010. "Metaphor and Persuasive Communication: A Multifunctional Approach." *Social and Personality Psychology Compass* 49: 783–94.

Otten, S., and K. Epstude. 2006. " Overlapping Mental Representations of Self, Ingroup, and Outgroup: Unraveling Self-Stereotyping and Self-Anchoring." *Personality and Social Psychology Bulletin* 32: 957–69.

Over, H., and M. Carpenter. 2009. "Eighteen-Month-Old Infants Show Increased Helping Following Priming with Affiliation." *Psychological Science* 20: 1189–93.

Ovsiankina, M. 1928. "Die Wiederaufnahme von unterbrochener Handlungen." *Psychologische Forschung* 11: 302–79.

Oyserman, D. 2009. "Identity-Based Motivation: Implications for Action-Readiness, Procedural-Readiness, and Consumer Behavior." *Journal of Consumer Psychology* 19: 250–60.

Oyserman, D., and S. W. S. Lee. 2008. "Does Culture Influence What and How We Think? Effects of Priming Individualism and Collectivism." *Psychological Bulletin* 134: 311–42. Packard, G., A. D. Gershoff, and D. B. Wooten, Impress. "When Boastful Word of Mouth Helps versus Hurts Social Perceptions and Persuasion." *Journal of Consumer Research*.

Paez, D., B. Rime, N. Basabe, A. Wlodarczyk, and L. Zumeta. 2015. "Psychosocial Effects of Perceived Emotional Synchrony in Collective Gatherings." *Journal of Personality and Social Psychology* 108: 711–29.

Page, L. A., C. Keshishian, G. Leonardi, V. Murray, G. J. Rubin, and S. Wessely. 2010. "Frequency and Predictors of Mass Psychogenic Illness." *Epidemiology* 21: 744–47.

Page-Gould, E., R. Mendoza-Denton, and L. R. Tropp. 2008. "With a Little Help from My Cross-Group

Friend: Reducing Anxiety in Intergroup Contexts Through Cross-Group Friendship." *Journal of Personality and Social Psychology* 95: 1080–94.

Paladino, M-P., M. Mazzurega, F. Pavani, and T. W. Schubert. 2010. "Synchronous Multisensory Stimulation Blurs Self-Other Boundaries." *Psychological Science* 21: 1202–7.

Paluck, E. L., and D. P. Green. 2009. "Prejudice Reduction: What Works? A Review and Assessment of Research and Practice." Annual Review of Psychology 60: 339–67.

Park, J. H., and M. Schaller. 2005. "Does Attitude Similarity Serve as a Heuristic Cue for Kinship? Evidence of an Implicit Cognitive Association." *Evolution and Human Behavior* 26: 158–70.

Park, J. H., M. Schaller, and M. Van Vugt. 2008. "Psychology of Human Kin Recognition: Heuristic Cues, Erroneous Inferences, and Their Implications." *Review of General Psychology* 12: 215–35.

Parker, J. R., and D. R. Lehmann. 2015. "How and When Grouping Low-Calorie Options Reduces the Benefits of Providing Dish-Specific Calorie Information." *Journal of Consumer Research* 41: 213–35.

Parks, A. C., M. D. Della Porta, R. S. Pierce, R. Zilca, and S. Lyubomirsky. 2012. "Pursuing Happiness in Everyday Life: The Characteristics and Behaviors of Online Happiness Seekers." *Emotion* 12: 1222–34.

Paternoster, R. 2010. "How Much Do We Really Know About Criminal Deterrence?" *Journal of Criminal Law and Criminology* 100: 765–24.

Pavlov, I. P. 1927. "Conditioned reflexes." Translated by G. V. Anrep. Oxford, UK: Oxford University Press.

Payne, L., and R. Sekuler. 2014. "The Importance of Ignoring: Alpha Oscillations Protect Selectivity." *Current Directions in Psychological Science* 23: 171–77.

Pelham, B. W., and M. R. Carvallo. 2011. "The Surprising Potency of Implicit Egoism: A Reply to Simonsohn." *Journal of Personality and Social Psychology* 101: 25–30.

Pennebaker, J. W. 1980. "Perceptual and Environmental Determinants of Coughing." *Basic and Applied Social Psychology* 1: 83–91.

Pennebaker, J. W., T. J. Mayne, and M. E. Francis. 1997. "Linguistic Predictors of Adaptive Bereavement." *Journal of Personality and Social Psychology* 72: 863–71.

Perillo, J. T., and S. M. Kassin. 2011. "Inside Interrogation: The Lie, the Bluff, and False Confessions." *Law and Human Behavior* 35: 327–37.

Perkins, A. W., and M. R. Forehand. 2012. "Implicit Self-Referencing: The Effect of Nonvolitional Self-Association on Brand and Product Attitude." *Journal of Consumer Research* 39: 142–56.

Peterson, D. K. 2002. The Relationship Between Unethical Behavior and the Dimensions of the Ethical Climate Questionnaire." *Journal of Business Ethics* 41: 313–26.

Petras, R., and K. Petras. 1993. *The 776 Stupidest Things Ever Said.* New York: Broadway Books.

Petrova, P. K., and R. B. Cialdini. 2005. "Fluency of Consumption Imagery and the Backfire Effects of Imagery Appeals." *Journal of Consumer Research* 32: 442–52.

——. 2011. "New Approaches Toward Resistance to Persuasion." In *The Sage Handbook of Social Marketing.* Edited by G. Hastings, C. Bryant., and K. Angus. London: Sage, 107–22.

Petrova, P. K., N. Schwarz, and H. Song. 2012. "Fluency and Social Influence." In *Six Degrees of Social Influence.* Edited by D. T. Kenrick, N. J. Goldstein, and S. L. Braver. New York: Oxford University

Press.

Petty R. E., and P. Brinol. 2012. "The Elaboration Likelihood Model." In *Handbook of Theories of Social Psychology*. Edited by P. A. M. Van Lange, A. W. Kruglanski, and E. T. Higgins. Thousand Oaks, CA: Sage,224–45.

Petty, R. E., and P. Brinol. 2010. "Attitude Change." In *Advanced Social Psychology: The State of the Science*. Edited by R. F. Baumeister and E. J. Finkel. New York: Oxford University Press, 217–59.

Petty, R. E., and J. T. Cacioppo. 1984. "Source Factors and the Elaboration Likelihood Model of Persuasion." *Advances in Consumer Research* 11: 668–72.

Pfaff, D. W. 2007. *The Neuroscience of Fair Play: Why We (Usually) Follow the Golden Rule*. Chicago: University of Chicago Press.

———. 2015. The Altruistic Brain: How We Are Naturally Good. Oxford, UK: Oxford University Press.

Pfau, M., and M. Burgoon. 1988. "Inoculation in Political Campaign Communication." *Human Communication Research* 15: 91–111.

Pfau, M., J. Danesi, R. Tallmon, T. Bunko, S. Nyberg, B. Thompson, C. Babin, S. Cardella, M. Mink, and B. Temple. 2006. "A Comparison of Embedded and Nonembedded Print Coverage of the U.S. Invasion and Occupation of Iraq." *International Journal of Press/Politics* 11: 139–53.

Pfau, M., M. M. Haigh, L. Logsdon, C. Perrine, J. P. Baldwin, R. E. Breitenfeldt, J. Cesar, D. Dearden, G. Kuntz, E. Montalvo, D. Roberts, and R. Romero." 2005. "Embedded Reporting During the Invasion and Occupation of Iraq: How the Embedding of Journalists Affects Television News Reports." *Journal of Broadcasting and Electronic* Media 49: 468–87.

Pfau, M., M. Haigh, M. Gettle, M. Donnelly, G. Scott, D. Warr, and E. Wittenberg. 2004. "Embedding Journalists in Military Combat Units: Impact on Newspaper Story Frames and Tone." *Journalism and Mass Communication Quarterly* 81: 74–88.

Pfeffer, J., and R. B. Cialdini. 1998. "Illusions of Influence." In *Power and Influence in Organizations*. Edited by R. M. Kramer and M. A. Neale.

Thousand Oaks, CA: Sage, 1–20.

Pfeffer, J., and G. R. Salancik. 1978. *The External Control of Organizations. A Resource Dependence Perspective*. New York: Harper & Row.

Pillutia, M. M., D. Malhotra, and J. K. Murnighan. 2003. "Attributions of Trust and the Calculus of Reciprocity." *Journal of Experimental Social Psychology* 39: 448–55.

Pocheptsova, A., and N. Novemsky. 2010. "When Do Incidental Mood Effects Last? Lay Beliefs Versus Actual Effects." *Journal of Consumer Research* 36: 992–1001.

Posavac, S. S., F. R. Kardes, and J. Brakus. 2010. "Focus Induced Tunnel Vision in Managerial Judgment and Decision Making: The Peril and the Anecdote." *Organizational Behavior and Human Decision Processes* 113: 102–11.

Posavac, S. S., F. R. Kardes, D. M. Sanbonmatsu D. M., and Fitzsimons G. J. 2005. Blissful insularity: When brands are judged in isolation from competitors, *Marketing Letters* 16: 87–97.

Posavac, S. S., Sanbonmatsu, D. M., and E. A. Ho. 2002. "The Effects of Selective Consideration of Alternatives on Consumer Choice and Attitude- Decision Consistency." *Journal of Consumer*

Psychology 12: 203–13.

Posavac, S. S., D. M. Sanbonmatsu, F. R. Kardes, and G. J. Fitzsimons. 2004. "The Brand Positivity Effect: When Evaluation Confers Preference." *Journal of Consumer Research* 31: 643–51.

Pothos, E. M., and J. R. Busemeyer. 2013. "Can Quantum Probability Provide a New Direction for Cognitive Modeling?" *Behavior and Brain Sciences* 36: 255–74.

Powers, N., A. Blackman, T. P. Lyon, and U. Narain. 2011. "Does Disclosure Reduce Pollution? Evidence from India's Green Rating Project." *Environmental and Resource Economics* 50: 131–55.

Preston, S. D. 2013. "The Origins of Altruism in Offspring Care." *Psychological Bulletin* 139: 1305–41.

Prestwich, A., M. Perugini, R. Hurling, and J. Richetin. 2010. "Using the Self to Change Implicit Attitudes." *European Journal of Social Psychology* 40: 61–71.

Priester, J. R., J. T. Cacioppo, and R. E. Petty. 1996. "The Influence of Motor Processes on Attitudes Toward Novel versus Familiar Semantic Stimuli." *Personality and Social Psychology Bulletin* 22: 442–47.

Prot, S., D. A. Gentile, C. A. Anderson, K. Suzuki, E. Swing, Y. Horiuchi, M. Jelic, B. Krahe, W. Liuqing, A. K. Liau, A. Khoo, P. D. Petrescu, A. Sakamoto, S. Tajima, R. A. Toma, W. Warburton, X. Zhang, and B. C. P. Lam. 2014. "Long-Term Relations Among Prosocial-Media Use, Empathy, and Prosocial Behavior." *Psychological Science* 25: 358–68.

Pulfrey, C. and F. Butera. 2013. "Why Neoliberal Values of Self-Enhancement Lead to Cheating in Higher Education: A Motivational Account." *Psychological Science* 24: 2153–62.

Global Economic Crime Survey 2014. Threat assessment and damage. www.pwc.com/gx/en/economic-crime-survey/damage.jhtml.

Quoidbach, J., M. Mikolajczak, and J. J. Gross. 2015. "Positive Interventions: An Emotion Perspective." *Psychological Bulletin* 141: 655–93.

Radvansky, G. A., and D. E. Copeland. 2006. "Walking Through Doorways Causes Forgetting: Situation Models and Experienced Space." *Memory and Cognition* 34: 1150–56.

Radvansky, G. A., S. A. Krawietz, and A. K. Tamplin. 2011. "Walking Through Doorways Causes Forgetting: Further Explorations." *Quarterly Journal of Experimental Psychology* 64: 1632–45.

Rajagopal, P., and N. V. Montgomery. 2011. "I Imagine, I Experience, I Like: The False Experience Effect." *Journal of Consumer Research* 38, no. 3 (October): 578–94.

Reber, R., and N. Schwarz. 1999. "Effects of Perceptual Fluency on Judgments of Truth." *Consciousness and Cognition* 8: 338–42.

Reed, A. E., and L. L. Carstensen. 2012. "The Theory Behind the Age-Related Positivity Effect." *Frontiers in Psychology* 27: 339.

Reed, C. 2009. "Journalists' Recent Work Examined Before Embeds" (electronic version). *Stars and Stripes* (August 24). www.stripes.com/article. asp?section=104andarticle=63348.

Reed, C., K. Baron, and L. Shane. 2009. "Files Prove Pentagon Is Profiling Reporters" (electronic version). *Stars and Stripes* (August 29). www .stripes.com/article.asp?section=104andarticle=64401.

Reichardt, C. S. 2010. "Testing Astrological Predictions About Sex, Marriage, and Selfishness." *Skeptic* 15: 40–45.

Reinhard, M-A., S. Schindler, V. Raabe, D. Stahlberg, and M. Messner. 2014. "Less Is Sometimes More: How Repetition of an Antismoking Advertisement Affects Attitudes Toward Smoking and Source Credibility." *Social Influence* 9: 116–32.

Rensink, R. A. 2002. "Change Detection." *Annual Review of Psychology* 53: 253–64.

Report to the Nations on Occupational Fraud and Abuse: 2014 Global Fraud Study. 2014. Austin, TX: Association of Certified Fraud Examiners. www.acfe.com/rttn.aspx.

Rimer, B. K., and Kreuter, M. W. 2006. "Advancing Tailored Health Communication: A Persuasion and Message Effects Perspective." *Journal of Communication* 56: S184–S201.

Risen, J. L., and T. Gilovich. 2008. "Why People Are Reluctant to Tempt Fate." *Journal of Personality and Social Psychology* 95: 293–307.

Robertson, K. F., S. Smeets, D. Lubinski, and C. P. Benbow. 2010. "Beyond the Threshold Hypothesis." *Current Directions in Psychological Science* 19: 346–51.

Robinson, J., and L. Zebrowitz-McArthur. 1982. "Impact of Salient Vocal Qualities on Causal Attribution for a Speaker's Behavior." *Journal of Personality and Social Psychology* 43: 236–47.

Rogers, T., C. R. Fox, and A. S. Gerber. 2012. *Rethinking Why People Vote: Voting as Dynamic Social Expression.* Princeton: Princeton University Press.

Romero, A. A., C. R. Agnew, and C. A. Insko. 1996. "The Cognitive Mediation Hypothesis Revisited." *Personality and Social Psychology Bulletin* 22: 651–65.

Roseth, C. J., D. W. Johnson, and R. T. Johnson. 2008. "Promoting Early Adolescent Achievement and Peer Relationships: The Effects of Cooperative, Competitive, and Individualistic Goal Structures." *Psychological Bulletin* 134: 223–46.

Ross, J. R. 1994. *Escape to Shanghai: A Jewish Community in China.* New York: Free Press.

Ross, M., and F. Sicoly. 1979. "Egocentric Biases in Availability and Attribution." *Journal of Personality and Social Psychology* 37: 322–36.

Rothbart, M. and B. Park. 1986. "On the Confirmability and Disconfirmability of Trait Concepts." *Personality and Social Psychology Bulletin* 50: 131–42.

Rowe C., J. M. Harris, and S. C. Roberts. 2005. "Sporting Contests: Seeing Red? Putting Sportswear in Context." *Nature* 437: E10.

Rozin, P., and E. B. Royzman. 2001. "Negativity Bias, Negativity Dominance, and Contagion." *Personality and Social Psychology Review* 5, 296–321.

Rydell, R. J., A. R. McConnell, and S. L. Beilock. 2009. "Multiple Social Identities and Stereotype Threat: Imbalance, Accessibility, and Working Memory." *Journal of Personality and Social Psychology* 96: 949–66.

Sagarin, B. J., R. B. Cialdini, W. E. Rice, and S. B. Serna. 2002. "Dispelling the Illusion of Invulnerability: The Motivations and Mechanisms of Resistance to Persuasion." *Journal of Personality and Social Psychology* 83: 526–41.

Sagarin, B., and K. D. Mitnick. 2011. "The Path of Least Resistance." *In Six Degrees of Social Influence.* Edited by D. T. Kenrick, N. J. Goldstein, and S. L. Braver. New York: Oxford University Press.

Sah, S., and G. Loewenstein. 2010. "Effect of Reminders of Personal Sacrifice and Suggested

Rationalizations on Residents' Self-Reported Willingness to Accept Gifts." *Journal of the American Medical Association* 304: 1204–11.

Salancik, G. R., and J. R. Mendl. 1984. "Corporate Attributions as Strategic Illusions of Management Control." *Administrative Science Quarterly* 29: 238–54.

Salancik, G. R., and J. Pfeffer. 1977. "Constraints on Administrative Discretion: The Limited Influence of Mayors on City Budgets." *Urban Affairs Quarterly* 12: 475–98.

Sanbonmatsu, D. M., S. S. Posavac, F. R. Kardes, and S. P. Mantel. 1989. "Selective Hypothesis Testing." *Psychonomic Bulletin and Review* 5: 197–220.

Scherpenzeel, A., and V. Toepol. 2012. "Recruiting a Probability Sample for an Online Panel." *Public Opinion Quarterly* 76: 470–90.

Schkade, D. A., and D. Kahneman. 1998. "Does Living in California Make People Happy? A Focusing Illusion in Judgments of Life Satisfaction." *Psychological Science* 9: 340–46.

Schmader, T., M. Johns, and C. Forbes. 2008. "An Integrated Process Model of Stereotype Threat on Performance." *Psychological Review* 115: 336–56.

Schmidt, F. L. 2014. "A General Theoretical Integrative Model of Individual Differences in Interests, Abilities, Personality Traits, and Academic and Occupational Achievement: A Commentary on Four Recent Articles." *Perspectives on Psychological Science* 9: 211–18.

Schmiege, S. J., W. M. P. Klein, and A. D. Bryan. 2010. European Journal of Social Psychology 40: 746–59.

Schmierbach, M. 2010. " 'Killing Spree' : Exploring the Connection Between Competitive Game Play and Aggressive Cognition." *Communication Research* 37: 256–74.

Schneider, I. K., M. Parzuchowski, B. Wojciszke, N. Schwarz, and S. L. Koole. 2015. "Weighty Data: Importance Information Influences Estimated Weight of Digital Information Storage Devices." *Frontiers in Psychology* 5: 1536.

Schrift, R. Y., and J. R. Parker, 2014. "Staying the Course: The Option of Doing Nothing and Its Impact on Postchoice Persistence." *Psychological Science* 25: 772–80.

Schroder, T., and P. Thagard. 2013. "The Affective Meanings of Automatic Social Behaviors: Three Mechanisms That Explain Priming." *Psychological Review* 120: 255–80.

Schroeder, D. A., L. A. Penner, J. F. Dovidio, and J. A. Piliavin. 1995. *The Psychology of Helping and Altruism: Problems and Puzzles.* New York: McGraw-Hill.

Schulte, B. 1998. "Sleep Research Focusing on Mind' s Effectiveness." *Arizona Republic* (Phoenix) (March 8), A33.

Schuman, H., and S. Presser. 1981. *Questions and Answers in Attitude Surveys: Experiments on Question Form, Wording, and Context.* New York: Academic Press.

Schwarz, N., and F. Strack. 1991. "Evaluating One' s Life: A Judgmental Model of Subjective Well-Being." In *Subjective Well-Being: An Interdisciplinary Perspective.* Edited by F. Strack, M. Argyle, and N. Schwarz. Oxford, UK: Pergamon Press, 27–48.

Schyns, B., J. Felfe, and H. Blank. 2007. "Is Charisma Hyper-Romanticism? Empirical Evidence From New Data and a Meta-Analysis." *Applied Psychology: An International Review* 56: 505–27.

Scott, M. L., and S. M. Nowlis. 2013. "The Effect of Goal Specificity on Consumer Reengagement."

Journal of Consumer Research 40: 444–59.

Sedikides, C., and J. J. Skoronski. 1990. "Toward Reconciling Personality and Social Psychology: A Construct Accessibility Approach. *Journal of Social Behavior and Personality* 5: 531–46.

Sedikides, C., L. Gaertner, and J. L. Vevea. 2005. "Pancultural Self-Enhancement Reloaded: A Meta-Analytic Reply." *Journal of Personality and Social Psychology* 89: 539–51.

Seidenberg, M. S. 2005. "Connectionist Models of Word Reading." *Current Directions in Psychological Science* 14: 238–42.

Seiter, J. S. 2007. "Ingratiation and Gratuity: The Effect of Complimenting Customers on Tipping Behavior in Restaurants." *Journal of Applied Social Psychology* 37: 478–85.

Seiter, J. S., and E. Dutson. 2007. "The Effect of Compliments on Tipping Behavior in Hairstyling Salons." *Journal of Applied Social Psychology* 37: 1999–2007.

Sekaquaptewa, D., and M. Thompson. 2003. "Solo Status, Stereotypes, and Performance Expectancies: Their Effects on Women's Public Performance." *Journal of Experimental Social Psychology* 39: 68–74.

Semin, G. R. 2012. "The Linguistic Category Model." In *Handbook of Theories of Social Psychology.* Vol. 1. Edited by P. A. M. Van Lange, A. Kruglanski, and E. T. Higgins. London: Sage, 309–26.

Semin, G. R., and K. Fiedler. 1988. "The Cognitive Functions of Linguistic Categories in Describing Persons: Social Cognition and Language." *Journal of Personality and Social Psychology* 54: 558–68.

Sergent, C., and S. Dehaene. 2004. "Is Consciousness a Gradual Phenomenon?" *Psychological Science* 15: 720–28.

Shah, J. Y., R. Friedman, and A. W. Kruglanski. 2002. "Forgetting All Else: On the Antecedents and Consequences of Goal Shielding." *Journal of Personality and Social Psychology* 83: 1261–80.

Shallcross, A. J., B. Q. Ford, V. A. Floerke, and I. B. Mauss. 2013. "Getting Better with Age: The Relationship between Age, Acceptance, and Negative Affect." *Journal of Personality and Social Psychology* 104: 695–715.

Shantz, A., and G. Latham. 2009. "An Exploratory Field Experiment of the Effect of Subconscious and Conscious Goals on Employee Performance." *Organizational Behavior and Human Decision Processes* 109: 9–17.

Shantz, A., and G. Latham. 2011. "Effect of Primed Goals on Employee Performance: Implications for Human Resource Management." *Human Resource Management* 50: 289–99.

Shapiro, J. R., and S. L. Neuberg. 2007. "From Stereotype Threat to Stereotype Threats: Implications of a Multi-Threat Framework for Causes, Moderators, Mediators, Consequences, and Interventions. *Personality and Social Psychology Review* 11: 107–30.

Shapiro, K. L. 1994. "The Attentional Blink: The Brain's 'Eyeblink.'" *Current Directions in Psychological Science* 3: 86–89.

Shapiro, S. A., and J. H. Nielson. 2013. "What the Blind Eye Sees: Incidental Change Detection as a Source of Perceptual Fluency." *Journal of Consumer Research* 39: 1202–18.

Sharot, T., S. M. Fleming, X. Yu, R. Koster, and R. J. Dolan. 2012. "Is Choice-Induced Preference Change Long Lasting?" *Psychological Science* 23: 1123–29.

Sharot, T., C. M. Velasquez, and R. J. Dolan. 2010. "Do Decisions Shape Preference? Evidence from Blind Choice." *Psychological Science* 21: 1231– 35.

Shaw, J., and S. Porter. 2015. "Constructing Rich False Memories of Committing a Crime." *Psychological Science* 26: 291–301.

Sheppard, D. M., J. Duncan, K. L. Shapiro, and A. P. Hillstrom. 2002. "Objects and Events in the Attentional Blink." *Psychological Science* 13: 410–15.

Sherman, J. W., B. Gawronski, and Y. Trope. 2014. *Dual-Process Theories of the Social Mind.* New York: Guilford Press.

Shermer, M. 2002. *Why People Believe Weird Things.* New York: Holt Paperbacks.

———. 2003. "Psychic for a Day." *Skeptic* 10: 48–55.

Shiffrin, R. S. 2010. "Perspectives on Modeling in Cognitive Science." *Topics in Cognitive Science* 2: 736–50.

Shih, M., T. L. Pittinsky, and N. Ambady. 1999. "Stereotype Susceptibility: Identity Salience and Shifts in Quantitative Performance." *Psychological Science* 10: 80–83.

Shiota, M. N., and R. W. Levenson. 2009. "Effects of Aging on Experimentally Instructed Detached Reappraisal, Positive Reappraisal, and Emotional Behavior Suppression." *Psychology and Aging* 24, no. 4: 890–900.

Shteynberg, G. 2015. "Shared Attention." *Perspectives on Psychological Science* 10: 579–90.

Shu, L. L., N. Mazar, F. Gino, D. Ariely, and M. H. Bazerman. 2012. "Signing at the Beginning Makes Ethics Salient and Decreases Dishonest Self-Reports in Comparison to Signing at the End." *Proceedings of the National Academy of Sciences* 108: 15197–200.

Shu, S. B., and K. A. Carlson. 2014. "When Three Charms but Four Alarms: Identifying the Optimal Number of Claims in Persuasion Settings." *Journal of Marketing* 78: 127–39.

Simonich, W. L. 1991. *Government Antismoking Policies.* New York: Peter Lang.

Simonsohn, U. 2011. "Spurious? Name Similarity Effects (Implicit Egoism) in Marriage, Job, and Moving Decisions." *Journal of Personality and Social Psychology* 101: 1–24.

Sinaceur, M., and C. Heath, and S. Cole. 2005. "Emotional and Deliberative Reaction to a Public Crisis: Mad Cow Disease in France." *Psychological Science* 16: 247–54.

Sinclair, B., M. McConnell, and M. R. Michelson. 2013. "Local Canvassing: The Efficacy of Grassroots Voter Mobilization." *Political Communications* 30: 42–57.

Singer, M. T., and J. Lalich. 1995. *Cults in Our Midst.* San Francisco: Jossey-Bass.

Singh, R., S. E. Yeo, P. K. F. Lin, and L. Tan. 2007. "Multiple Mediators of the Attitude Similarity-Attraction Relationship: Dominance of Inferred Attraction and Subtlety of Affect." *Basic and Applied Social Psychology* 29: 61–74.

Slepian, M. L., M. Weisbuch, A. M. Rutchick, L. S. Newman, and N. Ambady. 2010. "Shedding Light on Insight: Priming Bright Ideas." *Journal of Experimental Social Psychology* 46: 696–700.

Slepian, M. L., S. G. Young, N. O. Rule, M. Weisbuch, and N. Ambady. 2012. "Embodied Impression Formation: Social Judgments and Motor Cues to Approach and Avoidance." *Social Cognition* 30: 232–40.

Smidt, C. T. 2012. "Not All News Is the Same: Protests, Presidents, and the Mass Public Agenda." *Public Opinion Quarterly* 76: 72–94.

Smith, C. T., J. De Houwer, and B. A. Nosek. 2013. "Consider the Source: Persuasion of Implicit Evaluations Is Moderated by Source Credibility." *Personality and Social Psychology Bulletin* 39: 193–205.

Smith, E. R., S. Coats, and D. Walling. 1999. "Overlapping Mental Representations of Self, In-Group, and Partner: Further Response Time Evidence for a Connectionist Model." *Personality and Social Psychology Bulletin* 25: 873–82.

Song, H., and N. Schwarz. 2009. "If It's Difficult to Pronounce, It Must Be Risky." *Psychological Science* 20: 135–38.

Sopory, P., and J. P. Dillard. 2002. "The Persuasive Effects of Metaphor." *Human Communication Research* 28: 382–419.

Soto, F. A., and E. A. Wasserman. 2010. "Error-Driven Learning in Visual Categorization and Object Recognition: A Common-Elements Model." *Psychological Review* 117: 349–81.

Sprecher, S., S. Treger, J. D. Wondra, N. Hilaire, and K. Wallpe. 2013. "Taking Turns: Reciprocal Self-Disclosure Promotes Liking in Initial Interactions." *Journal of Experimental Social Psychology* 49: 860–66.

Stallen, M., A. Smidts, and A. G. Sanfey. 2013. "Peer Influence: Neural Mechanisms Underlying In-Group Conformity." *Frontiers in Human Neuroscience* 7: 50.

Stanchi, K. M. 2008. "Playing with Fire: The Science of Confronting Adverse Material in Legal Advocacy." *Rutgers Law Review* 60: 381–434.

Steele, C. M., S. J. Spencer, and J. Aronson. 2002. "Contending with Group Image: The Psychology of Stereotype and Social Identity Threat." In *Advances in Experimental Social Psychology*. Vol. 34. Edited by M. P. Zanna. San Diego, CA: Academic Press, 379–440.

Stein, J. 2008. "The Swing Voter." *Time* (August 7), http://content.time.com/time/magazine/article/0,9171,1830395,00.html.

Stewart, D. W., and D. H. Furse. 1986. *Effective Television Advertising: A Study of 1000 Commercials*. Lexington, MA: Lexington Books.

Stewart, J. 2011. *Why Noise Matters*. Oxford, UK: Earthscan.

Stiglitz, J. E. 2012. *The Price of Inequality*. New York: W. W. Norton.

Stijnen, M. M. N., and A. M. J. Dijker. 2011. "Reciprocity and Need in Posthumous Organ Donations: The Mediating Role of Moral Emotions." *Social Psychological and Personality Science* 2: 387–94.

Stocco, A., C. Lebiere, and J. R. Anderson. 2010. "Conditional Routing of Information to the Cortex: A Model of the Basal Ganglia's Role in Cognitive Coordination." *Psychological Review* 117: 541–74.

Stok, F. M., D. T. de Ridder, E. de Vet, and J. F. de Wit. 2014. "Don't Tell Me What I Should Do, but What Others Do: The Influence of Descriptive and Injunctive Peer Norms on Fruit Consumption in Adolescents." *British Journal of Health Psychology* 19: 52–64.

Stouffer, S. A., E. Suchman, S. A. DeVinney, S. Star, and R. M. Williams, eds. 1949. *The American Soldier: Adjustment during Army Life*. Princeton, NJ: Princeton University Press.

Strack, F., L. Werth, R. Deutsch. 2006. "Reflective and Impulsive Determinants of Consumer Behavior." *Journal of Consumer Psychology* 16: 205–16.

Stroebe, W., G. M. van Koningsbruggen, E. K. Papies, and H. Aarts. 2013. "Why Most Dieters Fail but Some Succeed: A Goal Conflict Model of Eating Behavior." *Psychological Review* 120: 110–38.

Strohmetz, D. B., B. Rind, R. Fisher, and M. Lynn. 2002. "Sweetening the Till: The Use of Candy to Increase Restaurant Tipping." *Journal of Applied Social Psychology* 32: 300–309.

Su, R., and J. Rounds. 2015. "All STEM Fields Are Not Created Equal: People and Things Interests Explain Gender Disparities Across STEM Fields." *Frontiers of Psychology* 6: 189.

Su, R., J. Rounds, and P. I. Armstrong. 2009. "Men and Things, Women and People: A Meta-Analysis." *Psychological Bulletin* 135: 859–84.

Subra, B., D. Muller, L. Begue, B. Bushman, and F. Delmas. 2010. "Automatic Effects of Alcohol and Aggressive Cues on Aggressive Thoughts and Behaviors." *Personality and Social Psychology Bulletin* 36: 1052–57.

Sun Tzu. 2007. *The Art of War. Bel Air*, CA: Filiquarian.

Sunny, M. M., and A. von Muhlenen. 2013. "Attention Capture by Abrupt Onsets: Re-Visiting the Priority Tag Model." *Frontiers in Psychology* 4: 958.

Susman, T. M. 2011. Reciprocity, Denial, and the Appearance of Impropriety: Why Self-Recusal Cannot Remedy the Influence of Campaign Contributions on Judges' Decisions." *Journal of Law and Politics* 26: 359–84.

Swann, W. B., and M. D. Buhrmester. 2015. "Identity Fusion." *Current Directions in Psychological Science* 24: 52–57.

Sweldens, S., S. M. J. van Osselar, and C. Janiszewski. 2010. "Evaluative Conditioning Procedures and Resilience of Conditioned Brand Attitudes." *Journal of Consumer Research* 37: 473–89.

Switzer, F. S., and J. A. Sniezek. 1991. "Judgment Processes in Motion: Anchoring and Adjustment Effects on Judgment and Behavior." *Organizational Behavior and Human Decision Processes* 49: 208–29.

Szalma, J. L., and P. A. Hancock. 2001. "Noise Effects on Human Performance: A Meta-Analytic Synthesis." *Psychological Bulletin* 137: 682–707.

Szybillo, G. J., and R. Heslin. 1973. "Resistance to Persuasion: Inoculation Theory in a Marketing Context." *Journal of Marketing Research* 10: 396–403.

Tannenbaum, M. B., J. Hepler, R. S. Zimmerman, L. Saul, S. Jacobs, K. Wilson, and D. Albarracin. 2015. "Appealing to Fear: A Meta-Analysis of Fear Appeal Effectiveness and Theories." *Psychological Bulletin* 141: 1178–1204.

Tarr, B., J. Launay, and R. I. Dunbar. 2014. "Music and Social Bonding: 'Self-Other' Merging and Neurohormonal Mechanisms." *Frontiers in Psychology* 5: 1096.

Taylor, P. J., and S. Thomas. 2008. "Linguistic Style Matching and Negotiation Outcome." *Negotiation and Conflict Management Research* 1: 263–81.

Taylor, S. E., and S. T. Fiske. 1978. "Salience, Attention, and Attributions: Top of the Head Phenomena." In Advances in Experimental Social Psychology. Vol. 11. Edited by L. Berkowitz New York: Academic

Press, 249–88.

Taylor, V. J., and G. M. Walton. 2011. "Stereotype Threat Undermines Academic Learning." *Personality and Social Psychology Bulletin* 37: 1055–67.

Telzer, E. H., C. L. Masten, E. T. Berkman, M. D. Lieberman, and A. J. Fuligni. 2010. "Gaining While Giving: An fMRI Study of the Rewards of Family Assistance Among White and Latino Youth." *Social Neuroscience* 5: 508–18.

Tesser, A. 1978. "Self-Generated Attitude Change." In *Advances in Experimental Social Psychology.* Vol. 11. Edited by L. Berkowitz. New York: Academic Press, 290–338.

———. 1993. "The Importance of Heritability in Psychological Research: The Case of Attitudes." *Psychological Review* 100: 129–42.

The Street, the Bull, and the Crisis: Survey of the US & UK Financial Services Industry. 2015. New York: Labaton Sucharow and University of Notre Dame (May). www.secwhistlebloweradvocate.com/LiteratureRetrieve. aspx?ID=224757.

Thibodeau, P. H., and L. Boroditsky. 2011. "Metaphors We Think With: The Role of Metaphor in Reasoning." *PLoS ONE* 6: e16782. doi:0.1371/ journal.pone.0016782.

Thompson, E. P., R. J. Roman, G. B. Moskowitz, S. Chaiken, and J. A. Bargh. 1994. "Accuracy Motivation Attenuates Covert Priming: The Systematic Reprocessing of Social Information." *Journal of Personality and Social Psychology* 66: 474–89.

Till, B. D., and R. L. Priluck. 2000. "Stimulus Generalization in Classical Conditioning: An Initial Investigation and Extension." *Psychology and Marketing* 17: 55–72.

Tokayer, M., and M. Swartz. 1979. *The Fugu* Plan: *The Untold Story of the Japanese and the Jews During World War II.* New York: Paddington Press.

Topolinski, S., M. Zurn, and I. K. Schneider. 2015. "What's In and What's Out in Branding? A Novel Articulation Effect for Brand Names." *Frontiers in Psychology* 6: 585.

Trampe, D., D. Stapel, F. Siero, and H. Mulder. 2010. "Beauty as a Tool: The Effect of Model Attractiveness, Product Relevance, and Elaboration Likelihood on Advertising Effectiveness." *Psychology and Marketing* 27: 1101–21.

Trocme, A. 2007/1971. *Jesus and the Nonviolent Revolution.* Walden, NY: Plough.

Trope, Y., and N. Liberman. 2010. "Construal-Level Theory of Psychological Distance." *Psychological Review* 117: 440–63.

Trudel, R., and J. Cotte. 2009. "Does It Pay to Be Good?" *MIT Sloan Management Review* 50: 61–68.

Tulving, E., and Z. Pearlstone. 1966. "Availability Versus Accessibility of Information in Memory for Words." *Journal of Verbal Learning and Verbal Behavior* 5: 381–91.

Turner, Y., and I. Hadas-Halpern. 2008. "The Effects of Including a Patient's Photograph to the Radiographic Examination." Paper presented at the Meetings of the Radiological Society of North America, Chicago (December).

Twenge, J. W., W. K. Campbell, and N. T. Carter. 2014. "Declines in Trust in Others and Confidence in Institutions among American Adults and Late Adolescents." *Psychological Science* 25: 1914–23.

Tyron, W. W. 2012. "A Connectionist Network Approach to Psychological Science: Core and Corollary

Principles." *Review of General Psychology* 16: 305–17.

Ulrich, C., P. O' Donnell, C. Taylor, A. Farrar, M. Danis, and C. Grady. 2007. "Ethical Climate, Ethics Stress, and the Job Satisfaction of Nurses and Social Workers in the United States." *Social Science and Medicine* 65: 1708–19.

Urry, H. L., and J. J. Gross. 2010. "Emotion Regulation in Older Age." *Current Directions in Psychological Science* 19: 352–57.

Vaish, A., T. Grossmann, and A. Woodward. 2008. "Not All Emotions Are Created Equal: The Negativity Bias in Social-Emotional Development." *Psychological Bulletin* 134: 383–403.

Valdesolo, P, and D. DeSteno. 2011. "Synchrony and the Social Tuning of Compassion." *Emotion* 11: 262–66.

Van Baaren, R. B., R. W. Holland, B. Steenaert, and A. van Knippenberg. 2003. "Mimicry for Money: Behavioral Consequences of Imitation." *Journal of Experimental Social Psychology* 39: 393–98.

Van Bergen, A. 1968. *Task Interruption.* Amsterdam: North Holland.

van der Wal, R. C. and L. F. van Dillen. 2013. "Leaving a Flat Taste in Your Mouth: Task Load Reduces Taste Perception." *Psychological Science* 24: 1277–84.

Van Kerckhove, A., M. Geuens, and L. Vermeir. 2012. "A Motivational Account of the Question-Behavior Effect." *Journal of Consumer Research* 39: 111–27.

van Osselaer, S. M. J., and C. Janiszewski. 2012. "A Goal-Based Model of Product Evaluation and Choice." *Journal of Consumer Research* 39: 260–92.

Van Yperen, N. C., and N. P. Leander. 2014. "The Overpowering Effect of Social Comparison Information: On the Misalignment Between Mastery-Based Goals and Self-Evaluation Criteria." *Personality and Social Psychology Bulletin* 40: 676–88.

vanDellen, M. R., J. Y. Shah, N. P. Leander, J. E. Delose, and J. X. Bornstein. 2015. "In Good Company: Managing Interpersonal Resources That Support Self-Regulation." *Personality and Social Psychology Bulletin* 41: 869–82.

Vogt, J., J. De Houwer, and G. Crombez. 2011. "Multiple Goal Management Starts with Attention: Goal Prioritizing Affects the Allocation of Spatial Attention to Goal-Relevant Events." *Experimental Psychology* 58: 55–61.

Vogt, J., J. De Houwer, G. Crombez, and S. Van Damme. 2012. "Competing for Attentional Priority: Temporary Goals versus Threats." *Emotion* 13, no. 3 (June): 587–98.

Volz, K. G., T. Kessler, and D. Y. von Cramon. 2009. "In-Group as Part of the Self: In-Group Favoritism Is Mediated by Medial Prefrontal Cortex Activation." *Social Neuroscience* 4: 244–60.

Wall Street in Crisis: A Perfect Storm Looming (Labaton Sucharow' s U.S. Financial Services Industry Survey). 2013. New York: Labaton Sucharow (July). www.secwhistlebloweradvocate.com.

Walton, G. L. 1908. *Why Worry?* Philadelphia: J. B. Lippincott.

Walton, G. M., and S. J. Spencer. 2009. "Latent Ability: Grades and Test Scores Systematically Underestimate the Intellectual Ability of Women and Ethnic Minority Students." *Psychological Science* 20: 1132–39.

Walton, G. W., G. L. Cohen, D. Cwir, and S. J. Spencer. 2012. "Mere Belonging: The Power of Social

Connections." *Journal of Personality and Social Psychology* 102: 513–32.

Wang, J., and R. S. Wyer. 2002. "Comparative Judgment Processes: The Effects of Task Objectives and Time Delay on Product Evaluations." *Journal of Consumer Psychology* 12: 327–40.

Wang, M. T., J. S. Eccles, and S. Kenny. "Not Lack of Ability but More Choice." *Psychological Science* 24: 770–75.

Warneken, F., K. Lohse, P. A. Melis, and M. Tomasello. 2011. "Young Children Share the Spoils After Collaboration." *Psychological Science* 22: 267–73.

Warner, K. E. 1981. "Cigarette Smoking in the 1970's: The Impact of the Anti-Smoking Campaign on Consumption." *Science* 211, no. 4483: 729–31.

Warrick, J. 2008. "Afghan Influence Taxes CIA's Credibility." *Washington Post* (December 26), A17.

Wasserman, E. A., C. C. DeVolder, and D. J. Coppage. 1992. "Nonsimilarity-Based Conceptualization in Pigeons via Secondary or Mediated Generalization." *Psychological Science* 3: 374–79.

Watanabe, T. 1994. "An Unsung 'Schindler' from Japan." *Los Angeles Times* (March 20), 1.

Weber, E. U., and M. W. Morris. 2010. "Culture and Judgment and Decision Making: The Constructivist Turn." *Perspectives on Psychological Science* 5: 410–19.

Weber, E. U., and E. J. Johnson. 2009. "Mindful Judgment and Decision- Making." *Annual Review of Psychology* 60: 53–86.

Wegener, D. T., and R. E. Petty. 1997. "The Flexible Correction Model: The Role of Naive Theories of Bias in Bias Correction." *In Advances in Experimental Social Psychology*. Vol. 29. Edited by M. P. Zanna. Mahwah, NJ: Erlbaum, 141–208.

Weingarten, E., Q. Chen, M. McAdams, J. Li, J. Helper, and D. Albarracin. 2016. "From Primed Concepts to Action: A Meta-Analysis of the Behavioral Effects of Incidentally Presented Words." *Psychological Bulletin* 142: 472–97.

Wendling, P. 2009. "Can a Photo Enhance a Radiologist's Report?" *Clinical Endocrinology News* 4: 6.

Wentura, D. 1999. "Activation and Inhibition of Affective Information: Evidence for Negative Priming in the Evaluation Task." *Cognition and Emotion* 13: 65–91.

Westmaas, J. L., and R. C. Silver. 2006. "The Role of Perceived Similarity in Supportive Responses to Victims of Negative Life Events." *Personality and Social Psychology Bulletin* 32: 1537–46.

Whitchurch, E. R., T. D. Wilson, and D. T. Gilbert. 2011. " 'He Loves Me, He Loves Me Not . . .' " : Uncertainty Can Increase Romantic Attraction." *Psychological Science* 22: 172–75.

Williams, K. D., M. J. Bourgeois, and R. T. Croyle. 1993. "The Effects of Stealing Thunder in Criminal and Civil Trials." *Law and Human Behavior* 17: 597–609.

Williams, L. E., and J. A. Bargh. 2008. "Experiencing Physical Warmth Promotes Interpersonal Warmth." *Science* 322: 606–7.

Wilson, T. D., D. B. Centerbar, D. A. Kermer, and D. T. Gilbert, D. T. 2005. "The Pleasures of Uncertainty: Prolonging Positive Moods in Ways People Do Not Anticipate." *Journal of Personality and Social Psychology* 88: 5–21.

Wilson, T. D., and D. T. Gilbert. 2008. "Affective Forecasting: Knowing What to Want." *Current Directions in Psychological Science* 14: 131–34.

Wilson, T. D., T. P. Wheatley, J. M. Meyers, D. T. Gilbert, and D. Axsom. 2000. "Focalism: A Source of Durability Bias in Affective Forecasting." *Journal of Personality and Social Psychology* 78: 821–36.

Wiltermuth, S. S. 2012a. "Synchronous Activity Boosts Compliance with Requests to Aggress." *Journal of Experimental Social Psychology* 48: 453–56.

———. 2012b. "Synchrony and Destructive Obedience." *Social Influence* 7: 78–89.

Wiltermuth, S. S., and C. Heath. 2009. "Synchrony and Cooperation." *Psychological Science* 20: 1–5.

Winkielman, P., K. C. Berridge, and J. L. Wilbarger. 2005. "Unconscious Affective Reactions to Masked Happy versus Angry Faces Influence Consumption Behavior and Judgments of Value." *Personality and Social Psychology Bulletin* 31: 121–35.

Winkielman, P., and J. T. Cacioppo. 2001. "Mind at Ease Puts a Smile on the Face." *Journal of Personality and Social Psychology* 81: 989–1000.

Winkielman, P., J. Halberstadt, T. Fazendeiro, and S. Catty. 2006. "Prototypes Are Attractive Because They Are Easy on the Mind." *Psychological Science* 17: 799–806.

Wiseman, R. 1997. *Deception and Self-Deception: Investigating Psychics*. Amherst, MA: Prometheus Books.

Witte, K., and M. Allen. 2000. "A Meta-Analysis of Fear Appeals: Implications for Effective Public Health Campaigns." *Health Education and Behavior* 27: 591–615.

Wood, D. 2015. Testing the Lexical Hypothesis: Are Socially Important Traits More Densely Reflected in the English Lexicon?" *Journal of Personality and Social Psychology* 108: 317–39.

Wood, W., and J. M. Quinn. 2003. "Forewarned and Forearmed? Two Meta-Analysis Syntheses of Forewarnings of Influence Appeals." *Psychological Bulletin* 129: 119–38.

Wood, W., and D. T. Neal. 2007. "A New Look at Habits and the Habit-Goal Interface." *Psychological Review* 114: 843–63.

Woodside, A., G., and J. W. Davenport. 1974. "Effects of Salesman Similarity and Expertise on Consumer Purchasing Behavior." *Journal of Marketing Research* 11: 198–202.

Yang, L. W., K. M. Cutright, T. L. Chartrand, and G. Z. Fitzsimons. 2014. "Distinctively Different: Exposure to Multiple Brands in Low-Elaboration Settings." *Journal of Consumer Research* 40: 973–92.

Yang, Q., X. Wu, X. Zhou, N. L. Mead, K. D. Vohs, and R. F. Baumeister. 2013. "Diverging Effects of Clean versus Dirty Money on Attitudes, Values, and Interpersonal Behavior." *Journal of Personality and Social Psychology* 104: 473–89.

Yantis, S. 1993. "Stimulus-Driven Attentional Capture." *Current Directions in Psychological Science* 2: 156–61.

Yermolayeva, Y., and D. H. Rakison. 2014. "Connectionist Modeling of Developmental Changes in Infancy: Approaches, Challenges, and Contributions." *Psychological Bulletin* 140: 234–55.

Yopyk, D. J., A., and D. A. Prentice. 2005. "Am I an Athlete or a Student? Identity Salience and Stereotype Threat in Student-Athletes." *Basic and Applied Social Psychology* 27, no.4 (December): 329–36.

Yuki, M., W. M. Maddox, M. B. Brewer, and K. Takemura. 2005. "Cross-Cultural Differences in Relationship- and Group-Based Trust." *Personality and Social Psychology Bulletin* 31: 48–62.

Zabelina, D. L., and M. Beeman. 2013. "Short-Term Attentional Perseveration Associated with Real-Life Creative Achievement." *Frontiers in Psychology* 4: 191.

Zebrowitz-McArthur, L., and E. Ginsberg. 1981. "Causal Attribution to Salient Stimuli: An Investigation of Visual Fixation Mediators." *Personality and Social Psychology Bulletin* 7: 547–53.

Zeigarnik, B. 1927. "Das Behalten erledigter und unerledigter Handlungen." *Psychologische Forschung* 9: 1–85.

Zell, E., and M. D. Alicke. 2010. "The Local Dominance Effect in Self-Evaluations: Evidence and Explanations." Personality and Social Psychology Bulletin 14: 368–84.

Zell, E., Z. Krizan, and S. R. Teeter. 2015. "Evaluating Gender Similarities and Differences Using Metasynthesis." *American Psychologist* 70: 10–20.

Zhang, M., and X. Li. 2012. "From Physical Weight to Psychological Significance: The Contribution of Semantic Activations." *Journal of Consumer Research* 38: 1063–75.

Zhong, C-B., and S. E. DeVoe. 2012. "You Are How You Eat: Fast Food and Impatience." *Psychological Science* 21: 619–22.

Zhu, R., and J. J. Argo. 2013. "Exploring the Impact of Various Shaped Seating Arrangements on Persuasion." *Journal of Consumer Research* 40: 336–49.

Zylberberg, A., M. Oliva, and M. Sigman. 2012. "Pupil Dilation: A Fingerprint of Temporal Selection During the 'Attentional Blink.' " *Frontiers in Psychology* 3: 316.

鋪梗力——影響力教父最新研究與技術，在開口前就說服對方 / 羅伯特·席爾迪尼 Robert Cialdini 著；劉怡女譯 -- 初版 .
-- 台北市：時報文化, 2017.11；384 面；14.8×21 公分
譯自：Pre-Suasion: A Revolutionary Way to Influence and Persuade
ISBN 978-957-13-7197-9（平裝）

1. 說服　2. 應用心理學

177   106018522

人生顧問 288

鋪梗力——影響力教父最新研究與技術，在開口前就說服對方

Pre-Suasion: A Revolutionary Way to Influence and Persuade

作者　羅伯特·席爾迪尼 Robert Cialdini｜譯者　劉怡女｜主編　陳盈華｜編輯　劉珈盈｜校對　林貞嫻｜美術設計　莊謹銘｜排版　吳詩婷｜執行企劃　黃筱涵｜董事長　趙政岷｜出版者　時報文化出版企業股份有限公司　108019 台北市和平西路三段 240 號 4 樓　發行專線—(02)2306-6842　讀者服務專線—0800-231-705·(02)2304-7103　讀者服務傳真—(02)2304-6858　郵撥—19344724 時報文化出版公司　信箱—10899 臺北華江橋郵局第 99 信箱　時報悅讀網—http://www.readingtimes.com.tw｜法律顧問　理律法律事務所　陳長文律師、李念祖律師｜印刷　勁達印刷有限公司｜初版一刷　2017 年 11 月 17 日｜初版十一刷　2022 年 4 月 25 日｜定價　新台幣 430 元｜版權所有　翻印必究（缺頁或破損的書，請寄回更換）

時報文化出版公司成立於一九七五年，並於一九九九年股票上櫃公開發行，於二〇〇八年脫離中時集團非屬旺中，以「尊重智慧與創意的文化事業」為信念。